专业思政
——设计与实践

主　编◎王焕良　马凤岗
副主编◎郑秀文　马晓春　马　军

清华大学出版社
北京

内 容 简 介

以习近平新时代中国特色社会主义思想为指导，为全面贯彻、落实立德树人根本任务，践行习近平总书记"把思想政治工作贯穿于教育全过程"的教育方略，临沂大学围绕一流专业建设、专业认证、课程建设、师德师风建设、学生成长评价、学风教风塑造、第二课堂、学院文化等主题，持续推进专业思政建设工作，结合沂蒙精神和红色文化的优势，形成了专业思政建设的一整套思路，积累了丰富的专业思政建设经验。

本书以专业为依托，用科学的方式、充实的内容展现了独特的专业思政建设理念，彰显了高校为党育人、为国育才的使命，同时为国内其他高校的专业思政建设提供了范式。

本书封面贴有清华大学出版社防伪标签，无标签者不得销售。
版权所有，侵权必究。举报：010-62782989，beiqinquan@tup.tsinghua.edu.cn。

图书在版编目（CIP）数据

专业思政：设计与实践 / 王焕良，马凤岗主编. —北京：清华大学出版社，2021.9（2022.12重印）
ISBN 978-7-302-59088-0

Ⅰ．①专… Ⅱ．①王… ②马… Ⅲ．①高等学校－思想政治教育－研究－中国 Ⅳ．①G641

中国版本图书馆CIP数据核字（2021）第181059号

责任编辑：杜春杰
封面设计：刘　超
版式设计：文森时代
责任校对：马军令
责任印制：曹婉颖

出版发行：清华大学出版社
网　　址：http://www.tup.com.cn，http://www.wqbook.com
地　　址：北京清华大学学研大厦A座　　邮　编：100084
社 总 机：010-83470000　　邮　购：010-62786544
投稿与读者服务：010-62776969，c-service@tup.tsinghua.edu.cn
质量反馈：010-62772015，zhiliang@tup.tsinghua.edu.cn
印 装 者：三河市天利华印刷装订有限公司
经　　销：全国新华书店
开　　本：185mm×260mm　　印　张：14.5　　字　数：291千字
版　　次：2021年9月第1版　　印　次：2022年12月第3次印刷
定　　价：59.00元

产品编号：091405-01

编者委员会

主　　任　王焕良　马凤岗
副主任　　郑秀文　马晓春　马　军
成　　员　（按姓氏笔画排序）
　　　　　刁述妍　丰培金　王振海　王常春
　　　　　石少广　全先庆　刘凤志　闫　妍
　　　　　李鸣钊　李道勇　吴作凤　张　笛
　　　　　罗亚海　季　超　周云钊　周　静
　　　　　赵光勇　赵金霞　费聿辉　夏其英
　　　　　高克甫　崔玉理　崔沂峰　梁仁君
　　　　　韩　虎　韩荣苍

序　言

党的十九大在回顾中国特色社会主义历史性变革的基础上，确立了中国特色社会主义进入新时代的历史方位，为新时代中国特色社会主义伟大事业描绘了新的蓝图，也为新时代高校思想政治教育指明了方向。高校人才培养应深入学习贯彻习近平新时代中国特色社会主义思想，坚持立德树人，构建"三全育人"新机制，引导大学生正确认识时代责任和历史使命，培养其新时代中国特色社会主义思想品德，塑造其新时代中国特色社会主义理想人格，引导其践行新时代中国特色社会主义行为实践。

古人云："大学之道，在明明德，在亲民，在止于至善。"国无德不兴，人无德不立。育人为本，在于立德铸魂。专业是高校人才培养的基本单元，应围绕"培养什么人"这一主题，牢记为党育人、为国育才使命，深化专业综合改革，积极探索专业建设方案，深入挖掘专业建设中蕴含的思想政治教育资源，将知识传授、能力培养和价值塑造三者融为一体，促使专业教育与思想政治教育相融合，把思想政治教育贯穿于人才培养全过程。在专业思政建设中，教师要用好课堂讲坛，用好校园阵地，用好文化环境，用自己的行动倡导社会主义核心价值观；用自己的学识、阅历、经验点燃学生对真善美的向往，使社会主义核心价值观"润物细无声"地浸润学生的心田，将其转化为学生的日常行为；增强学生的价值判断能力、价值选择能力、价值塑造能力，引领学生健康成长，为培养德、智、体、美、劳全面发展的社会主义建设者和接班人做出新的更大贡献。

教育部等八部门在《关于加快构建高校思想政治工作体系的意见》中指出，以立德树人为根本，以理想信念教育为核心，以培育和践行社会主义核心价值观为主线，以建立完善全员、全程、全方位育人体制机制为关键，全面提升高校思想政治工作质量。临沂大学立足沂蒙革命老区办学，与抗大一分校血脉相通，又在沂蒙精神的滋养下发展壮大，在传承红色文化方面具有得天独厚的优势，形成了办学的鲜明特色和浓厚底色。学校在专业建设中，坚持以习近平新时代中国特色社会主义思想为指导，以专业思政、课程思政、课堂教学艺术建设为抓手，围绕一流专业建设、专业认证、课程建设、师德师风建设、学生成长评价、教风学风塑造、第二课堂、学院文化等主题，在专业思政建设等方面进行了积极探索。为总结专业思政建设经验，发挥专业思政建设成效的引领示范作用，学校特遴选出专业思政优秀案例并汇编成册。

本书能够顺利出版，得力于山东省教育厅领导、山东省高等学校课程思政研究中心的鼎力支持，得力于各位教师的辛勤付出，以及清华大学出版社的大力支持，在此一并表示诚挚的谢意。

编　者

2021 年 10 月于临沂大学

目 录

文 史 类

挖掘专业思政元素，塑造经世济民型国际经贸人才
　　——国际经济与贸易专业思政建设与实践 ·················3

传承沂蒙精神，培育管理精英
　　——工商管理专业思政建设的探索与实践 ·················10

思政教育与专业教学协同发展研究
　　——以国家一流本科专业建设点物流管理专业为例 ·················15

"11223"校地协同"三全育人"模式建设的探索与实践
　　——法学专业思政建设 ·················21

拓宽育人路径，筑牢树人之魂
　　——学前教育专业思政的思与行 ·················26

以专业思政为契机，努力建设国家一流专业
　　——小学教育专业思政建设思与行 ·················34

教学相长强基础，学思合一重践行
　　——音乐学专业思政建设与典型案例 ·················39

艺术可感，育人无形
　　——舞蹈学专业思政建设 ·················45

协同专业思政建设规划，努力建设省级一流专业
　　——体育教育专业思政建设实践与探索 ·················50

教学实施、师德师风、动态评价、组织保障
　　——"四位一体"视觉传达设计专业思政探究与实践 ·················58

深入了解传统文化，培养爱国主义情怀
　　——书法学专业思政建设探索与实践 ·················63

"双助推、三联动、六贯通"专业思政建设实践研究
——以汉语国际教育专业为例 ·· 68

践行立德树人，培育"四有"好老师
——汉语言文学专业思政建设机制实践与探索 ························ 75

构建一体四翼、三全育人模式
——课程思政融入英语专业的探讨与实践 ································ 83

思政融入专业，打造影视教育的"沂蒙高地"
——广播电视编导专业思政探索 ·· 89

扎根沂蒙红色沃土，培育数字艺术英才
——数字媒体艺术专业思政育人模式研究 ································ 94

读书万卷，行路万里
——历史学专业思政育人探索与实践 ······································ 99

沂蒙精神嵌入专业思政育人全过程探索
——以临沂大学旅游管理专业为例 ·· 107

理 工 类

做实专业思政，推进三全育人
——物流工程专业思政建设实践与探索 ·································· 117

融合思政教育与专业建设，提升人才培养质量
——化学专业思政的探索与实施 ·· 123

深入践行立德树人理念，提高专业人才培养质量
——应用化学专业思政建设的研究与实践 ································ 130

基于工程教育认证的专业思政建设探索与实践
——以山东省一流本科专业建设点制药工程专业为例 ················ 134

"一体构建、两方并重、三全育人"专业思政建设探索与实践
——以省一流专业数学与应用数学专业为例 ···························· 139

加强师德教育，开展品格教育
　　——物理学专业思政建设实践与探索……………………………………………146

专业与思政教育协同融合的人才培养模式创新研究
　　——以机械类专业为例………………………………………………………………152

专业思政与实践教学融合，培养学生工程实践能力
　　——车辆工程专业思政建设实践……………………………………………………156

以专业思政激发工科类专业建设核心动能
　　——以材料科学与工程专业为例……………………………………………………162

争创思政教育与专业教学深度融合的一流专业
　　——轨道交通信号与控制专业思政建设探讨………………………………………167

如春在花、如盐在水——"闭环生态"专业思政建设探索与实践
　　——以新工科机器人工程专业为例…………………………………………………173

以立德树人为中心的专业思政培养体系构建的探索
　　——以山东省一流本科专业建设点计算机科学与技术专业为例…………………182

"二牵引、三育人、六达成"专业思政建设实践与探索
　　——以国家一流本科专业建设点软件工程专业为例………………………………186

"起于思，终于行"专业思政教育方法初探
　　——以建筑学专业为例………………………………………………………………194

立德树人视域下的专业思政建设与实践
　　——以地理科学专业为例……………………………………………………………201

思政教育融入专业教学的探索与实践
　　——以环境工程专业为例……………………………………………………………208

"一核心、二基本点、三育人、四保障"专业思政探索与实践
　　——以食品科学与工程专业为例……………………………………………………213

"新农科"背景下的专业思政建设探索
　　——以园艺专业为例…………………………………………………………………218

文 史 类

挖掘专业思政元素，塑造经世济民型国际经贸人才

——国际经济与贸易专业思政建设与实践

张宗良　商学院

一、专业简介

国际经济与贸易专业人才的培养目标是：培养践行社会主义核心价值观，具有良好思想品质和道德修养，德智体美劳全面发展，基础理论扎实，富有创新精神和创业能力，具有沂蒙精神特质和国际视野，系统掌握经济学、国际贸易、国际金融等领域的基本理论和外贸相关行业管理与经营的专业知识，熟悉国际通行的经贸规则，认识与把握国内外经济、贸易的运行机制和发展规律，具有良好的沟通、协调能力，适应我国数字经济发展需要、具有全球视野和完备知识体系的应用型、复合型、创新型人才。

本专业对专业思政建设进行了认真的研究和实践，不仅从整体上对专业思政建设进行了规划，而且对各类课程如何科学分配思政教学资源，各专业课程如何设计思政目标与任务，各思政教学目标如何构建等方面，进行了深入的探究和积极的实践。

二、专业思政建设举措

（一）专业思政课程体系建设

依据专业人才培养方案，本专业课程主要有高等数学、国际商务英语、政治经济学、经济学原理、国际贸易、国际金融、货币银行学、管理学、基础会计学、统计学、计量经济学、国际经济学、国际贸易实务、商务英语谈判、外贸英语函电、国际结算、外贸单证实务、通关实务和证券投资学等。这些课程旨在培养学生掌握专业知识和技能。

各专业课程既具有共同的培养目标，又需要根据教学内容及特点的不同而各有侧重。在具体做法上，本专业统筹了各课程的思政教育目标，把特定的思政教育目标及内容固化到相应课程中（见表1），从而保证了思政教学内容的完整性、课程思政元素挖掘的充分性、任课教师教学过程中的主动性以及课程思政教学效果的长期性。

专业思政——设计与实践

表1 专业课程思政教育目标

课程名称	思政教育目标
专业导论	具有正确的世界观、人生观和价值观，富有强烈的社会担当感和奉献精神，具有健全的人格
政治经济学	坚持正确的政治方向，树立正确的世界观、人生观和价值观，自觉践行沂蒙精神；热爱外贸事业，具有长期从事外贸工作，进一步提高我国对外开放水平的使命感与责任感
经济学原理	以马克思主义观点辩证分析西方经济理论，既要看到西方经济理论在分析某些具体经济现象时的长处，又要清醒地看到它本质的局限性
管理学原理	把科学管理与马克思主义的世界观和方法论结合起来，将社会主义核心价值观与管理理论原则和方法紧密结合起来
基础会计学	贯穿国情教育，培养学生爱国主义情怀，以会计的视野看待中国国情
统计学	以中西方经济社会指标的统计分析，认识社会主义的制度优势
国际经济学	以马克思主义的世界观和方法论分析世界经济问题，认清当前国际经济秩序不合理的根源在于以美国为首的资本主义的强权政治
计量经济学	引用具体的计量案例，分析社会主义制度是中国经济社会发展的根本保证
货币银行学	结合中西方货币政策的对比，正确认识中国经济社会发展中的基本问题，明确中国的社会主义制度优势
国际贸易	了解当前国际经济与贸易领域中的最新理论与动向
国际金融	提高学生风险防范意识，提升学生沟通能力和团队合作能力
国际商法	具有遵纪守法、爱岗敬业、团结协作、顾全大局、乐于奉献、不尊不卑的职业道德，具有开阔的国际视野、较强的批判反思精神、创新精神和创新能力
国际商务英语	引导学生在商务沟通中，坚持国家利益至上的原则，维护国家尊严和经济利益
世界经济概论	深入分析世界经济发展的规律，认清中国共产党的领导和社会主义制度是中国经济社会发展的前提
国际贸易实务	教育引导学生在合同磋商过程中要始终秉持诚实经营的原则作风，以及精益求精的工匠精神，在国际贸易活动中树立良好的国际形象
商务英语谈判	培养学生的国际视野，能够认同国际文化差异，进而适应国际文化差异，最终能够跨越国际文化差异，实现与世界各国顺利开展商务往来与交流
外贸英语函电	教育引导学生在合同磋商过程中要始终秉持诚实守信的原则作风，在国际贸易活动中树立良好的国际形象；教育学生注重礼仪文化，引导学生认识到对外交往时语言的得体性
国际结算	在国际贸易中，坚持平等互利的原则，切实维护国家和企业的形象及利益
外贸单证实务	培养工匠精神；坚持诚信交易，把维护企业利益与国家利益统一起来，把维护企业形象与国家形象统一起来
中国对外贸易前沿	掌握当前外贸热点及外贸学科前沿知识，熟悉我国"一带一路"倡议及规划
国际市场营销	认清资本主义政治的虚伪性，把国际市场的开拓与国际市场的风险防范紧密结合起来，切实维护国家利益和企业利益

续表

课 程 名 称	思政教育目标
进出口商品检验与检疫	加强国境卫生安全教育，把当前新冠肺炎病毒的防范与进出口商品的检验检疫紧密结合起来，确保人民群众的生命健康
国际货物运输保险	把"一带一路"倡议中的互联互通战略与国际货物运输结合起来，加强国际运输安全教育，明确开行中欧班列的重大政治及经济意义
通关实务	加强国境安全教育，正确认识通关便利化，正确认识国际贸易通关过程中的政治性问题
证券投资学	提高学生的风险防范意识，提升学生的沟通能力和团队合作能力

上述专业课程思政目标是具体的，同时也是可以在教学实践中实现的。在教学过程中，充分合理地挖掘各门专业课程的思政元素，找到专业课程思政教育的抓手和着力点非常重要。以下列课程举例说明。

"国际贸易"课程通过对国际贸易理论与政策的讲授，培养学生的爱国情怀，提升学生对我国外贸事业的信心、责任感和使命感。如讲解"贸易条件"时，通过介绍国家间交易的实际效益对比，从贸易条件的角度，使学生懂得一国生产力水平的提高对该国外贸的重要影响，引导学生思考我国如何能够从贸易大国向贸易强国转化，特别是在当前环境下，中美政治、经济冲突愈演愈烈，中美贸易战给国际贸易关系带来了诸多不确定因素，严重影响了中美贸易关系的顺利发展。课程思政结合这一重大事件，分析中美贸易战的本质是美国试图压制我国发展，从而让学生领悟到必须坚持强国思想，只有国家强大，才能摆脱外国的无理要求，坚持公平和正义，维护正常的国际经济秩序。

"国际贸易实务"课程主要介绍国际贸易业务环节及专业技能，其思政目标主要放在培养学生诚信经营以及精益求精的工匠精神上。课程中的合同条款内容蕴含着"诚信品质"这一思政元素，在教育引导学生在合同磋商过程中，要始终秉持诚实守信的原则作风，在国际贸易活动中树立良好的国际形象。此外，"外贸单证实务"课程也将工匠精神作为课程思政元素，该课程本身需要学生踏实认真，具有高度的责任心，而这些都是工匠精神在这一领域的具体体现。

"外贸英语函电"课程的思政元素同样十分丰富，它把课程教学内容与我国丰富的礼仪文化内涵结合起来，使学生以生活在礼仪之邦为荣，并能自觉地提升自身素养，塑造良好的个人风范，同时引导学生在对外交往过程中，各类语言都要适当得体、不卑不亢。

"国际商法"课程则是通过对《联合国国际货物销售合同公约》《国际贸易术语解释通则》、各国商事法律制度，以及我国新颁布的《中华人民共和国民法典》等内容的教学，提升学生知法、守法和运用法律保护自身合法权益的意识与能力。

"商务英语谈判"课程介绍了构成商务文化的要素以及各国商务文化的特点，并在此基础上要求学生掌握商务英语谈判的理论与实务。其思政目标则是确定在培养学生国际视野的基础上，能够让学生认同国际文化差异，进而适应国际文化差异，最终能够跨越国际文化差异，实现与世界各国顺利开展商务往来与交流。在"国际品牌文化"这一章节中，从介绍世界品牌文化入手，引导学生对如何把我国建设成为品牌强国展开深入思考，并将我国"和而不同"的理念融合到教学内容中。

（二）专业思政实践育人体系建设

在实践教学过程中，本专业注意到实践操作与思政引领不能简单地生硬拼接，而是要彼此融合、有机结合，既要培养学生扎实适用的实践技能，又要潜移默化地把思政育人元素渗透进其中，做到"润物细无声"。为此，本专业始终坚持以德树人，在实践教学中做到"知识实训"与"思政引领"的协调统一，二者兼顾，有效地解决了厚此薄彼、技能操作先行等突出问题。

例如，在"国际贸易综合实训"课程中，通过对众多外贸案例的分析，把思政目标确定在提高学生风险防范意识、提升学生沟通能力和团队合作能力方面，教导学生在与涉外单位和人员的交往中，严防敌对势力的各种渗透，特别注意"糖衣炮弹"对我方人员的拉拢、腐蚀，并教育学生在接触到可能危害国家安全的人物或事件时，要积极向国家安全部门汇报，以此提升学生的国家安全意识，引导学生争做国家安全卫士。

本专业加大了校外实践课程、学科竞赛中思政教学的比例。例如，为开阔学生视野，见习外贸业务在企业中的实际运作，本专业组织学生赴济南伊莱特重工股份有限公司进行了校外见习实践活动。学生通过参观生产车间、听取外贸业务负责人的业务介绍，并参观职工的政治理论学习场所，现场感受到了学习型党组织建设的情况，并翻阅了职工学习笔记。这次社会实践让全体学生受到极大的震撼，学生的社会主义理想信念变得更加坚定，纷纷表示要更自觉地践行社会主义核心价值观，在努力提升专业素养的同时，更要注重思想道德水平的提高。

为培养学生的沂蒙精神特质，本专业多次组织学生奔赴临沂商城展览馆、临沂商城工程物资市场、临沂国际博览中心等单位，学习在沂蒙精神的指引下，临沂商城的创业发展史。通过这些参观学习活动，学生真正理解了什么是新时代的沂蒙精神、什么是沂蒙精神特质、什么是干事创业、什么是无私奉献。

参加学科竞赛，是培养学生创新创业能力的重要途径。本专业参加的全国大学生POCIB外贸从业能力大赛、全国大学生跨境电商大赛等学科竞赛，在全国外经贸院校产生了重要影响。学生参与积极性非常高，很好地锻炼了学生的国际贸易业务能力和交流能力。本专业把这些学科竞赛及赛前辅导看作对学生进行课程思政的重要舞台，辅导教师在讲授专业知识的同时，注重培养他们在外贸活动中，维护国家形象、国家利益的爱国意识。例如，在贸易谈判中，引导学生积极争取使用本国的国际物流公司和保险公司来从事国际运输和保险事务，以带动我国的货运及保险市场的发展；在选择交易商品时，向学生强调商品品质达到国际通用标准的重要性。

（三）专业思政师资队伍建设

专业思政建设的关键在于专任教师。本专业共有专任教师21名，其中博士3人，教授、副教授5人，临沂大学青年教学能手2人，8位教师正在职攻读博士学位。本专业以开展专业思政建设为契机，以培养专业全面发展、思想品德过硬的经世济民型高素质人才为宗旨，全面加强师资队伍建设，把在教学过程中如何融入课程思政目标，作为当前专业思政师资队伍建设的重要内容。例如，多次面向全体教师举办课程思政相关讲座；把课程思政作为教学研究项目以推动对课程思政的深入研究；积极学习外校及兄弟专业的课程思政建设经验；编写融入了课程思政目标的教学大纲、教学方案、讲义等材料；目前正积极利用教研活动的时间，推进课程思政建设工作的具体落实。

（四）专业思政育人环境建设

本专业充分发挥国贸系教工党支部对课程思政的引领作用，把专业教师育人意识、育人能力、育人实效的提升作为课程思政建设重点，确保课程思政的有效实施。在课程思政建设上，党支部成员率先启动，带头制定所负责课程的思政教学目标和实现路径，并积极进行思政教学实践。目前，已形成思政融入型教学大纲及方案的示范文本，供其他教师参考，同时积极探讨学生实践教学的思政融入问题。

例如，在毕业论文撰写方面，确立了选题的思政标准；在引导学生选择实习岗位方面，坚持阳光岗位标准；在专业文化引领方面，致力于塑造立场先进、站位坚决、积极捍卫社会主义核心价值观的文化氛围。教室的黑板报均以"思政进课堂"为主题进行了重新设计，并在广大学生中组织了"经世济民型人才之我见"征文活动，使学生的思想意识有了进一步提高。

专业教师在工作中讲政治、讲原则、比奉献。2019年本专业田艳敏老师获得临沂大学青年教师讲课比赛一等奖，徐成龙老师获得二等奖。学生也在学科竞赛中屡创殊荣。在全国性大赛中，本专业共获得团体特等奖5次，学生个人一等奖40余人次。

（五）其他举措

在教材选用上，政治经济学、西方经济学、管理学等凡是发行了"马克思主义理论研究和建设工程"（以下简称"马工程"）教材的课程，均全面启用了"马工程"教材；在教学方法方面，专业课程教师把教书育人的内涵贯穿始终，在所有专业课程的

教学过程中都贯穿了丰富的思政元素,把思政要素合理地融入课程教学内容和教学过程之中,并把人才培养的价值维度中的思政教育贯穿到了专业培养的全过程;在教学具体形式上,专业课程思政教育的教学摒弃了灌输式、填鸭式说教,更多地采用了灵活的翻转课堂教学、案例教学、现场教学、视频教学等方式。实践表明,调整后的教学方式和方法更适应当代大学生需求,充分调动起了学生学习思政内容的积极性和能动性,使他们喜欢学、学得进、入心入脑。

同时采用调查问卷的形式,以了解每个学生专业认知现状与能力水平,并依据调查的实际情况和学生容易混淆的关键问题,来设计课堂讨论专题,引导学生通过头脑风暴,对相关问题进行思辨研讨,引导每个学生主动思考、积极参与,让学生在讨论思辨的过程中自觉接受正确的观点和理论主张,帮助学生在学习专业知识的同时,以正确的世界观和人生观,创造和放飞自我,培养经世济民的专业能力和素质品质。

三、专业思政建设成效

首先,在专业整体规划方面,形成了以思政课程为基础、课程思政为支撑的经世济民型外经贸人才培养新模式。毕业生以拥有强烈的社会主义信念、过硬的专业知识和技能以及丰富的创新创业思维为主要特点,最终构建起专业思政与专业教育深度融入、相互促进、共同发力的专业发展格局,争取在一年内专业思政建设再上新台阶,推出一批关于课程思政建设的理论成果,3~5年内打造全省领先、在全国有一定影响力的专业思政建设新高地。

其次,在专业课程体系建设方面,经过认真梳理、修订的专业课程体系将更加科学合理,每门课程的思想导向得到确认,每本教材的政治倾向得到审查,同时,践行"无思政,不课程"的原则,使思政目标成为每一门课程的必备元素,在广大师生共同努力下,各课程的思政教学目标得以全面实现。通过各类课程的学习,学生思想意识、政治理论水平等方面获得了质的飞跃,爱党爱国、践行社会主义核心价值观融入了本专业大学生的自觉意识当中。在具体课程上,正在努力将"国际贸易""外贸英语函电""外贸单证实务""国际贸易综合实训"等课程建设成我校课程思政教学工作的典型。

再次,在师资队伍建设方面,通过评估认定、随机听课、问卷调查、问题追责等方式,确保每位专任教师的课程思政工作都能深入开展,未出现任何一人掉队的问题;通过多种形式的专业课程思政教学研讨、经验交流以及外出学习等活动,专任教师思想觉悟达到了新高度,能够自觉将课程思政意识贯穿于教学设计和课堂教学的全过程;在学校各类讲课比赛的基础上,通过综合评定,争取推出专业5名以上课程思政先进教师,并对相关材料进行认真总结,做好优秀课程思政教学成果、教学方法的推广工作。

最后,在专业思政基层组织建设方面,国贸系教工党支部成了专业思政建设工作的战斗堡垒、引领全专业思政教学的创新高地,相关工作成了党支部工作的重要组成部分和工作特色,在进一步完善经世济民型国际经济与贸易专业培养方案、专业思政规划设计、课程思政教学设计与实践、专业思政教学效果评估等方面都发挥出了指引和表率作用,同时党支部也为任课教师在课程思政建设过程中解决各种疑难问题提供了强有力的组织保障。

结　语

新时代需要先进思想的领航,需要全面践行社会主义核心价值观。作为涉外专业,对大学生的思想政治教育更需要警钟长鸣,防患于未然。本专业将在习近平新时代中国特色社会主义思想的引领下,继续立足于创新创业型大学的办学定位,以培养经世济民型外经贸人才为目标,突出本专业课程思政人才培养特色,准确把握学生思想特点,进一步深化上述思政建设举措,落实国家及学校专业思政建设的具体要求,不断切实提升育人实效。

传承沂蒙精神，培育管理精英

——工商管理专业思政建设的探索与实践

王 伟 商学院

一、专业简介

工商管理专业以新商科人才培养目标为导向，旨在培养德智体美全面发展，专业基础理论扎实，富有社会责任感和创新精神，具有沂蒙精神特质和国际视野，系统掌握现代管理方法和工具，熟悉工商企业相关法律法规，能够胜任企、事业单位管理工作或自主创业，适应数字经济时代经济社会发展需要的高素质、复合型管理人才。本专业注重将拓宽知识领域和专业基础理论相结合，在注重系统思维、战略思维、人际沟通、团队精神等素质养成的基础上，系统训练学生的战略决策能力、组织能力、公关能力、诊断能力，以学科竞赛、案例研究、创新创业实践等促进理论和实践的结合，全方位培养学生的创新精神与创业能力。

二、专业思政建设举措

（一）围绕人才培养目标构建以学生为中心的思政课程体系

专业思政是落实课程思政建设的重要平台，专业课程体系是课程思政建设的载体。通识教育课程、专业基础课程、专业必修课程和专业选修课程组成了工商管理专业课程体系，每一类课程都蕴含着不同的思政内涵，每一门课程都肩负着发挥思政引领作用的责任。

学院积极组织课程思政研讨会，全系教师建言献策分享思政建设经验。教师着重强调课程思政的价值引领作用，强调大学生价值观教育不能简单地采取灌输式教育，要引导学生主动思考，总结归纳得出结论。同时，课程思政教学既不能局限于突出国家制度优势，也不能只局限于课程教学，需要同时将创业基础中的迭代思维、创新观念等融入教学、育人指导之中，突出诚实守信、团结协作、产业报国的价值理念，帮助学生树立家国情怀、商业伦理、社会责任、企业精神和创新创业意识。

以"创业基础"课程为例。在课程导入中融入新冠肺炎疫情这一重大突发事件，在这一过程中学生的思想观念受到了极大的冲击,通过展示抗疫医护人员的合影,采用提问方式引导学生思考生命的意义和人生的价值,使学生对生命和人生的认识更加深化,使其更加认识到生命的重要性,认识到人生价值的重要性,从而引导学生珍惜当下,创造美好未来。学生通过学习,开始认识到创业不只是为了赚钱,更重要的是为了体现个人的人生价值。通过这个环节让学生对人生有一个积极的认识,从而为本课程的学习奠定坚实基础——通过创造经济或社会价值来实现个人的人生价值。

以"市场调查与研究"课程为例,来探讨思政元素与教学内容的融合设计。如在讲授"消费行为"章节时,结合数据对比分析改革开放以来消费者购买行为的变化,让学生感受到改革开放带来的红利;在对市场营销环境的分析过程中,让同学们列举消费者在品牌选择中发生的变化,提高学生的民族品牌自信。

以"人力资源管理"课程为例,结合用人单位对人才的要求,提出培养学生要以需求为导向,重视学生的德育教育,比如社会对人才的诚信要求,就要让学生从身边的事情做起,诚实守信、考试不作弊、作业不抄袭。践行社会主义核心价值观不是口号,而是要真正让学生懂得如何将其融入素质培养中,如何成为社会需要的栋梁之材。

(二)坚持校内校外协同,优化实践教学体系

毕业实习是在完成基础课、专业基础课和部分专业课的学习后,理论联系实际的一个重要环节,是实践教学的一项重要内容。它不仅要求学生能够对工商管理专业所学知识和技能进行综合运用,而且也要求学生通过对关键或焦点问题进行社会调研,圆满完成学习计划,实现教学目标。依托省教改项目"基于校企合作的双向嵌入式工商管理类专业实践教学体系构建与实践"成果,整合临沂商城控股集团、职业经理人协会等校外资源,工商管理系将体验式见习、企业家进课堂等嵌入人才培养环节,构建起"课程专项实训+专业综合实训+学科竞赛+校外实践"多层次、递进式实践教学体系。结合人才培养目标,通过每年组织学生到周边知名企业进行实习实践活动,使学生很好地将所学知识与爱国主义情怀、沂蒙精神有机地融入实践活动中。

(三)充分发挥专业课教师在思想政治教育工作中的作用

习近平总书记在第30个教师节上指出:"好老师应该取法乎上、见贤思齐,不断提高道德修养,提升人格品质,并把正确的道德观传授给学生。"作为专业课教师,首先要通过自己的言行为学生树立榜样,以自己的人格魅力赢得学生的尊重,进而潜移默化地影响学生的人生观。专业课教师参与学生的思想政治教育工作有诸多便利条件和优势,商学院积极鼓励专业教师推进课程思政建设,工商管理专业教师响应号召,积极进行课程改革,学院鼓励教师摒弃传统呆板的教学模式,始终坚持以学生为主体,

用身边的实体情境讲解教学，促进课内外互动、师生互动、生生互动，用生态思政潜移默化地走进学生的学习与生活，提升学生对本专业的认可度。

首先，教师可以结合教学科研活动，对学生进行思想政治教育工作。实践证明，不同的教育者采取不同的教育方式，可以对受教育者产生不同的效果，教师具有专业特长，知识丰富，更容易受到学生的尊重和敬佩，他们在教学科研中讲述的道理会对学生专业思想的树立和明确产生深远的影响。

其次，专业课教师与学生接触多，对学生的专业知识可以进行很好的引导和教育。学生虽说报考了工商管理专业，但对于该专业研究的对象还需要进行深入的指导，学生对专业认识的模糊性、就业前景的迷茫性等都需要教师进行有力的指导。该专业较为宽泛，属于管理类的一级学科，宽泛性是该学科的特点，因此容易让学生陷入"学的知识多但又感觉什么都没有学到"的误区，这是在与学生的交流中发现的一大问题。工商系的每位专任教师都经历过学生阶段，熟悉教学环节和教学规律，了解学生的心理特点，在与学生的交往过程中，能够有意识、有目的地对学生进行这方面的引导，从而使学生树立稳定的专业思想，增强专业的认同感。

（四）积极发挥工商管理党支部思政教育的模范带头作用

工商管理党支部定期组织党员教师学习习总书记重要讲话、先进思想及重要时事，由各位教师分享"学习强国"及思政课程建设经验，组织各位老师利用假期学习学校提供的时政参考资料，认真做好学习笔记，为课程思政项目建设提供参考。支部坚持以习近平新时代中国特色社会主义思想为指导，真学真懂真信真用，认真学习、深刻领会重要精神，结合沂蒙精神，思考本专业与思政教育的结合点，保持教学内容及言传身教的时效性和生动性，将重要思想和时事案例内化于心，切实提升思政教学、思政育人的亲和力和针对性，并坚持把立德树人作为根本任务，坚持以学生为中心发展教育，不忘初心，全面落实好立德树人根本任务。

（五）传承沂蒙精神，积极筹建沂蒙红商研究院

1. 沂蒙红商研究院的筹建平台

临沂大学现有工商管理、国际经济与贸易、会计学、物流管理、物流工程、电子商务等相关专业，已经形成了一批平台和团队，汇聚了近百名教学科研人员，在某些领域支撑着沂蒙红商事业。特别是工商管理专业，经过近15年的发展，已建成独具特色的品牌专业，为地方企业发展输送了一批又一批急需人才。沂蒙红商研究院以山东省重点学科——区域经济学、国家发改委"产教融合"重点建设专业——工商管理、"山东省应用型人才培养特色名校工程"重点建设专业——国际经济与贸易和山东省

高水平应用型立项建设专业会计学等学科专业为依托，以建设"学术高地、红色智库、宣教阵地"为目标，以打造高水平政府智库、创建有影响力的管理咨询中心和高层次人才培养中心为主要定位，以沂蒙红商发展需要解决的问题为主要研究方向，以沂蒙红商需要的信息和咨询为服务导向，在临沂市委市政府的大力支持下，由临沂大学和临沂商城管委会联合申报的山东省社会科学重点研究基地。

研究院将紧紧围绕习总书记关于沂蒙精神的重要论述，响应新时代要求和沂蒙红商创业实践号召，凝练沂蒙红商内涵特质，探寻沂蒙红商发展路径，助推临沂模式转型升级，为新时代发扬光大沂蒙精神贡献力量。通过5年的努力建设，力争将研究院打造成为全国沂蒙红商研究高地和新型智库。

2. 沂蒙红商研究院对工商管理系教师课程思政能力的提升

该研究院的成立有利于工商管理系教师课程思政能力的提升，在实施课程思政初期，个别工商管理系教师存在态度不认真、敷衍了事，不知如何进行课程思政教学等问题，通过沂蒙红商研究院的建立，提升了工商系教师对课程思政的认知和实践能力，让教师认识到课程思政的突破口"沂蒙精神"的重要性。

依托立足沂蒙、面向全国的专业办学定位，工商管理系教师不忘初心牢记使命，把沂蒙红商精神贯注于相关专业课中。比如，在"人力资源管理"课程中，对于人才的培养和招聘如何指定培养和选人标准结合能吃苦、善创新、敢担当、乐奉献的沂蒙精神；"创业基础"课程中把善创新、敢担当、乐奉献的沂蒙精神很好地融入课程教学中，教授学生要不忘初心牢记使命。总之通过沂蒙红商研究院，工商管理系教师很好地把爱国主义、集体主义、乐于奉献、诚实守信等思政元素融入课程教学中，弘扬了沂蒙精神、传承了红色基因，为学生搭建起了解和传承沂蒙精神的窗口和桥梁。

三、专业思政建设成效

通过以上举措，尤其是沂蒙红商研究院的筹建，可以看出工商管理系在系党支部的思想引领、组织协调和服务保障下，切实推进、检查督促专业思政和课程思政一体化建设，专业负责人带领专业教师全力推动课程思政和专业思政建设取得了一系列成果，随着专业思政工作的进一步推进，我们取得了以下成效。

（一）教师课程思政能力进一步提升

工商管理专业全体教师围绕学校学院提出的专业思政和课程思政的重点建设工作，已形成立德树人的强大合力和课程思政、立德树人、三全育人同向同行的良好局面。全体教师思想上重视，行动上落实，构建起以学生为中心、立足实际、专业与思

政有机融合的课程体系，有效地发挥了课堂思政的作用。

（二）人才培养质量稳步提高

专业思政工作开展以来，增强了学生的社会责任感、创新精神和创新意识，提升了学生自主创业人数，提高了企业对专业人才培养的满意度，如，近三年的考研率年均提高了 6 个百分点；高质量就业率稳居全校前列，2019 届毕业生高质量就业率达 70.69%；在校学生发表论文或授权专利 20 余项，获批 2 项国家大学生创新创业项目，获省部级以上学科竞赛奖 84 项，其中国家级 46 项，2019 年获美国数学建模大赛三等奖 2 项。

（三）社会服务成绩突出

成立社会服务办公室，组建社会服务团队，承担或参与政府和企业决策咨询、企业委托项目 32 项，到位经费 362.2 万元，承担临沂市大型调研项目 2 项，5 人次获得临沂市政府系统调研类项目一等奖；选派教师到企业、地方挂职服务 12 人次，构建起立足临沂、服务鲁南经济发展的决策咨询服务系统。

 结　语

专业思政工作需要持续推进，工商管理专业将继续修订课程思政建设工作方案，分教研室、分课程组推进课程思政建设；继续加强师资培训，邀请省内外思政专家对专业教师进行培训，邀请院内优秀教师做课程思政示范课。通过以上举措，持续提升课程思政融入质量和育人效果，让立德树人取得实效。

思政教育与专业教学协同发展研究

——以国家一流本科专业建设点物流管理专业为例

赵国英　崔沂峰　物流学院

一、专业简介

临沂大学物流管理专业为山东省高水平应用型培育专业群核心专业、山东省名校工程重点建设专业和山东省特色专业，2019 年获批国家一流专业建设点。物流管理专业依托学校办学定位，立足"中国市场名城""中国物流之都""商贸服务型国家物流枢纽"优势，服务地方商贸物流业转型升级，旨在培养富有创新精神和创业能力、具有沂蒙精神特质和国际视野、适应现代经济社会发展的高素质商贸型物流人才。物流管理专业人才培养方案的有效实施，不仅是专业教育的要求，更是思政教育融入专业教育的升华。

现代经济的发展对物流管理人才的培养提出了更高的需求，所以物流管理教学不应仅仅停留在专业知识和技能的培养上，还要在教学中培养学生适应终身发展和社会发展所需要的品格，培养勇于担当的时代精神，引导学生深入思考作为一个"社会人"的责任与使命，因此，将思政教育融入物流管理的专业教育中就显得尤为重要。但是从物流管理专业目前所执行的人才培养方案来看，思政教育主要通过学校通识课中规定的思政课程来体现。思政课程主要有"思想道德修养与法律基础""马克思主义基本原理""毛泽东思想和中国特色社会主义理论体系概述"及"沂蒙文化和沂蒙精神"，这些课程并没有明确地将思政教育与物流管理专业教学的融合作为培养方案中的一项目标体现出来，仅仅是通过期末考试来考核学生对思政知识的掌握，思政教育更多的是注重对学生潜移默化的影响，而以往的做法在制度性保障方面则有所欠缺。

结合临沂大学物流学院物流管理专业的实际教学情况，充分深入地挖掘每一门专业课程中的思政元素和思政理念，首先要实现课程思政，以课程思政促进专业思政的发展，结合各思政元素，最终形成融入爱国情怀、沂蒙精神、团结合作、诚实守信、绿色发展及遵纪守法等思政元素的课程思政模式，并在认识理念、文化价值、应用实践和互联网络四个维度形成专业思政模式，实现思政教育与物流管理专业教学的深度融合。

二、专业思政建设举措

以物流学院物流管理专业为例,在进行思政教育时,结合"00后"大学生的特点,本着"润物细无声"的思政教育理念,恰当把握育人点和专业知识的衔接和切入,把知识学习融入信念层面的精神指引,最终实现思想政治教育和专业知识教育的有机统一。

(一)思政教育与物流管理专业教学的协同要素

将爱国情怀、沂蒙精神、团结合作、诚实守信、绿色发展及遵纪守法等思政元素与课程教学有机结合,形成思政教育与专业教学的协同发展。

1. 爱国情怀

爱国情怀并不是空泛的概念,对于物流管理专业学生而言,在专业课的授课过程中,可以从国家战略、历史文化、时政热点等方面将爱国情怀元素融入进来。如在"供应链管理"课程的教学中,通过介绍国务院办公厅新闻,让学生了解供应链的最新国家战略定义,并开展探讨"一个口罩背后的故事"主题活动,引导学生分组完成主题作业。首先,通过对新冠肺炎疫情期间全球口罩生产情况与中国口罩生产情况的讲解以及对比的案例,让同学们了解我国在全球供应链中的地位,认识到中国生产力的强大以及中国制造在全世界的重要作用,以此来激发同学们对祖国的自豪感和认同感。其次,通过专业外科口罩生产及回收流程视频的观看,使同学们对专业外科口罩的生产流程及要求有了更科学的了解,特别是对废弃口罩回收的学习,使同学们对供应链中的回收供应链有了更深入的理解。最后,口罩回收,无论是从疫情防控角度还是从资源回收利用角度看,都有着非常重要的作用,这使得同学们在掌握供应链回收知识点的同时,还增强了防控意识和责任意识,让学生意识到在现代经济快速发展的中国,正是因为有了完整的供应链管理体系,所以疫情防控工作才能得到有力的保障。

2. 沂蒙精神

军民"水乳交融、生死与共"铸就的沂蒙精神,是中华民族优秀文化的重要组成部分,与延安精神、井冈山精神、西柏坡精神一样,是党和国家宝贵的精神财富。对于扎根沂蒙老区的临沂大学来说,沂蒙精神是最接地气的人才培养思想政治资源。物流管理专业教育的思政研究,充分了解专业人才培养的定位要求,精确把握课程体系设置情况,密切结合专业育人目标,深度挖掘提炼沂蒙精神中能够融入专业教育的红色资源和精神内涵,将沂蒙精神与专业教育紧密结合,构建沂蒙精神融入专业教育的人才培养体系,培养留得下、用得上的高素质应用型人才。

3. 团结合作

物流行业是随着信息技术的普及和电子商务的崛起而发展起来的。在信息技术和电子商务的发展过程中，信息共享就显得尤为重要，而团结合作更是实现信息共享的前提条件。在物流管理的专业课程中，如在"运输与配送管理""采购管理""物流成本管理""供应链管理""物流系统规划与设计"课程中，向学生传递整合、共享、创新、协同的理念，建设共融共生的物流业生态，而这种思维模式的核心理念就是流程的优化、资源的整合、组织的协同和价值的提升，从而培养学生身心素质、职业素养、团队协作的能力。在专业教学中，"以任务为主线、教师为主导、学生为主体"，为了完成主题任务，学习小组需要经历知识学习、资料收集、组内讨论的过程。在此过程中，通过强调学生的团队合作能力，促进了学生间的团队协作、沟通协调，同时使学生学习的能动性也得到了最大化的提高，有效把思政教育贯穿于教育教学的全过程。

4. 诚实守信

在物流管理专业人才的培养目标上，不仅要培养学生以后作为物流管理人员应具备的品质和品格，更要培养学生在社会主义核心价值观中所要求的品格——诚信、友善、爱岗敬业，特别是在以后的职业生涯中既要遵纪守法，又要诚实守信。在"国际贸易理论与实务""供应链管理""管理学""客户关系管理""电子商务概论"等物流管理的专业课程中，强调合作精神、契约精神和诚实守信，以此培养学生在以后的物流职业生涯规划中终身学习的能力。针对"供应链管理"课程实践性强的特点，借助物流学院的实习基地和课程团队目前采用的易木科技的游戏实训软件，构建多层次、全程化的课程实训实践体系，在游戏中让学生扮演不同的角色，使其参与企业供应链模拟操作的整个过程，让学生真正体会供应链是如何运行的，将思想价值引领贯穿于主要的教学环节。

5. 绿色发展

绿色发展理念作为一种重要的经济发展指导思想，在经济发展中具有重要的作用和意义。在供应链一体化、全球采购、面向客户需求导向、先进制造技术、QR（快速反应）、ECR（有效客户反应）、绿色物流、准时采购（JIT）等专业内容的教学中，引导学生在创业过程中不仅要注重创造出更多的经济价值，更要和当前国家提倡的绿色发展理念相结合，注重社会价值的创造，实现经济的可持续发展；同时培养学生对经济市场的关注和敏感性，提高学生对中国经济发展新阶段新规律的认识，加深其对绿色GDP及可持续发展的认识，使学生建立健康积极的经济发展观。

6. 遵纪守法

遵纪守法是每一个公民都应当履行的基本义务，物流管理专业的学生更是应该了解物流行业的相关标准，熟知物流行业的法律、法规和政策，了解物流产业发展动态。在"经济法""国际贸易理论与实务""管理学原理""物流学概论"等课程的学习中，不仅要让学生学习到专业知识，更应培养学生从经济法学科背景下思考问题，运用所学的经济法理论，根据有关法律规定，提高分析和解决现实生活中存在的经济法律问题的综合能力，同时培养学生诚实守信的职业道德、遵纪守法的职业习惯、公平竞争的法治观念等法律素养精神。

（二）思政教育与物流管理专业教学的协同发展研究

以物流管理专业为例，可以从理念引领、文化保证、实践加强、信息沟通等四个维度将思政教育与物流管理专业教学有机结合，实现思政教育与物流管理专业教学的协同发展。

1. 理念引领

专业人才培养方案的"指挥棒"要在理念上引领思政教育与专业教育的协同发展和融合。在培养专业人才、传授专业知识和专业技能的同时，通过对知识传授和价值引领的有机结合，引导学生树立正确的价值观和政治思想方向，在物流管理专业人才培养计划中的人才培养规格中，将素质结构、知识结构和能力结构方面进一步细化，明确专业人才培养方案关于思政方面的要求，同时要求学院、思政教师、专业教师、学生四个主体充分认识和理解爱国情怀、沂蒙精神、团结合作、诚实守信、绿色发展及遵纪守法等思政元素在物流管理专业教学中的内涵、本质和特征。

2. 文化保证

思政教育对物流管理的专业教育起到了思想保证、动力支持和价值引导的作用，尤其是作为接受高等教育的大学生来说，在各个领域面临着社会转型时期多元文化、全球化时代西方强势文化、网络化社会网络文化，价值主体多样化的挑战等，更需要将爱国情怀、沂蒙精神、团结合作、诚实守信、绿色发展及遵纪守法等思政元素与课程教学有机结合起来，通过校园广播、社团文化、学科竞赛、主题演讲等形式，确保文化不偏离、不褪色，形成思政教育与物流管理专业教学的协同发展。

3. 实践加强

物流管理的专业教学具有较强的实践性，然而大多数教师缺乏在企业工作的实际经验。针对现状，一是组织专业教师到学院实践合作基地进行挂职锻炼，二是在物流综合实训、创业实践、毕业实习等环节，组织教师和学生到物流学院的实践基地和校企合作企业进行企业实际运营和具体的业务活动操作，在培养学生职业道德、职业精神、职业素养的同时，让学生意识到爱国情怀、沂蒙精神、团结合作、诚实守信、绿色发展及遵纪守法等思政元素在实践中的积极意义，这样的思政教育，既有利于提高学生实践的主动性、积极性，也有利于增强学生的团队合作意识，同时还有利于创新精神和信息能力的培养。

4．信息沟通

自媒体时代，线上各类教学资源丰富多彩，提供了各类融合思政元素的典型案例、媒体报道、新闻热点事件，各种智慧教学工具的涌现既方便了教师进行思政教育，又提升了对学生的吸引力，教师可利用各种教学工具和平台跟学生在线交流，将爱国情怀、沂蒙精神、团结合作、诚实守信、绿色发展及遵纪守法等思政元素适时传递给学生，使思政教育"润物细无声"地融入教学环节。

三、专业思政建设成效

（一）课程设置与课程内容重构

将思政教育与物流管理专业课程知识交叉融合，构建全面覆盖、类型丰富、层次递进、相互支撑的课程思政体系，将专业核心课全部打造成校级课程思政示范课程，并打造1~3门省级课程思政示范课程。在专业选修课中设置"沂蒙红色物流""临沂近现代物流史""沂蒙商城文化通览"等课程，让学生从整体上把握在临沂商贸物流发展中的思想内涵与政治地位。在专业核心课中融入与物流相关的思政教育典型案例，让学生在专业知识的学习中得到思政熏陶。

例如，在"经济学原理"课程中，增加抗日战争时期"减租减息"的经济原理的分析；在"运输与配送管理"专业选修课程中，增加解放战争中"女子火线桥"的交通枢纽概念介绍等；在实践教育课中，增加诸如新冠肺炎疫情期间我国如何应对国际形势对我国供应链的影响、新时期物流业转型升级与国家物流枢纽建设的途径、农村电商物流发展与农村脱贫致富之间的联系等时政问题，让学生学会从思政的视角研究新时代经济社会发展中的新问题。

（二）思政一体化的实践平台

建设校内外思政一体化、政产学研用思政一体化的实践平台，打造实践教育与沂蒙精神密切融合的思政教学环境。例如，联合临沂市各国家级电商示范县，建立红色农村电商物流实践基地；联合临沂市商城管委会和顺和物联集团，建设红色物流展览馆；联合致胜物流、经信物流等公司，研究红色企业文化；在学院的虚拟仿真实验中心，增加沂蒙人民支前物流的模拟实验等。

（三）教师专业思政能力提升

通过教师培训、教研改革，完善评教机制等手段，强化教师思政育人意识，提升教师思政教学水平，建设课程思政示范课堂，打造校级课程思政教学名师，建设省级课程思政示范课程。例如，举办教师思政教学能力进阶培训、推进支部-系部集体教研改革、鼓励教师参与思政类科研项目研究、加快政府企业博士挂职行动步伐、完善立德树人的评教机制、加强课程思政教学评价管理等。

 结　语

在进行专业思政建设过程中，结合思政教育中的爱国情怀、沂蒙精神、团结合作、诚实守信、绿色发展及遵纪守法六个要素，从理念引领、文化保证、实践加强、信息沟通四个维度，开展物流管理专业教学和思政教育的协同发展研究，将物流管理专业知识及技能传授与培养学生的价值观有机地结合起来，实现思政教育与物流管理专业教学协同发展。

"11223"校地协同"三全育人"模式[①]建设的探索与实践

——法学专业思政建设

孙丽峰　法学院

一、专业简介

法学专业人才培养坚持立德树人、德法兼修，从建设中国特色社会主义法治体系和建设社会主义法治国家的实际需要出发，着力培养德智体美全面发展，法学基础理论扎实，熟悉我国法律和党的相关政策，富有法治精神、创新精神和创业实践能力，具有沂蒙精神特质和国际视野，能在国家机关、企事业单位和社会团体，特别是能在立法、司法、行政机关，以及法律服务机构中从事法律工作的德才兼备的高素质应用型人才。

一直以来，法学院党委高度重视法学专业思政的改革创新，努力健全法学专业人才培养体制机制。通过"11223"校地协同"三全育人"模式，积极引导任课教师深入挖掘各门专业课程所蕴含的思想政治教育元素和功能，通过教学、教研、社会实践活动，着力构建"三全育人"教学、工作体系，形成了"人人课中讲思政，门门课中有思政、课内课外有思政"的教学格局，将知识传授与价值观培育有机结合起来。学生不仅增长了专业知识和实践技能，还在潜移默化中提高了思想政治水平和职业道德修养，有效促进了个体的全面发展。在法学专业思政建设过程中，一批批价值观端正、知识丰富、能力全面的法科生正在成长。

二、专业思政建设举措

法学专业的"11223"校地协同"三全育人"模式，以提升学生实践能力为主线，以课堂教学改革为中心，突出实践能力和综合素质培养，强调校地协同育人特色，深化地方政府机关与高校在实践教学方面的全方位合作，通过整合地方各组织机构优势，特别是在实务、人才、基地建设等方面的优势，形成合作共赢、资源共享的协同

[①] "11223"校地协同"三全育人"模式："1"条主线——实践教学；"1"个中心——课堂教学；"2"个平台——校外实习基地+校内实训中心；"2"支队伍——校内双师型+校外实务型；"3"大模式——见习实习+科教融合+素质拓展。

育人新机制（见图1），实现育人主体多元化、育人过程全程化、育人空间立体化，将思政育人贯穿于教学和实践全过程，旨在为培养高素质法学专业人才提供强大动力，进而实现"三全育人"的教育目标。

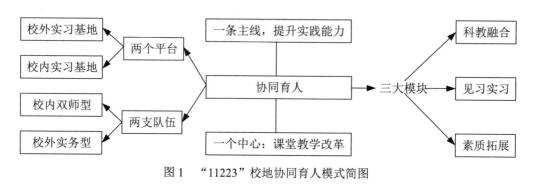

图1 "11223"校地协同育人模式简图

（一）专业思政课程体系建设

通过深入推动思想政治工作贯穿于教育教学全过程，创新课程思政建设体系，以此加强课程育人效果。

1. 严格要求"马工程"教材进课堂，修订人才培养方案，为实现"三全育人"提供行动指南

通过走进法院、检察院等司法实务部门，走访毕业生等方式，在进行充分社会调研的基础上，组织理论和实务专家对法学专业人才的相关职业素质要求进行分解，评估学生就业和发展所需要具备的职业能力，提炼出了法学专业学生职业能力的关键能力节点。在人才培养方案制定的过程中，开展教研室、系部、毕业生、在校生、校外专家，以及用人单位等多层次、多角度的充分论证，形成了以实践能力提升为目标，涵盖课程见习、校内模拟实习、集中顶岗实习三个层次贯穿全学程的专业教学、实践体系，为实现教育主体多元化、育人过程全程化、育人空间立体化夯实基础。

2. 抓好课堂教学改革，强化课堂育人效果，打好思政育人基础

第一，实施课程建设"1+1"行动计划，原则上每门专业主干课程均由校内专业教师、校外实务教师组成，教育主体由校内延伸至校外，形成优势互补的育人共同体；第二，大力支持倡导课堂教学模式改革，在教学内容中融入思政元素，通过时事及历史材料解读、历史人物介绍、社会热点案例引入、榜样介绍等多种方式调动学生的学习积极性，借此提升学生的思想水平、政治觉悟，"人人课中讲思政，门门课中有思政"的育人格局已基本形成；第三，大力支持倡导"理论+案例"教学模式，开设了"行政法与行政诉讼法案例研究""民事案例研究""模拟审判"等案例课程，提升了实践育人效果，实现了"课内课外有思政"的育人格局。

3. 资助一批课程思政改革项目，打造一批课程思政示范课，为思政育人课程建设提供范例

学院要求所有专业课程在教学时都要融入思政元素，提高课程思政效果，并从中选取了一批素质高、学生认同度高的课程作为示范课程进行重点建设，来促进课程思政改革项目的推进，积极打造课程思政示范课程。

（二）专业思政实践育人体系建设

法学院着力完善校内实践场所、校外实践基地建设，加强实践育人中的思政育人内容，实现育人空间立体化。一是主动深化实践教学课程化、体系化，力争教学实现理论讲授、参观体验、现场教学、动手实践四步走；二是通过"四共建"，即合作共建专业、合作共建课程、合作共建基地、合作共建师资等举措，构建了校内外协同"三全"育人长效新机制。目前，校内建有模拟法庭实验室、公司法实验室、物证鉴定实验室、网络案例实验室、法律诊所、法律援助中心、创新创业指导中心等实验实训中心，并与临沂市中级人民法院、临沂市人民检察院、临沂市仲裁委员会、兰山区人民法院、兰山公证处、山东三禾律师事务所等 20 余家单位合作共建校外实践教学基地。目前，两个平台均实现了良性互动，满足了学生校内教学、基地见习与集中顶岗实习的立体化育人需要，强化了实践育人的能力和效果。

（三）专业思政师资队伍建设

教师是专业思政的根本，是言传身教、立德树人的直接载体。近年来，法学院大力提升师资队伍建设，实现思政育人主体多元化，推进全员育人。

1. 强化教师队伍建设，夯实教师全员育人能力，努力实现教书育人、科研育人

一方面，提升任课教师专业素质，通过"引进来"政策，即引进地方实务部门专家担任实践课程教学和实践指导教师，如聘请临沂市中级人民法院、临沂市人民检察院等多名具有丰富实践经验和较高职业道德素养的专家到法学院任教，承担法学专业课程教学任务，提升教师师资队伍建设水平；另一方面，加大理论研究高水平师资队伍引进力度，强化法学院的教学、科研师资力量，如引进山东省首批法学法律领军人物罗亚海教授，同时，采取"走出去"策略，如选派教师外出参加相关学术会议和相关培训、选派教师参加"双百计划"，到临沂市中级人民法院、临沂市人民检察院等实务部门挂职等途径，初步打造起一支教学与实务相结合的法学师资队伍，为培养高素质人才提供了人力资源保障。目前，法学专业的双师型比例已达到 43.2%。

2. 落实管理育人，提升管理岗位教师素质

法学院不仅充分挖掘专任教师的育人本领，还特别关注辅导员、班主任等多个管

理岗位的育人职责。如对辅导员队伍坚持走职业化、专家化的发展道路，并要求其将育人职能贯穿其工作始终，注重岗位研究与实践成效相结合，实现"管"与"育"、"服"与"育"的融合贯通。此外，除了在日常管理服务中关心爱护学生成长，还利用传统节日以及相关节庆活动，组织学生开展"宪法宣传日""我和我的祖国""节能宣传周"等主题教育活动，培养学生法治意识、爱国情、报国志、节约意识等优秀品格，给学生心灵埋下真善美的种子。

3. 强调教师立德树人，强化师德师风建设

一直以来，法学院特别重视师德师风建设，制定了相关的奖惩制度，通过党员带头、典型示范、榜样学习、互助互学、自我反思等方式，狠抓师德师风建设，先后开展了法学院第一届、第二届、第三届师德标兵，教书育人先进个人、科学研究先进个人、管理服务先进个人的评选活动，极大地增强了教师立德树人、教书育人的荣誉感、责任感、使命感，促使教师在工作生活中严格落实"一言一行、一举一动都要履行育人之责"，从而创造了育人无不尽责的良好工作氛围。

（四）专业思政育人环境建设

法学院着力打造"事事有思政、时时有思政"的格局，从文化、组织、心理服务等角度完善全方位育人环境。如利用各种主题活动弘扬爱国奋斗精神、中华优秀传统文化，建设法治文化长廊，加强新生入党教育、评先树优、学生党支部建设等方式，全面加强思想政治教育成果。同时，在学校、学院的大力支持下，积极推进教师进行心理健康教育学习，建设大学生心理健康教育中心，完善学生心理危机干预制度，促进学生身心健康成长。

（五）其他举措

实施考试综合改革，引入多项考核指标和方式，实现全程育人。考试改革的根本目的是更好地促进学生的发展，改变评价过分强调甄别与选拔的功能，从而忽视改进与激励功能的状况，突出评价的发展性功能是改革的核心。为此，法学院积极推行"N+1+1"考试综合改革，倡导考试考核多样化改革，推行面试、机考、竞赛、作业、非标准化等多种考试改革，更加注重对学生能力和学习的过程性考核，加强对平时学习效果的考核。通过评价促进学生在原有水平上的提高，既要达到教育培养目标的要求，又要发现、挖掘学生的潜能。目前，多元化学生综合评价体系已经基本建立，这一体系突出过程性评价的作用，充分调动了学生的学习积极性，实现了学习动力内化，从而以更加客观、科学、多元化的视角对学生专业知识和相关素养进行评价，对育人效果进行全程监督。

三、专业思政建设成效

1. 法学毕业生就业率高，职业认同感强

法学专业人才培养质量稳步提升，毕业生就业率稳步提高。据麦可思公司的跟踪调查数据显示，法学专业学生就业量较大的行业主要分布在法院、检察院、律师、企业法务等领域。2017届法学专业毕业生130人，考研人数36人，发表论文6篇，考取公务员事业编7人，就业率97.89%，其中考取研究生人员占27.6%，考取公务员、事业编人员占14%，自主创业人员占1.4%，企业就业人员占60.6%，法学专业人才培养效果优势明显。

2. 法学专业人才培养质量稳步提升，综合素质全面提升。

近年来，法学专业学生参加模拟法庭、宪法知识竞赛、海峡两岸辩论赛等各类学科竞赛共获得省级以上奖项20余项；2014年以来，评选校级大学生创新创业训练项目50余个，参与学生人数达500余人，其中有35%的学生参与了科研训练，参与的教师科研项目数达30余个，学生发表学术论文人数逐年增加。

3. 毕业生就业单位的评价满意度高，社会评价高

法学专业人才培养质量不断提高，受到用人单位的普遍好评。根据麦可思公司的毕业生培养质量评价报告显示，学校2015、2016届毕业生对母校的推荐度（均为77%）、整体满意度（分别为93%、94%）均高于全国非"211"本科院校平均水平（校友推荐度分别为62%、65%，整体满意度分别为88%、90%）。通过山东信总计算机软件开发有限公司对我校2015届毕业生进行的跟踪调查数据显示，用人单位对我院毕业生满意度为93.08%，我院多名毕业生的事迹被各级各类平台（如灯塔-党建在线《兖州日报》等）进行了报道，社会影响好，直接反映出法学专业思政育人的成效。

结　语

"11223"校地协同育人模式是法学院在法学专业学生培养过程中形成的优秀教学成果。在这一育人模式实施过程中，充分落实培养德智体美劳全面发展的社会主义建设者和接班人这一总目标，贯彻"育人是本"的要求，健全人才培养体制机制，践行"三全育人"，使思想政治工作有效融入人才培养的环节，在培养高素质法科生的道路上稳步前进，努力为国家建设培养出更多思想道德素质过硬的法治人才。

拓宽育人路径，筑牢树人之魂

——学前教育专业思政的思与行

任伟伟　许继欣　教育学院

一、专业简介

学前教育专业属于社会科学领域专业，其培养目标是立足沂蒙、面向山东，培养适应新时代学前教育发展人才需求，政治素质优良，热爱学前教育事业，热爱幼儿，具有沂蒙精神特质和国际视野，具有人文底蕴与科学精神，富有创新精神与创业能力，学前教育理论素养和保教实践技能扎实，才艺兼备、擅长保教，能够持续自主发展的高水平幼儿园教师。

《幼儿园教育指导纲要（试行）》中明确规定幼儿园教育是基础教育的重要组成部分，是我国学校教育和终身教育的奠基阶段。学高为师，身正为范，教师是特殊的课程资源。学前教育是人生教育的"关键期"，同其他教育阶段相同，学前教育阶段对幼儿园教师的思想政治素质要求很高。学前教育专业肩负着培养未来幼儿教师的神圣职责和使命，更应落实专业思政的要求，只有培养出具有完善人格、高尚情操、德智体美劳全面发展的专业人才，才能落实好扎根中国大地办教育的要求，更好地为社会服务。培养未来幼儿园教师的诚信品质、社会责任意识、实事求是的科学精神，与培育其专业知识和专业技能同等重要，只有进行全面的专业思政建设，才能实现全程育人、全员育人、全方位育人的要求，而学前教育专业思政建设正是对这一要求的有力实践。

二、专业思政建设举措

本着"知识传授与价值引领相结合""显性教育与隐性教育相结合"的原则，科学设计学前教育专业思政的具体建设路径。首先，通过入学教育、课程思政、实践思政等深挖学前教育专业的思政融入点，形成系统的专业思政方案，在知识传授中融入思政内容，此为"立德"。其次，从"德"的角度看，学前教育专业的学生要将具备社会公民的社会公德、接受高等教育专业人士的学术道德，作为幼儿园教师的职业道德，通过专业思政系统的引导，达到培养热爱学前教育事业、热爱幼儿、学前教育理论素养和保教实践技能扎实、才艺兼备、擅长保教、能够持续自主发展的高水平幼儿园教师的教育目标，争做"四有"好老师，此为"树人"。在实现立德树人的过程中，既有理论课程这种显性教育，又有社会实践这种隐性教育，通过显性教育与隐性教育的结合，坚持以立德树人为根本，把思想政治教育贯穿于教育教学全过程，实现全程育人、全员育人、全方位育人。其具体建设思路如图1所示。

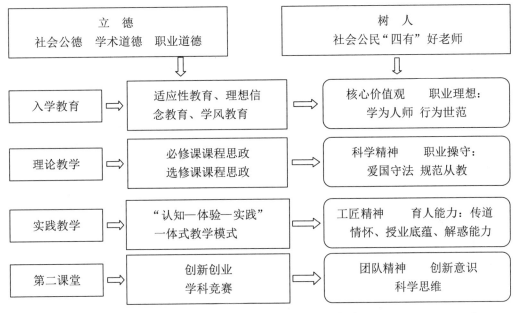

图1 学前教育专业思政建设思路图

（一）首抓入学教育思政

入学教育是整个大学四年专业教育的第一步，是引导新生适应大学生活的重要环节，也是大学生思想政治教育的重要组成部分。为帮助学前教育专业的新生尽快适应大学学习生活环境，完成角色转换，做好人生规划，学前教育专业的入学教育通过开展以适应性教育、理想信念教育、学风教育为主题的入学教育思政活动，使新生尽快坚定理想信念和专业思想，适应大学学习生活，养成良好的学习生活习惯，为大学四年的学习生活打下坚实基础。例如，在开展理想信念教育时，重点介绍近10年来国内发展学前教育的各项政策及措施，引导学生认识学前教育事业的重要地位并深入理解学前教育与经济、政治之间的关系，增强学生投身我国学前教育事业的责任感和使命感。同时，聘请来自一线的优秀幼儿园园长和名师开设专业讲座，结合各自从教经验，讲述职业发展对幼儿园教师专业人才的知识、能力和道德素质的要求。通过入学教育思政，让学生端端正正地带着正确的价值观和学为人师、行为世范的职业理想开始专业学习，立志成为有理想信念、有道德情操、有扎实学识、有仁爱之心的"四有"好老师，坚定不移地走中国特色社会主义教育发展道路。

（二）主抓课程思政

课程思政是高校思想政治教育的理念创新，以专业课程为有效教学载体，在"润物细无声"的知识教育、能力培养中融入思想价值引领。学前教育专业肩负着培养未来幼儿教师的神圣职责和光荣使命，必须加强专业课与思政课的融合，构筑"课程思政"的立交桥，严格落实立德树人根本任务。

1. 充分发掘课程中蕴含的思政教育元素

学前教育专业思政教育资源丰富，内容涵盖面广，涉及教育、心理、管理、音乐、美术等领域，可挖掘的育人因素多样，且课程形式新颖。如，"学前教育学"课程蕴含儿童观、教师观、教育观的基本职业理念；"学前教育政策法规"课程蕴含法制观念、教育情怀、师德师风、人际交往等隐性教育内容。教师在教授专业知识和专业技能的过程中，可以通过潜移默化地对学生进行思想价值引领，避免学生产生抵触情绪。例如针对《3-6岁儿童学习与发展指南》《幼儿园教师专业标准》《新时代幼儿园教师职业行为十项准则》以及习近平总书记的一系列教育思想，思想政治教育可以充分发掘课程中蕴含的育人资源，引导学生树立正确的儿童观、教师观、教育观，加深对幼儿教师职业的理解和认同，使学生真正热爱学前教育事业。同时，学前教育专业每门课程中所涉及的历史人物、专业史实、专业案例等也都包含着丰富而生动的思政要素。

2. 通过多种教学模式，强化思想和价值引领

专业课程思政要充分了解和掌握学前教育专业学生的心理特征和思想特点，系统设计思政教育递进式教学路径，让实施课程思政后的专业课程更加接地气，使师生在知识、情感、价值上实现共鸣、共学，在教与学上实现共享、共进，"润物细无声"地让学生接受思政教育。

学前教育专业的学生，其未来定位多为幼儿园教师，这些学生注重学前教育技能课，普遍对声乐、舞蹈、手工、幼儿游戏等实践性较强的课程感兴趣。学前教育思政要充分重视这一特点，通过融入式、嵌入式、渗入式等教学模式，提高学生思想的开阔性、深刻性，在专业知识传授、思想价值引领过程中更加关注学生的情感反应，运用教师的人格魅力与渊博学识活跃课堂气氛，让学生在行为和情感体验中产生共鸣，让知识传授更有温度，让理性教育更有信度。

（三）狠抓实践教学思政

学前教育专业培养的是应用型人才，实践教学是培养过程的重要组成部分，是实现应用型人才培养目标的重要教学环节，也是培养学前专业学生工匠精神和育人能力的主要抓手。

1. 创新教学模式，重体验强实践

为狠抓学前教育专业实践教学思政，认真学习河南师范大学的"课堂叙事性教学、情景式教学、体验式教学、网络延展式教学"四者相互渗透、有机融合、功能互补的"立体化"实践教学模式，结合学前教育专业学生的个性特点和学习方式，坚持"以学生为主体"，遵循"认知－体验－实践"一体化教学模式，通过"授之以知""启之以思""导之以行"三个层次渐进落实，坚持启发式教学原则，借助信息化教学手段，综合运用讲授法、案例教学、小组讨论、情景教学、见习观摩等教学方法，通过探究式、体验式、互动式教学，激发学生的内在情感体验，唤醒学生的价值认同感，使其在实践教学环节加以践行。

2. 科学设计实习，提升育人能力

结合学前教育专业特色，开展专业见习、研习、实习活动，实行"四年一贯"全程设计。一、二年级学生通过见习了解幼儿园的一日生活，学习今后从事保教的基本技能；二、三年级学生学习五大领域的专业保教技能，通过参与竞赛、教研活动，检验综合学习效果；第六学期的实习，将课堂知识转变为教学实践，再经过研习实现教学反思，切实提升学生的实践能力。教育学院一直高度重视学生的实习工作，努力拓宽学生实习渠道，召开学前教育专业实习基地共建座谈会，共商实习事宜。实习前召开实习动员大会，配备实习指导教师，加强与实践基地的深度合作，双导师指导学生，全程跟进学生实习，切实提升学生的传道情怀、授业底蕴、解惑能力。

（四）恒抓第二课堂思政

第二课堂活动不仅是第一课堂教学内容的延伸和补充，也是高校思政实践教育的重要平台。深化和拓展第二课堂的思政育人体系建设，既符合高校教育的客观需求，也为实践育人制度化、科学化、常态化机制建设奠定了坚实基础。

1. 依托教师素养文化艺术节，培养团队精神

截止到 2020 年，学院已连续举办四届教师素养文化艺术节，学前教育系作为主要阵地，进行了主题为"追寻中国梦·踏上新征程"的演讲、朗诵、儿童故事比赛，"唱响新时代·争创新作为"为主题的声乐比赛，"舞动青春·呈现精彩"为主题的舞蹈比赛，"妙手编织·美好未来"为主题的手工艺品比赛等。同时通过读书研讨会、主题演讲比赛、主题辩论会、主题班会等不同形式活动的开展，实现了一、二课堂相融，充分展现了教育学院师范特色文化的建设，培育优良师德，强化教师综合素养，在策划活动、管理组织和人际交往过程中培养学生团队精神，提升个人能力，满足学生的精神文化需求和兴趣爱好，引导大学生发挥特长、主动参与，在活动中相互交

流、不断切磋，以培养大学生良好的集体荣誉感和道德素质，培养其创新精神和团队合作能力。

2. 开展志愿活动，助长仁爱之心

教育学院成立了"梓琪志愿服务队"，该服务队自成立以来，队伍一直秉承"奉献、友爱、互助、进步"的精神，每周定期前往"天缘益智"特殊学校、临沂荣军医院、敬老院，走访调查留守儿童并开展助老爱童活动，前往临沂市科技馆进行科学宣讲，应时节组织"守护缤纷银杏林""植树护林"等生态建设活动；特色工作依托互联网平台，推广"微志愿"服务形式，积极打造更多体现学校办学特色及师范专业优势的志愿服务品牌项目，"活化"教育内容，特开辟"青春志愿行"微信专栏记录志愿服务工作，推行类型多样的特色志愿服务项目，号召更多学子加入志愿服务队伍，以激发鼓舞学生的仁爱之心，助其发芽成长。

（五）常抓师资队伍建设

"师也者，教之以事而喻诸德者也。"教师的人格力量和人格魅力是成功教育的重要条件，办好专业思政的关键在于教师。为此，学前教育专业对师资队伍的建设常抓不懈，以"上好每一堂课，关爱每一位学生"为基本原则，在注重常规管理的基础上，强化了以下两方面工作。

1. 教师学习常态化、制度化

每周五下午为固定的教师集体学习时间，打破以往教师党员学习的惯例，要求所有专业教师一起学习，先后开展了"不忘初心、牢记使命"主题教育、党风廉政警示教育等专题学习活动；系统学习《习近平总书记教育重要论述讲义》，每周明确学习内容，教育引导学前教育专业的教师牢固树立"四个意识"，坚定"四个自信"，坚决做到"两个维护"，使教师的干事创业、引领发展能力得到提升。同时，提升新进年轻教师的政治素养，2名新进教师已经光荣地成为中国共产党党员，1名新进教师成为预备党员。

2. 鼓励教师深化课程思政教学改革

为发挥专业教师的创造性，让他们在遵循教育教学规律、思想政治工作规律、学生成长规律的基础上，坚持紧贴时代变化、紧贴学生个性特点、紧贴学生全面发展，善于将提纲挈领的教材体系转化为学生乐于接受的教学体系，鼓励教师深化课程思政教学改革，"学前教育学""学前心理学"等6门学前教育的专业必修课程申报校级课程思政示范课程项目，"学前教育研究方法"申报课程思政教学改革研究项目，以项目为平台，持续推进课程思政教学改革。

（六）专业思政育人环境建设

随着全员全过程全方位育人教育理念的深入人心，学前教育专业所塑造的育人氛围愈加浓厚。

1. 强化党支部的引领

为了更好地以文化人、以文育人，在教育学院党委的领导下，学前教育系一直在与团委共同为创设良好的育人环境而努力。依托学生党支部、团支部、学生会和学生社团等学生组织架构，充分发挥学生党支部核心引领作用、团支部青年凝聚作用、学生会和学生社团桥梁纽带作用，通过机制的设计凝聚育人合力，实现课上课下、网上网下、校内校外等思政教育各方面资源的互联互通互补，形成以学生发展为中心，围绕学生、关照学生、服务学生、注重学生体验的专业思政教育新格局，丰富组织形式，在实践活动中实现价值引领。

通过讲座、团体活动、参观体验等形式，开展理想信念教育和爱国主义教育。同时，以五四主题团日活动、党的生日、国庆等重大纪念日和节庆日为契机，深挖节日内涵，开展主题丰富、形式多样、效果显著的第二课堂实践活动。如"五四精神传薪火，激扬青春献祖国"主题团课、"筑梦青春心向党，献礼祖国70华诞"红色知识竞赛、"云"端筑梦五四主题党日活动等，将理论知识转化为学生的内心信仰和实际行动，引导学生树立正确的世界观、人生观、价值观。

2. 优化学风建设

良好的学风是提高育人质量的保证，教育学院的学风是"勤学敏行"。为切实抓好学风建设，学前教育专业按照学校"以教风带学风、以考风正学风、以管理促学风、以活动育学风、以榜样树学风"的要求，齐抓共管，标本兼治，构建多方联动的学风建设长效机制。

首先，加强理想信念教育、爱国主义教育。依托沂蒙老区的红色文化资源，通过组织"沂蒙精神+活动"，如，组织开展"重走总书记走过的路"等主题活动，引导学生传承抗大基因、弘扬沂蒙精神，引导学生树立正确的世界观、人生观、价值观，端正学习态度，树立远大理想。

其次，充分发挥学生党员、学生干部在学风建设中的模范带头作用，以抓好学生党员、学生干部的学风建设作为重要切入点，推动学风建设与学生组织自我教育、自我管理、自我服务的职能结合起来，形成你追我赶、相互促进、共建学风的良好局面。

再次，通过活动的开展，营造良好育人氛围。每年的教师素养文化节、每学期的专业实践等活动，使学生充分认识到自己的专业和学习状况，形成"比、学、赶、帮、超"的良好学习氛围。

最后，加强学生思想政治状况的定期调研。研究新形势下学生思想上出现的新问题，有的放矢地改进和加强教育，把思想政治教育与解决学生的实际困难结合起来，努力提高思想政治教育的主动性、针对性和实效性。

三、专业思政建设成效

学前教育专业突出教学第一课堂、激活课外第二课堂、用好社会大课堂、占领网络新课堂，把立德树人融入思想道德教育、专业文化知识教育、社会实践教育的各环节之中，育人成效颇为显著，学前教育专业的毕业生受到用人单位的一致好评。

（一）教师获奖方面

学前教育专业教师共取得8项教学成果奖，其中省级4项（见表1）、校级4项、校级教学立项6项，优质课程建设10余门。许继欣获得山东省超星杯青年教师教学比赛二等奖，任伟伟、吴仁英获得"山东省优秀学士论文指导教师"的荣誉称号，牛欣欣获得"校级优秀指导教师"的荣誉称号，杨金花、栾兆云、赵鑫等荣获"校级青年教学能手"的荣誉称号，特别是赵鑫老师的《乘着歌声的翅膀》获得了"2018年山东省寻找青年政治家——优秀思想政治课"的光荣称号。

表1 学前教育专业获得省级教学成果奖情况一览表

时间（年份）	项 目 名 称	获 奖 情 况	获 奖 人
2018	基于核心素养课程转化的PBL大学课堂教学模式创新实践探究	山东省高等教育教学成果二等奖	陈德云、任伟伟等
2018	父母/教师教育介入方式与3~12岁儿童学校适应的理论研究和实践检验	山东省基础教育省级教学成果二等奖	赵金霞等
2014	儿童社交技能发展现状与教育训练研究	山东省基础教育省级教学成果三等奖	赵金霞等
2015	校内慕课与课堂教学混合教学模式的探索与实践——基于教师专业发展课程	山东省教育科学研究优秀科研成果三等奖	任伟伟等

（二）学生获奖方面

学前教育专业学生获得第二届山东省大中专学生社团节大学生社团啦啦操大赛二等奖（2016）；2012级学生刘倩获得首届山东高校师范生艺术作品展示与评比大学生书法[中国梦（软笔组）]二等奖（2014）；2014级学前教育专业学生盖广迪获得山

东省第五届师范从业技能大赛学前组二等奖、校级一等奖；2015级学前教育专业学生李慧慧获得山东省第六届师范从业技能大赛学前组三等奖；2016级学前教育专业学生韩钶鑫、来格格等人获得华文杯教学设计能力与展示活动一等奖、二等奖共10项，获得国家级大学生创新创业项目1项，省级大学生创新创业项目2项，校级大学生创新创业重点项目1项，并发表论文20余篇；并涌现出了周越（连续获得学校一等学业奖学金，并获省政府奖学金、省优秀毕业生）、吴晓玲（获得国家励志奖学金、一等学业奖学金、校级优秀学生干部、校级优秀团员、学业二等奖学金）等一批优秀学子。

结 语

学前教育专业切实将立德树人贯彻到从学生入学到毕业的全过程，把爱国主义精神、社会主义核心价值观、职业道德规范、儿童权益等内容充分融入课程，坚定学生做"四有"好老师的理想信念，厚植学生的爱国情怀，加强学生的品德修养，坚持习近平新时代中国特色社会主义思想进教材、进课堂、进头脑，实现铸魂育人。

以专业思政为契机，努力建设国家一流专业

——小学教育专业思政建设思与行

曹彦杰　教育学院

一、专业简介

小学教育专业是临沂大学第一批参与教育部师范专业认证的专业，也是第一个通过专业认证和成功获批国家一流专业的专业。小学教育专业的培养目标是：以区域小学教育需求为导向，立足沂蒙、面向山东，培养以立德树人为己任，热爱党的教育事业和小学教师工作，具有深厚学识和扎实的学科素养的优秀小学教师；毕业以后爱岗敬业，为人师表，富有爱心、责任心和事业心，能够成为小学生健康成长的启蒙者和爱国强国的引路人。

在专业认证过程中，专业认证专家提出小学教育专业存在重知识传授轻价值引领的问题。教师作为教育者往往强调师范技能的训练和提高，而忽视了对师范生在精神、道德、人格方面的培养。小学阶段正是孩子良好的个性品质、行为习惯和思考方式逐渐养成并可塑性最大的时期，小学教师对小学生良好价值观的形成至关重要。习近平总书记对教师也提出了要帮助学生"系好人生第一粒扣子"的师德要求，鉴于此，在小学教育专业中加强专业思政建设既很必要，也很急迫。

本专业秉承价值引领、知识传授、能力培养"三位一体"的育人思路，从顶层设计到具体实施加强了专业思政建设，促进了师范生在德智体美劳等方面更高质量的全面发展，取得了专业建设和思政建设同向同行的良好效果。

二、专业思政建设举措

（一）价值引领的专业思政顶层设计

价值引领的人才培养方案是将专业思政融入教育教学全过程中的各个环节，落实到课堂教学、实习实践和文化育人等活动中的思维导图和着力点上。小学教育专业组织了由高校专家、教研员和小学一线优秀教师组成的研究团队，根据沂蒙老区乡村小学的现实需求和我校专业及人才优势，以培养"四有"乡村卓越小学教师为目标，修

订了人才培养方案,加强了专业思政的顶层设计。学院先后多次召开培养目标修订研讨会,研讨培养目标制定和修订中的专业思政问题。初稿完成后,学院邀请校外同行专家对专业培养目标进行了充分论证,根据论证专家的意见和建议对培养目标再次进行了修改和完善,最终完成了专业思政培养目标的修订工作(见表1)。

表1 最近一次培养目标修订情况

修订前内容	修订后内容	改动理由
本专业旨在培养忠诚党的教育事业,具有沂蒙精神和国际视野,德智体美全面发展,热爱小学教育事业,掌握小学教育基本理论和基本知识与技能,具备小学教育教学能力,富有创新精神,具备创业能力,能够在小学从事多学科教育教学工作的教育家型的小学教师	本专业以区域小学教育需求为导向,立足沂蒙、面向山东,培养以立德树人为己任,热爱党的教育事业,热爱小学教师工作,具有深厚学识和扎实的学科素养,能够有效开展小学学科教学和小学班队管理工作,善于学习并能结合工作需要开展教育教学研究活动,具有可持续发展能力的优秀小学教师	(1)内容表述更具逻辑性,更符合学校"地方性、应用型"的办学定位; (2)内容更加丰富完整,新增:"具有深厚学识和扎实的学科素养"和"小学学科教学和小学班队管理工作",强调"善于学习"和"可持续发展能力"等; (3)真正从"培养什么样的人"的专业思政角度和毕业5年左右的发展预期进行设计

修订后的培养目标更明确地体现了学校"地方性、应用型"的办学定位,促进了学校办学更好地服务于山东省和临沂市教育事业的发展,在注重对毕业生教育教学技能方面的要求的同时,明确了爱党爱国、爱教爱生、师德师风、科学施教、立德树人和乡村振兴等对小学教育师范生的价值引导,构建起了专业核心价值体系,关注毕业生5年左右的发展目标预期,使其成为小学生成长为奉献祖国、锤炼品格的学子的引路人。

(二)协同育人的专业思政课程体系建设

以培养"四有"乡村卓越小学教师为目标,以发展学生职业核心素养为根本,以思政元素挖掘为切入点,构建理论与实践高度融合、高尚师德和教师专业胜任能力相结合的课程思政教学体系。自然科学基础和社会科学基础在内的基础课程群注重理想信念、爱国主义情怀和品德修养等综合素养的提升,其中,教育理论基础课程群包括教育原理课程群和教育心理课程群,注重师德师风教育和传道精神的培育;教育实践基础课程群包括学科课程群、教师教学技能课程群和教师素养提升课程群,注重思政教学技能和教学艺术的提升;专业实践活动课程群包括教学活动体验课程群和教育研究活动课程群,注重教育情怀的涵养。

具体到某门课程上,课程教师通过设计思政元素融入点,形成专业思政教育之合力，共同培育"四有"好教师。如针对"教育研究方法"这门课程，课程设计时将理想信念、研究伦理和科学素养作为课程思政元素，以提高小学教育专业师范生的科学素养和研究伦理水平；再如课程"中国教育史"，课程设计时以理想信念、仁爱之心、立德树人和制度自信作为课程思政切入点，从我国教育制度史和思想史中挖掘有关理论和故事，以提高小学教育专业师范生的制度自信、为师之道、师德师风和教育情怀等教师素养。

（三）活动育人的专业思政实践育人体系建设

1. 构建实践化育人课程体系

小教专业在课程体系建设中始终全方位渗透"实践育人"的思想，创建了四大类以实践为趋向的实践课程体系，即以"见习、研习和实习"为主要内容的教育实践课程、以"教育调查与农村教育服务"为主要内容的社会实践课程、以"毕业论文、课题研究和大学生创新创业项目"为主要内容的科研实践课程、以"微格教学、师范生从业技能大赛"为主要内容的专业技能实践课程，把教育实践贯穿于人才培养的全过程。

2. 坚持活动育人

从大一到大四全员参与各类文化活动，形式不断创新、内容不断丰富，塑造了持续改进教与学、追求卓越的质量文化氛围与学院风气，育人成效显著。例如，每年举办的"教师素养文化节"已成为学院特色活动之一。活动以提高师范生教师基本功及综合素养为目的，组织开展为期两个月的活动，围绕小学教育专业开展中英文诗配画（含简笔画）、书法（钢笔、毛笔、粉笔）比赛，手工艺品比赛及红色知识竞赛等10余项比赛，以锤炼学生的教学基本功，培养学生的教师素养与技能。此外，"教师素养文化节"还强调阅读在人才培养中的重要推动作用，结合朗诵比赛、演讲比赛、读书交流等活动，旨在提高学生的阅读兴趣、文化素养和教育情怀。

（四）多元化的专业思政师资队伍建设

1. 专业教师进行专业思政培训

一是专业教师通过"学习强国"等平台进行思想政治理论和专业思政自主学习；二是组织教师到更高平台院校进行专业思政培训，如，南京师范大学培养标兵尹宗利老师的师德报告，就给教师带来了很有力的师德影响。

2. 优秀小学师资参与专业思政建设

与临沂市经济技术开发区签订合作共建协议，学院为开发区中小学校、幼儿园提供智力支持和优质资源，根据各学校、幼儿园实际需求开展系列讲座，进行教师培训；开发区选择优秀小学、幼儿园作为学生见习实习基地，推荐一线教学名师作为学生实习导师，选派齐鲁名师、名校长、优秀教研员等定期为师范生上示范课，做课堂教学技能训练指导和师德报告等。

（五）党建引领的专业思政育人环境建设

专业思政建设必须充分发挥党支部的"政治核心"和专业负责人的"业务核心"两大作用，并且要形成合力。专业思政要想搞得好，离不开党支部的思想教育和政治引领。学院党委以专业认证和课程思政建设为契机，积极营造教师教育文化环境，为专业思政搭建起良好的育人环境，在学院门口制作"学高为师，身正为范"的教师精神标识，在门厅制作"千教万教教人求真，千学万学学做真人"的教育格言，在学院走廊制作从孔子、荀子，到陶行知、陈鹤琴，再到霍懋征的画像及教育名言，这些都成了专业思政的日常化、隐性化的育人资源。

三、专业思政建设成效

从小学教育专业思政建设的成效来看，在培养方案的顶层设计、专业思政课程体系建设、师资队伍建设和思政育人方面都取得了不错的效果。

1. 完善专业思政的顶层设计

从专业思政角度，组织专业教师学习教育部对专业思政的要求，初步形成了专业思政的理念、体系和要素，明确了小学教育专业爱党爱国、立德树人、爱教爱生、师德师风、追求卓越和乡村振兴等专业思政的价值体系。

2. 初步形成专业思政课程体系

目前，从通识教育课程、学科课程、教师教育课程和教育实践课程等不同层面，设计了不同类型课程的课程思政方案，初步形成了专业思政课程体系，小学教育专业的每门课程均设计了课程思政元素及教学方案，形成了专业思政育人的合力。

3. 构建大学和中小学合作育人的多元化师资队伍

吸纳小学优秀教师参与职前教师培养，改变了大学重理论轻实践的师资队伍结构，专业思政效果良好。如齐鲁名师牛纪英老师的报告《怎样上课学生才喜欢》、优秀乡村教师董琦老师的报告《有情有趣会生活：如何做好乡村小学语文教师》，这些报告拉近了公费师范生与乡村小学教育的距离，激发了其积极参与振兴乡村教育的热情，起到了很好的专业思政效果。

4. 专业思政育人成效突出

活跃在城乡的"梓琪志愿服务队"受到了教育部、团中央等表彰；远赴云南的"云飞支教队"被评为全国大学生"三下乡"优秀团队；勇救落水儿童的全国优秀教师伦学冬，扎根乡村教育12年，以生命为代价书写了"行为世范"的真谛。

结　语

随着课程思政的深入开展，专业思政已成为高等学校系统化开展思想政治教育工作实践的前沿阵地和重要抓手。专业思政建设作为一项系统工程，专业负责人是直接组织者和实施者，必须准确把握专业思政的内涵，将专业核心价值体系结合学科专业特征，"浸润"到教育教学全过程和全部专业建设要素中，通过独特的专业文化氛围，取得专业思政教育"润物细无声"的育人效果。

教学相长强基础，学思合一重践行

——音乐学专业思政建设与典型案例

闫 妍 音乐学院

一、专业简介

临沂大学音乐学专业以国家、地区中学音乐教育需求为导向，以传承弘扬中华美育精神、传承革命老区红色基因为特色，立足沂蒙、面向山东、辐射全国，培养忠诚于党的教育事业，师德高尚、素质全面、勇于创新、扎根基层的优秀中学音乐教育工作者。

基于课程思政建设的总目标是围绕解决"培养什么人、怎样培养人、为谁培养人"这一根本问题展开，音乐学专业思政建设结合其专业特色，立德树人、以德施教、为党育人、为国育才。具体来说就是，充分发挥专业优势，深入挖掘音乐学专业课程的思政育人元素，立足沂蒙红色文化和现有科研平台，组建师资团队，优化思政课程体系，逐步提高人才培养质量。为此，学院通过开展沂蒙红色基因的创造性转化，以文艺精品创作推动专业思政实践，以实现红色文化育人，以文化人，以美育人。

二、专业思政建设举措

专业课程是专业课程思政建设的基本载体。音乐学专业教师通过对音乐学专业课教学内容的梳理，结合不同课程特点、思维方法和价值理念，深入挖掘课程思政元素，其中，将课程思政理念有机融入课程教学中，以达到"润物细无声"的育人效果，成为音乐学专业思政工作中的重中之重。

（一）挖掘专业课程思政基因，融入立德树人全过程

以艺术多元化的形式充分发挥高校思政育人的"主战场、主阵地"作用，贯彻落实习近平总书记关于教育的重要论述以及《关于深化新时代学校思想政治理论课改革创新的若干意见》《高等学校课程思政建设指导纲要》等精神，寓价值观引导于知识传授和能力培养之中，将显性教育和隐性教育相统一，形成协同效应，构建全员全程全方位育人大格局。

立德树人不能仅停留在照本宣科、学习文件层面，而是要结合音乐学专业特色，在专业学习的过程中通过多种方式、多维角度真正做到以文化人、以德育人，不断提高学生的思想水平、政治觉悟、道德品质及文化素养，教导学生做到明大德、守公德、严私德。

（二）专业课程思政育人案例设计

1. 发挥专业优势，拓展课程思政教育形式

加强艺术专业教育和思政教育的有机融合，以舞台剧、民族管弦乐、舞剧、合唱等综合艺术表现形式为载体，挖掘音乐学类课程和教学方式中蕴含的思想政治教育资源，构建具有沂蒙精神特质的艺术学课程思政体系，既解决了音乐学专业教育和思政教育割裂的问题，也是延续将民族文化艺术血脉、创造性转化、创新性发展融入党中央治国理政思路的时代要求。

2. 加强专业与思政融合建设，构建三位一体育人模式

通过音乐学专业与思政融合，在专业课程学习的同时融入思政元素，将价值塑造、知识传授和能力培养三者融为一体，引导学生坚定中国特色社会主义道路自信、理论自信、制度自信、文化自信，构建具有中国特色、富有时代特点的高等教育音乐学专业课程思政模式。

（三）音乐学专业课程体系的建设思路

1. 建设全面丰富、相互支撑的思政课程体系

将思政教育贯穿于专业课、艺术实践课的各个环节，同时利用好在线课堂和第二课堂教学阵地，建设全面覆盖、类型丰富、层次递进、相互支撑的音乐学专业思政课程体系。

构建专业课程体系时，专业教育课程根据音乐学专业的特色和优势，深入研究育人目标，深度挖掘提炼专业知识体系中所蕴含的思想价值和精神内涵，科学合理拓展专业课程的广度、深度和温度，从课程所涉专业、行业、国家、国际、文化、历史等角度，增加课程的知识性、人文性，提升引领性、时代性和开放性。

具体来说，专业实践课程，要注重学思结合、知行统一，增强学生勇于探索的创新精神以及善于解决问题的实践能力；创新创业教育课程，要注重让学生"敢闯会创"，在亲身参与中增强创新精神、创造意识和创业能力；社会实践类课程，要注重教育和引导学生弘扬劳动精神，将"读万卷书"与"行万里路"相结合，扎根中国大地了解国情民情，在实践中增长智慧才干，在艰苦奋斗中锤炼意志品质。

2. 立足沂蒙红色文化，融入音乐学专业思政课程内容

结合专业课特点，重点将沂蒙红色文化融入课堂，丰富教学内容；在艺术实践中，将思政教育代入主题创作、重大历史题材创作中，通过创作排演红色文艺作品，使学生由被动接受变为主动学习、主动传播；充分结合在线课程和第二课堂，深入开展"青年红色筑梦之旅""艺术家微党课"等实践活动和在线课程，不断拓展课程思政建设的方法和途径。

3. 探索适合音乐学专业学生的专业与思政融合型教学方法

结合音乐学专业学科优势和学生自身特点，探索"滴灌式""浸润式""体验式"融合型课程思政模式，让学生可以根据自己的专业方向，通过集体排演不同体裁的艺术作品，潜移默化地接受思政教育浸润，形成思政课程与课程思政、专业教育与思政教育相辅相成的育人途径。

（四）音乐学专业思政建设的实施路径

1. 坚持做好"四个统一"

坚持做好"知识传授和价值引领相统一、显性教育和隐性教育相统一、统筹协调和分类指导相统一、总结传承和创新探索相统一"，挖掘各类课程中蕴含的思政教育元素，实现价值塑造与知识传授、能力培养三位一体的培养模式，及时总结经验，以点带面、全面推进专业思政教育。

2. 组建具有较强教研能力的高水平音乐专业思政课程师资团队

充分发挥教研室、教学团队等教学组织作用，将课程思政纳入教师培训、教研活动中。加强学院之间、课程之间的联系与合作，打破专业教师对课程认识的局限和教学壁垒，让专业课教师与思政课教师开展合作教研，确保课程思政建设落实到专业课程、教学内容、教学过程、教学评价中，真正做好课程思政的专业化建设。

（五）音乐学专业思政建设的重点工程

案例一：舞台剧《初心》

2019年是新中国成立70周年，在这个特殊的历史节点，音乐学院结合音乐学专业的特色，基于"歌唱语音与歌剧排演"这门专业课程，创作出了舞台剧《初心》，以艺术的形式讲党课，以参加排演和观看演出沉浸式参与的形式进行课程思政教育。作品由"序幕""红色热土""生死与共""水乳交融""艰苦创业""尾声"六个部分构成，跨越革命、建设和改革的各个历史时期，从众志成城抵御外辱的烽火岁月，到齐心协力奋斗拼搏的追梦时代，融合音乐、歌舞、戏剧表演等多种艺术形式，用艺术和美学的思维把握发生在沂蒙地区的革命历史和英雄故事，并在多维重合的舞台空间加以呈现。

这部作品主要描述了某大学临沂籍大四学生新沂，在大四的寒假带领辅导员陈老师和同学们到家乡临沂进行主题教育活动。面对蜿蜒起伏、壮阔美丽的沂蒙山，新沂应陈老师和同学们的邀请，通过回忆小时候爷爷给他讲过的故事为主线，在这片红色热土的不同时期，展现了沂蒙老区人民在中国共产党的带领下英勇抗战、支援前线、艰苦创业的"生死与共、水乳交融"的沂蒙精神。

在回忆和讲述的过程中，作为预备党员并且即将面临毕业的新沂同学不断叩问自己的内心深处，寻找初心，寻找未来发展的方向。剧中传达了新沂的初心："就是要把红土地孕育的强大基因，转化成一种信念、一种信仰，它随着我的血液流淌，随着我的心脏跳动。我们这一代是'两个一百年奋斗目标'的实践者和见证者，我们虽然没有经历战争年代的洗礼、艰苦创业的锤炼，但我们有在中华民族伟大复兴的时代洪流中，不忘初心、牢记使命，勇于做'新时代泰山挑山工'的强大信念和勇气。"围绕剧本的撰写，配以后期艺术化的加工，音乐学院以演唱、朗诵、舞蹈等多种艺术表现形式完成了剧目的创作。学生通过学习、排练，在加强专业舞台实践能力的同时，将作品所蕴含的思想价值和精神内涵植入内心。

在舞台剧《初心》的学习排演过程中，学生们不但能够将传统的专业课程学习内容以舞台实践的形式进行知识交融与能力综合，而且在具体片段的排演中，能够切身体会并感受到剧中人物的情感，将掌握的专业知识从思政的维度进一步升华。剧中第二幕，有一处老妈妈与小战士对话的场景：与鬼子周旋三天三夜食不果腹的年轻小战士，承受着牺牲战友和失去亲人的痛苦，又累又乏，又有些害怕。老妈妈为了鼓励小战士，含泪讲述自己的故事——为了支持抗战，她狠心将三个儿子全都送上前线，她的三个儿子最后全部壮烈牺牲。当音乐前奏响起，满含悲痛的老妈妈唱道："送儿上战场，男儿扛起枪。眼中含着泪，泪往心里淌。不是娘心狠，只是禽兽狂。保家先保国，儿子别怪娘……"

该剧用综合艺术的手法，用歌唱的形式讲述了沂蒙山区的"红嫂""最后一口粮当军粮、最后一块布做军装、最后一个儿子送战场"的抗战决心。她们大仁大义、大忠大勇、无私奉献，用自己特有的方式支持抗战，谱写了一个个感人肺腑、荡气回肠的故事。参加排演时扮演小战士和老妈妈的学生，每次正式排演都泪如泉涌，每次的表演都是对灵魂的强烈冲击。演员在感动自己的同时，也在用饱满的激情感染所有的观众，让观众的内心得到洗礼和净化，重温沂蒙山区的"红嫂"精神，不忘过去，牢记历史。

通过参加《初心》的学习和排演，学生真正地融入作品中，结合自己所学的专业，综合、立体化地将作品进行舞台呈现。学生在学习参与的过程中，发挥了自己巨大的潜能。原本只能在琴房里唱歌的不自信的学生，通过学习和一遍遍的排练，最终能够自信地走上舞台，以独唱、重唱、小合唱等多种歌唱形式进行表演。这不但提升了学生歌唱、表演等专业能力，同时也使其对歌词的内涵、歌词与音乐创作的有机结合、歌唱方法的驾驭、歌唱能力与角色的融合等方面都有了新的认识，加强了学生的专业自信。

案例二：民族管弦乐《沂蒙史诗》

大型民族管弦乐《沂蒙史诗》由临沂大学出品，该剧目汇集全国一流水准的创作团队，用民族交响乐的艺术形式弘扬沂蒙精神，在传统民族音乐的基础上进行大胆突破、勇于创新，跨界融合其他艺术形式，用现代化的艺术手段来实现中华优秀传统文化传播的创新型发展，既展示了沂蒙地区丰厚的历史资源和源远流长的文化传统，又体现了新时期沂蒙特有的"红色文化"，是一部属于民族的、属于山东的、属于沂蒙的新时期音乐精品，也是一部为弘扬沂蒙精神立旗、为传播沂蒙精神高歌的精品力作。

大型民族管弦乐《沂蒙史诗》由《远古廻响》《蒙山情》《血色黄昏》等九个作品构成，时长约90分钟。作品涉及沂蒙地区的历史人文风采、自然地理风光、英雄人物形象、抗战历史战役等题材，紧扣"精神"两字，采集沂蒙民间音乐风韵，运用当代创作理念，追求雅俗共赏。作品之间既有对比，又有主线贯穿，分别从不同的侧面热情讴歌了伟大的沂蒙精神。作品将《沂蒙山小调》作为动机素材在多个曲目中予以出现，并且在终曲中完整呈现，以此作为对沂蒙精神的颂歌。整部作品围绕近作对比、遥相呼应的结构原则，充分发挥各自创作新意，又兼顾各章之间的衔接，形成了各具特色又浑然一体的艺术风格。

该作品与音乐学专业中的"乐队排练与实践"课程结合，让学习民族乐器的同学可以有更多的机会参与高水准的舞台实践。学生在学习、参与排练的过程中除提升自己独奏专业水平外，也通过重奏、合奏形式形成了良好的合作意识，增强了团队精神，以乐器演奏音乐的形式描绘了沂蒙地区的历史人文风采、自然地理风光、英雄人物形象，传播弘扬了沂蒙精神。

案例三：合唱作品《拉住老区人民的手》

结合"合唱排练与实践"课程，将男声独唱的作品《拉住老区人民的手》改编为四声部合唱："双手握住老支前的手，你说峥嵘的岁月总刻在心头。当年奉献牺牲可歌可泣，血肉相连的力量推着情谊跟党走。双手拉住老烈属的手，你把老区的困苦总挂在心头。全面奔小康不让一人掉队，结亲连心精准扶贫手拉着手朝前走……"

同学们在演唱这首歌曲时，深深感受到当年老区人民为了支援前线做出的贡献和牺牲，现在，党没有忘记他们的付出，带领全体人民脱贫致富，不让一人掉队。同学们在提升专业能力的同时，将课程思政育人理念植入其中，不忘历史，不忘过去，更加珍惜今天来之不易的和平和幸福。

三、专业思政建设成效

音乐学专业思政建设，突破学科界限，将科研与育人相结合，强化专业特色，实现了教师培育和学生培养双轨发展；突破美育教育，将研究与实践相结合，建立起全方位、立体化音乐学专业思政教学体系；突破空间隔离，将传承与创新相结合，校地协同面向全社会开展核心价值观教育。同时，结合前期的思政建设重点工程，将经典段落植入日常的教学内容中，让学生在专业学习的过程中，浸润式地融入课程思政教育，通过继续深入挖掘红色基因、沂蒙精神内涵，创作出了更多质量精良、具有较高艺术水准的各种形式的音乐作品。

结　语

音乐学专业的思政建设，不仅是深入学习习近平总书记关于传承红色基因、沂蒙精神重要讲话和重要指示的要求，也是认真贯彻落实中共山东省委办公厅《关于大力弘扬沂蒙精神的意见》及中共山东省委教育工委、山东省教育厅《关于在全省教育系统实施红色文化传承发展工程的意见》等文件精神，把思想政治教育贯穿于人才培养体系，引导学生了解世情国情党情民情，增强对党的创新理论的政治认同、思想认同、情感认同，是落实立德树人根本任务的重要战略举措。

艺术可感，育人无形

——舞蹈学专业思政建设

姜莎莎　音乐学院

一、专业简介

舞蹈学专业思政建设结合其专业特色，落实立德树人根本任务，发挥专业优势，强化艺术专业教育与思政教育的有机结合，立足于沂蒙红色文化和现有科研平台，全面推进课程思政建设，以帮助学生塑造正确的世界观、人生观、价值观，这是人才培养的应有之义，更是必备内容。舞蹈学专业课程在专业课程教学与实践中，应教育引导学生立足时代、扎根人民、深入生活，树立正确的艺术观和创作观；要坚持以美育人、以美化人，积极弘扬中华美育精神、弘扬沂蒙精神，引导学生自觉传承和弘扬中华优秀传统文化、沂蒙红色文化，并全面提高学生的审美和人文素养，增强文化自信。

二、专业思政建设举措

（一）专业思政建设举措

音乐学院为深入学习习近平总书记关于沂蒙精神重要讲话和重要指示要求，认真贯彻落实中共山东省委办公厅《关于大力弘扬沂蒙精神的意见》，不断提升用沂蒙精神办学和育人的成效，在习近平总书记视察山东5周年之际，临沂大学音乐学院的师生们自创大型舞剧《渊子崖》，以学生参与演出或观看演出的形式，对学生进行党课教育，贯彻落实思政课程的根本任务，这也是艺术党课、艺术专业思政的体现。学院通过舞蹈学专业与思政融合，将价值塑造、知识传授和能力培养三者融为一体，引导学生坚定中国特色社会主义道路自信、理论自信、制度自信、文化自信，构建具有中国特色、富有时代特点的高等教育舞蹈学专业课程思政模式。

通过参加舞剧《渊子崖》的学习和排演，学生真正能够融入作品中，结合自己所学的专业，综合、立体化地将作品进行舞台呈现。学生在学习和参与的过程中，发挥出了巨大的潜能，原本只是在舞蹈教室练习并不自信的学生，通过一遍一遍地练习，最终能够自信地在舞台上表演，不但提升了肢体灵活性、舞台表演等专业能力，对舞蹈的主题思想、舞蹈的肢体语言、音乐的有机结合、肢体的运用、角色的融合等都有了新的认识，同时加强了专业自信，并深入了解了战争年代沂蒙老区人民为革命所做的贡献，充分感受到今天来之不易的幸福与安定都是过去无数人民英雄用鲜血换来的结果。教师将价值塑造功能以"润物细无声"的方式融入剧目的各个环节，从而使学生更加热爱所学专业，积极投入后期的学习中，以此逐步提高专业人才培养的质量。

（二）专业思政实践育人体系建设

1. 加强专业与思政融合建设，构建三位一体育人模式

大型舞剧《渊子崖》是以抗日战争时期真实历史事件作为创作背景，以一位八路军战士和他新婚妻子的爱情为主线，讲述了那个年代的渊子崖村民奋力抵抗侵略者的故事，表现出了渊子崖村民"宁可站着死，绝不躺着活"的骨气，以及艰苦奋斗、无私奉献的精神。此剧分为"忆""援""思""战""望"五个部分，以当代审美的独特视角和创新表现形式，以新颖的结构方式和浪漫的处理手段，再现了这场战斗的激烈场面。舞蹈学专业的学生们通过对舞剧《渊子崖》的学习、排练、演出，不仅提升了专业能力，还将作品中传达的沂蒙精神浸润于心，取得了艺术思政课程"润物细无声"的效果。

2. 发挥专业优势，拓展课程思政教育形式

直观的形象冲击能够激发学生与历史、文化对话的兴趣，引发他们在观览前后进行文字的深入解读，从而激发其不断阅读的兴趣，进而使其穿越时空的阻隔，俯瞰历史与生命的风风雨雨。艺术专业教育与思政课程的有机融合，使思政课程鲜活起来，舞台化的呈现令欣赏者既收获了艺术享受，又在精神层面进行了洗礼。它比传统的课堂形式活泼，动静结合、声像相应、自然亲切。这种立体多重的实践正是"知行合一"的人文教育，也是古人所言"行万里路"的一种特殊方式。

在舞剧《渊子崖》的排演过程中，学生们不但能够将原有专业课程的技能知识，以艺术实践的方式进行思想政治理论的融合，还能够在实际排演中，切身感受到剧中人物的情感，深入探求人物的精神层面，将专业知识与思政二者结合并升华。如，剧中"战"的篇章里有这样一幅场景的描述：村主任带领民兵扛着鸟枪、五子炮等土家伙从村子里的四面八方向炮楼集中，民兵队长先发制人，战斗场面非常激烈，可敌人武器先进，我方无法招架，一个炮弹飞了过来，民兵队长壮烈牺牲。一位年轻的民兵战士扑到他的尸体上，悲痛欲绝，主动请缨要参加战斗。村主任带领男女老少拿起大刀、铡刀、铁锹等农具，与敌人展开一场血战，只见那位民兵小伙子义愤填膺，抄起鸟枪杀敌，不一会儿便倒在血泊中，他用尽所有的力气爬到民兵队长身边，抱着鸟枪跟民兵队长并排"睡"在了一起，渊子崖的村民与日军展开了一番殊死搏斗。军为百姓，百姓爱军，这样的一种军民鱼水情是渊子崖保卫战的基石所在。在阵阵的炮火声中，无一不体现着沂蒙人民不怕牺牲、大忠大义、奋勇向前的精神。利用大家喜闻乐见的传播形式，把习近平总书记系列重要讲话精神融汇到排演当中，融入思政建设中，融化到每个学生的心坎里。

3. 结合专业特色，落实立德树人根本任务

艺术可感，育人无形。思想政治理论课是落实立德树人根本任务的关键课程，艺术思政课程则是把情怀、精神、立德树人的根本任务融入作品中，通过作品传递出来，影响他人，达到立德树人的目的。

习近平总书记在 2014 年 10 月 15 日文艺工作座谈会上强调，追求真善美是文艺的永恒价值。艺术的最高境界就是让人动心，让人们的灵魂经受洗礼，让人们发现自然的美、生活的美、心灵的美。艺术教育具有特殊的吸引力、感染力与影响力，具有引导正确政治意识、道德观念、人格品质的独特育人功能，特别是艺术专业在思想政治理论课的实践中，积极探索思政教育与艺术教育的融合路径，用好艺术教育美育和德育的功能，显得尤为重要。

（三）专业思政师资队伍建设

音乐学院、舞蹈教研室共同组建优秀的教研团队，建议将课程思政纳入教师培训与教研活动当中，并加大中央有关文件精神的执行力和监管力，尤其是提升师资队伍整体思政水平，已成为当前和今后一个时期高校思政课建设的要务。同时给予表彰奖励，对于大学思政课建设来讲，给予政策、工作条件支持以及经费保障十分重要，可以充分调动广大教师的积极性、主动性和创造性。

（四）专业思政育人环境建设

1. 立足沂蒙红色文化，融入舞蹈学专业思政课程内容

结合舞蹈专业课，重点将沂蒙红色文化融入课堂，丰富教学内容；在艺术实践中，将思政教育代入主题创作、重大历史题材创作中，通过创作排演红色文艺作品，使学生由被动接受变为主动学习、主动传播，让思政课程的内容入脑入心，让排演者成为传播者与体验者；充分结合在线课程和第二课堂，深入开展"青年红色筑梦之旅""艺术家微党课"等实践活动和在线课程，不断拓展课程思政建设方法和途径。

2. 建设全面丰富、相互支撑的思政课程体系

将思政贯穿于专业课、艺术实践课的各个环节，采用"灯光下、舞台上"思政教

育与艺术教育深度融合的模式，把艺术实践作为思政教育的催化剂；利用好网络在线课堂和第二课堂教学阵地，建设全面覆盖、类型丰富、层次递进、相互支撑的舞蹈学专业思政课程体系。在思政课程的建设中，专业教育课程根据舞蹈学专业的特色与优势，展现立德树人的目标，提炼与分析专业知识体系中所蕴含的思想价值与精神内涵，不仅要培养学生德行，树立并不断完善正确的世界观、人生观、价值观、道德观、荣辱观和法治观，教育学生踏实"为人"、认真"为事"、诚信"为业"，向学生传播马克思主义的基本知识，而且要求学生运用它们观察问题、分析问题、指导实践。建设好思政课程，对于促进学生和谐发展、完善人格，对于其他课程取得理想的教学实训效果，将是至关重要的。

3. 探索适合舞蹈学专业学生的专业与思政融合型教学方法

结合舞蹈学专业学科优势和学生自身特点，探索"滴灌式""浸润式""体验式"融合型课程思政模式。一是让学生根据自己的专业方向，通过课程的特性，比如编导课，在一定思政知识的基础上，进行作品编创，在编创作品的过程中深化专业知识与思政知识。二是通过集体排演不同题材的艺术作品，潜移默化地接受思政教育浸润，形成思政课程与课程思政、专业教育与思政教育相辅相成的育人途径，达到教育影响的最大化效果。

三、专业思政建设成效

1. 发挥现有科研平台优势，打造思政品牌活动

充分利用山东省中华优秀传统文化传承基地、山东省社会科学普及教育（红色文艺创作与研究）基地、中国文艺评论基地等科研实践平台，通过艺术实践、第二课堂等渠道，打造了一批特色艺术思政品牌活动。

2. 建设舞蹈学专业课程思政运转体系

系统进行了新时代中国特色社会主义教育，结合舞蹈学专业特色及中华优秀传统文化、沂蒙红色文化资源，搭建了丰富的思政课程内容体系；建设了涵盖公共课、专业课、实践课等类型，第一、第二课堂相互支撑的课程思政教学体系；发挥院系的课程建设主导地位，同时协同教务处、学生处、团委等部门在第二课堂育人阵地中进行思政教育；把课程思政建设成效作为院系和教师教学绩效考核的重要内容，建立起了多维度的成效考核评价体系和监督检查机制。

结 语

当今时代的高校教育需要育人思想的全面领航,需要师生共同践行社会主义核心价值观。音乐学院舞蹈专业将继续在习近平新时代中国特色社会主义思想的指引下,全方位贯彻落实"三全育人"方针,精准把握学生特点,将专业思政元素融入专业教学过程,进一步深化专业思政建设举措,不断提升学生的思想政治素质,最终开创舞蹈专业与思政德育教育融为一体的新局面。

协同专业思政建设规划，努力建设省级一流专业

——体育教育专业思政建设实践与探索

孟祥新　体育与健康学院

一、专业简介

体育教育专业的培养目标是培养德智体美劳全面发展，适应中学体育教育教学需求，立足沂蒙，面向山东，培养热爱体育教育事业，富有创新精神和创业能力，具有沂蒙精神特质和高尚师德，具有扎实的体育学科知识、突出的教育教学能力和体育核心素质，能够胜任中学体育教学、课外体育活动、训练、竞赛及班级管理工作，并能结合工作需要开展体育教研活动，具有可持续发展能力的中学体育教师。毕业时要求师德规范为深刻理解并积极践行社会主义核心价值观，增进"四个认同"，弘扬沂蒙精神，贯彻党的教育方针，具有良好的职业道德修养，为人师表，具有依法执教意识，立志成为爱岗敬业的"四有"好老师。

课程思政是各专业类课程与思想政治理论课协同育人的有效路径。体育教育专业的课程思政建设同样需要设立以立德树人为目标和根本要求的发展方向，致力于学生正确的世界观、人生观、价值观的树立，努力实现教书与育人相统一。在体育教育专业课程思政的实施过程中，发挥专业特点与优势，在体育教学全过程中持续贯通专业核心价值体系，精心设计将思政元素融入培养体系、教学大纲、目标、内容、实施和评价等过程的策略，并充分发挥体育专业教师和学生的主动性、积极性，与思政课程形成育人合力，提升思想政治教育的实效性，努力实现思政与体育教育专业融为一体，形成持续发展的良性趋势，构建特色鲜明的专业人才培养模式。

二、专业思政建设举措

专业思政为深化课程思政搭建共同的思政资源平台，是落实立德树人的重要举措。体育课程教学的根本目的是通过身体素质技能的训练和体育教育专业知识的掌握，以此来促进学生身心的全面发展，课程思政在这一方面与体育教育有着相同的教育目标。因此，有必要将课程思政理念融入课程体系、培养目标、教学大纲设计、教学内容、教学效果评价等方面，以实现专业教学改革和体育教学目标。

（一）专业思政课程体系建设

1. 构建课程体系，科学制定培养方案

专业教育既是学生获得职业能力的路径，也是塑造青年学生灵魂的主渠道、主阵地，是实现我国高等教育全员育人、全程育人、全方位育人的有效途径。根据分类发展的原则构建体育教育专业人才培养的专业课程体系，该体系包括通识课程、专业课程和实践课程三个层次。通识教育注重学生基本能力的培养，鼓励通过专题教育、沂蒙精神教育等形式，将通识教育教学与创新精神和创业能力培养相结合，充分利用实践教学加强创新创业教育与专业教育的渗透融合，挖掘体育专业基础理论与技能实践课课程中的创新创业元素，对体育教育专业学生进行爱国精神、意志品质等教育，通过实践课程的开展，进行社会责任感、传统文化、职业道德和团队协作意识等育人教育。

2. 明确立德树人培养目标

本专业定位是以立德树人为己任，立足沂蒙，面向山东，培养具有沂蒙精神特质，爱教育、爱学生，学识深、能力强，具有卓越教师潜质的中学体育教师。这就特别需要在专业建设中，不仅要注重学生知识和能力的培养，更要做好学生思想引领和价值观的塑造工作。专业思政建设要服从于学科的发展和学校的培养目标，通过专业思政培养学生树立价值观自信，确保学校立德树人根本目标的实现。

体育教育专业的思政建设同样需要设立以立德树人为目标和根本要求的发展方向，致力于学生正确的世界观、人生观、价值观的树立，努力实现教书与育人相统一。基于上述考虑，"体育概论""田径"课程的专业理论与技能教学目标应包括：了解和掌握中国体育发展的基本特征和作用，以及中国竞技体育取得的伟大成就，让学生在中国特色体育发展道路自信的基础上，提升民族认同感、自豪感和荣誉感。

3. 完善体育教学大纲规划设计

教学大纲是教学过程的指导性纲领，在大学教育建设中扮演着重要角色。大纲设计的有效性和科学性，对教学实践的顺利开展具有直接作用。课程思政融入教学实践中的重要前提是对相关课程的教学大纲进行深入的理解和系统的剖析，明确大纲主旨，并在此基础上加以细化，将思政元素循序渐进地融入教学实践中去。

4. 创新性设计体育课程教学内容

在注重思想政治元素融入课程建设体系中，要想切实将思政建设落到实处，应当对学生进行充分了解，相关的思政实践内容应针对学生特点量身打造，通过多元化的体育教学内容，不断地在实践过程中满足不同学生的需求。这强调了整个课程实践过

程中对学生差异性的重视，同时强化了对体育教学过程中思政教育整体特征的理解，依据实际切实提升了思政教育的有效性。同时需要明确课程思政建设在强化学生坚韧不拔、坚持不懈等高贵意志品质方面的重要作用，激发学生的自我意识，培养学生集体观念。

在体育教育专业技能教学中，在讲授专业技术能力的同时，还以社会主义核心价值观为导向，通过讲授我国竞技体育的发展历程以及灿烂的中国传统体育文化等内容，来充实体育教育专业课程中的思想政治内涵，做好体育教育专业学生的爱国精神、社会责任感、传统文化、职业道德和团队协作意识等教育。

（二）专业思政实践育人体系建设

1. 结合专业特点，挖掘专业思政教育元素，融入思政教学

明确思想政治内容有机融入课堂教学实践的方法与路径，是专业思政建设的重点。体育教育专业课程中，马克思主义哲学思想、党的教育方针政策和体育行业职业素养等，应构建起课程思政内容的不同层面。为此，依据专业课程思政内容，从以下几个方面寻求切入点。

1）将学生创新创业综合素质应用能力发展融入思政元素

（1）学科竞赛。通过山东省高校体育教育专业大学生基本功大赛、山东省体育教育专业大学生运动会等学科竞赛，在学生创新创业综合素质应用能力发展的同时，进行集体主义教育、沂蒙精神、竞争意识及意志品质教育，培养学生顽强拼搏、刻苦训练、吃苦耐劳、勇于攀登的良好品质。

（2）课外体育实践。通过课外体育活动实践，如，课外锻炼、训练、运动会裁判等，以培养大学生创新创业综合素质应用能力为目标，提高学生职业创新精神，加强社会主义道德和法纪、安全教育，充分调动学生的积极性与创造性，锻炼和培养他们的组织才干和创新能力，提高学生的思想水平、责任感和职业素养，努力培养合格的中国特色社会主义事业建设者。

（3）课堂常规。加强课堂常规建设，将思政教育纳入课堂表现考核，培养热爱体育教师本职工作，从考勤做起，加强学生自律性、责任感和职业素养与能力。如，"田径"课程考勤考核：旷课〇—20分/次；事假△—5分/次，病假⊗—2分/次；迟到ø—10分/次；早退×—10分/次；公假√不扣分；场地器材课前准备不充分A—10分/次；课堂常规（仪表着装等）不规范B—10分/次；课堂表现消极、注意力不集中C—10分/次；班干部表率作用不够N—10分/次。

2）以中国竞技体育由弱变强的发展历程作为融入点

（1）国家意识。竞技体育的发展通常与国家经济和政治的发展水平相关联，其相互影响随着社会的发展愈发强烈，以此为依托，培养学生的爱国主义情怀。

（2）制度自信。曾经中国特色的"举国体制"取得了竞技体育上的巨大成功，但随着我国全面健身时代的来临，处理好竞技体育、学校体育和社会体育之间的关系，以更好地适应健康中国战略的实施，成为当代体育教育专业学生所要面临的问题。从文化的交互作用角度来看，社会主义核心价值体系是社会主义文化建设的重要基础，保持社会主义制度对经济和社会发展的可持续性至关重要，一旦失去了共产主义理想、社会主义核心价值体系及其相关文化，社会主义制度的精神将失去文化的基础。因此，社会主义制度的自信必须建立在社会主义文化的自信之上。

可见，文化既是制度选择的重要依据，也是增强社会主义制度自信的重要前提。我们需要发展现代文化制度建设，促进文化创新激励对创新驱动的贡献，扩大中国优秀的传统文化、革命文化和社会主义先进文化的影响，最终为实现两个"一百年目标"和中华民族伟大复兴的"中国梦"打下坚实的文化基础，并提供强有力的支持。

（3）法律意识。兴奋剂丑闻、假摔、黑哨等现象在运动场上时有发生。体育教育专业大学生应该清醒认识这些问题，在今后的工作中遵纪守法，增强法律意识。

3）以体育行业职业规划和创新创业实践作为融入点

（1）社会责任。发挥如姚明、李宁等社会公众人物的影响力，引入体育教育专业大学生学习、生涯规划、服务全民等问题的探讨。

（2）服务社会。以体育的实践创新和创业精神为例，在体育教育专业学生创业初期的挫折、守法等问题，以及遵守纪律和法律在业务操作中的规范方面，引导学生树立崇高理想和服务社会的意识。

2. 灵活使用教育教学方法

在课程思政的实施过程中，教师可根据不同的思政内涵采取不同的教育教学方法，尤其要注重在现实生活中的引导。另外，还要注意因人而异、因材施教，多与学生进行讨论、沟通和交流，多鼓励学生，以减轻学生的心理负担，并通过科学化的训练方法让学生更有效、更快速地掌握技术动作，巧妙地在这个阶段培养学生合作竞争的意识和抵抗挫折的能力，塑造学生顽强拼搏、永不言败的性格，以获得良好的思想教育效果。

3. 结合教学场地条件实现思政教育

体育专业课程教学是保证体育教学顺利开展的重要实践基础，因此既要对学生进行礼貌、组织、纪律等基本思想政治教育，又要加强该领域教学的现实教学意义。尤其是户外体育教学，在热、冷、风和其他恶劣天气条件下，教师应善于观察和了解学生的思想和情绪，引导他们克服困难，以培养其不畏艰辛的品质。

4. 建立专业体育思政教育评价体系

在高校体育教学中，体育教学的德育功能往往被学校和教师所忽视。体育教学对学生的素质和技能有明确的评价指标，因此，为了开展思想政治教育体育教育课程改革，必须建立评价指标体系，使道德教育在高校体育教学中得到重视，并使教师关注体育教育的德育功能的细化标准，以便积极探索体育教育的德育价值，将思政教育作为整个体育教学的"有效载体"并加以实施，这对提升学生的专业化水平具有重要意义。

课程思想政治的出发点和落脚点都是学生，因此评价的核心也应以学生为中心，以学生的习得感作为测试标准。例如，上海中医药大学通过扩展课程教学，从单一学习效果评价向多维度等多维层面人文素质、专业能力和社会责任，以及指导教师的教学活动和测量学生的学习效果来评价发展，这是值得参考的体育教学评价方式。对教师教学效果以及学生学习情况的评价可采用定量和定性相结合的评价方式，如对学生专业技术技能水平定量考核的同时，还可以考查学生团结协作意识、体育道德水平等人文素养，体现考核的客观性、全面性，有利于提升体育教学的育人效果。

（三）专业思政师资队伍建设

学院通过加强师德师风建设，强化教师在思想政治建设中的作用。在思想政治建设中，体育教师是知识和技能的传播者，教师在教育学生的同时，也要不断提升自身的道德修养，真正做到成为理想信念坚定、道德情操高尚，对学生充满关心、爱护的好教师；同时，学院鼓励教师不断改进教学方法，提升教育教学水平，让学生将所学运动技能能够运用到生活实践中，真正做到学有所用，并通过整合思想政治教育教师、专业课程教师、学生辅导员和校长，建立起了一支具有多学科背景的专业教学团队。

（四）专业思政育人环境建设

1. 坚持以党建引领，加强专业思政育人环境建设

作为高校育人的重要路径，课程思政是实现育人理念的实施终端。因此，在不断加强思想政治工作的探索与实践的同时，也要创新性地将思政元素不断融入课程建设中，同时将课程思政建设与教师支部建设有机结合起来，不断提升教师的思想政治水平，通过将支部活动建设作为课程思政建设的有力支撑，以此为课程思政建设输入源源不断的政治理论和最新党政思想。在专业思政育人环境建设过程中，学院定期开展教师党员支部推进课程思政建设研讨会，每个支部分别就不同专业课程教学与思政元素融合的经验和做法展开讨论和介绍，在沟通交流中，不断提升每位党员教师课程思政建设的水平；每个支部采用集体备课的形式，共同挖掘思政元素，实现资源共享，教师则根据不同课程需要，选取融入；在建设初期，选取部分课程进行试点，大胆探索、创新引领，不断突破难点、总结经验、逐步推广，逐步打造一批优秀示范课程、示范案例，形成可复制可借鉴的经验，并以论文、专著等形式形成固化成果；不仅对学生的文明寝室建设、课堂纪律及职业素养的提升提出了更高的政治要求，更凝聚了专业全体师生的工作热情，高站位、敢突破，始终以党的十九大精神为指导，在我校专业建设中不断贡献力量。

2. 通过建立健全优质资源共享机制，促进优质资源共享共用

开展专题培训，提升教师课程思政建设的主动性；将课程思政纳入教师岗前培训、在岗培训和师德师风、教学能力专题培训，建立课程思政集体教研制度，针对课程思政建设中的重点、难点、前瞻性问题，加强系统研究。

（五）专业思政建设的原则

1. 坚持教书与育人相结合

人才的培养是大学教育最根本的任务。培养方案的目标制定与专业教育的实施，要坚持育人为本、德育为先的理念，应将思想政治教育摆在首要位置。

2. 坚持遵循教与学双边活动规律

在教学双边活动中，教师的因素作为外因起主导作用，学生自身因素作为内因起决定作用，教师既要充分发挥教育教学引导作用，又要充分调动学生的积极性、主动性，引导学生自我教育、自我管理、自我服务，实现思政教育与自我教育的结合。

3. 坚持思政理论与社会实践教育相结合

加强政治理论教育，充分利用课堂教育，同时积极引导大学生深入社会、了解社会、服务社会。

4. 坚持解决思想与实际问题相结合

要讲道理、办实事，要以理服人、以情感人，强化思政教育的实践效果。

5. 坚持思政教育与科学管理相结合

将思政教育贯穿于学校管理之中，建立长效思政工作机制，强化自律与他律、激励与约束有机相结合，以有效地引导大学生的思想、观点和行为。

6. 坚持传统与创新思政教育相结合

继承中国共产党思想政治工作的优良传统，面对新形势，积极探索大学生思政教育的新途径、新办法，努力体现时代性，把握规律性，富于创造性，增强实效性。

（六）专业思政建设应注意的问题

1. 调动教师推进课程思政建设的主导性

体育教师应充分发挥课程思政教育教学的主导功能，不断提升自身综合素养，不断深挖课程的思政元素；学校应提供政策保障和激励机制，不断整合不同专业、不同工作方向的教师，让其充分交流以提升思政教育水平，学校或学院应经常聘请相关专家学者、党政领导人等为教师授课，拓宽教师的认知层次。

2. 发挥学生践行课程思政育人的主体作用

学生是教育的直接受众，也是课程思政建设有效性的检验指标，因此，在提升教师教育教学水平的同时，还要注重引导学生学习思政的主动性和积极性，并引导学生将所学转化到日常生活中，真正将思政教育落到实处，达到课程思政育人的实际效果。

三、专业思政建设成效

学院推进专业综合改革，整体综合规划设计日趋成熟。从立德树人角度出发，加强宏观思政建设的顶层设计，科学构建全员、全过程、全方位的宏观思政教育大格局，经常组织多个职能单位，如教学督导、团学组织、系院学生会、系部党支部等召开座谈会，深刻充分地挖掘思政建设要素，推动思政建设成效。

1. 专业课程体系方面

课程体系与思政建设体系协同育人效果进一步增强。根据学校创新创业大学目标定位及普通高校师范类专业认证办法，协同思政建设要求，进一步明确体育教育专业人才培养目标、规格，明确专业培养目标和建设重点，协同思政建设制定专业中长期建设规划，总结、提炼专业特色与优势，不断强化思政建设协同专业内涵建设质量效果，对思政建设与专业发展的重要环节进行系统性的综合改革，取得了良好的育人效果。

2. 专业思政基层组织方面

以党建引领，专业建设真正提质升级、全面进步。加强新形势下党建建设和思政教育的探索与实践，开创性地将课程思政建设与院系教师党支部建设有机结合起来，发挥系部党支部优势，深挖思政教育元素，取长补短，提高教育与教学效益，实现优质资源共享；对学生的文明寝室建设、课堂纪律及职业素养的提升有了更高的政治要求，更进一步凝聚了专业全体师生的工作热情，高站位、敢突破，始终以党的"十九大"的精神为指导，在专业思政教育建设中贡献力量；通过建立有效的课程思政资源共享路径，达到了优质资源及时共享的效果；定期开展思政教育专题培训会，不断提升教师思政建设的主动性和创新性；将课程思政教育纳入教师的各种培训中，建立课程思政集体教学研究制度，针对课程思政建设中出现的突出问题，系统性地加强研究。

3. 师资队伍建设方面

教师育人意识更加自觉。转变了部分教师从事课程思政、专业思政建设的态度，增强了教师做好课程思政"三项基本功"的自觉性，提高了教师从事教育教学研究的积极性。

4. 育人效果方面

专业育人效果更加凸显，增强了学生的社会责任感，提升了学生的创新精神和创新意识，提高了社会对专业人才培养的满意度。

结　语

学院通过思政教育与体育教育专业相结合进行的探索与分析，以及体育教育思政规划、思政建设的实施，切实为提高学生的综合能力提供了新的思路。在帮助学生强化运动技能的同时，潜移默化地融入思政教育，进一步提升学生的思政品质，不断发挥出思政的引领作用，鼓励学生不断开拓进取、拼搏创新，磨炼顽强意志，以取得更优异的成绩。

育体育德，以体载德。打开高等学校思想政治教育新局面的专业思政建设任重而道远，因此，未来我们需要继续努力，要继续修订课程思政建设工作方案，分教研室、分课程组推进课程思政建设；继续加强师资培训，邀请省内外思政专家对专业教师培训，邀请院内优秀教师做课程思政示范课；要以目标为导向加强课程思政改革，以课程组为单位集中研讨、设计思政案例，最终实现体育教育专业与思想政治德育教育融为一体，以体载德，开创高等学校思想政治教育工作的新局面。

教学实施、师德师风、动态评价、组织保障

——"四位一体"视觉传达设计专业思政探究与实践

姜 睿 美术学院

一、专业简介

视觉传达设计专业主要培养了解视觉传达设计专业的发展现状和趋势,具备设计师应有的人文素质和合理的学科基础知识结构,掌握视觉传达设计专业的基本理论知识以及设计思维与设计方法,系统掌握视觉传达设计的设计制作技能,具备利用所学的视觉传达设计理论知识与技能手段分析、解决实际视觉传达设计创作问题的基本能力,具备一定的项目策划、设计、提案等方面的素质和能力的高素质应用型人才。

艺术设计教育教学的经验表明,实施思想政治教育的最有效途径就是把德育教育融入专业教学中,"润物细无声"地开展丰富多样的教学实践活动。艺术设计院校要培养复合型的高素质应用型人才,必须全面修订符合新时代人才要求的培养目标和培养方案,通过教育教学工作完成思想政治教育、人文素质教育、知识技能与创新能力教育,以达到培育新时代艺术设计人才的根本目的。经过近几年的探索研究,教师们认为视觉传达设计专业有许多教学实践活动可以与新时代社会主义专业思政相结合,人们在传授专业知识技能的同时做到了兼顾专业教育与育人教育的共向共行。

二、专业思政建设举措

在人才培养目标的表述中,体现出视觉传达设计专业对人才的政治素养要求:培养德智体美全面发展,富有创新精神和创业能力,具有沂蒙精神特质和国际视野的高素质应用型人才。在课程教学大纲中,要有反映本专业核心素养要求的育人目标和实现路径的设计与表述,在人才培养全过程和各环节融入爱国主义教育的相关内容。

(一)专业思政课程体系建设

专业思政的建设应围绕目标导向展开设计,以专业人才培养目标作为视觉传达设计专业思政的总依据。以往的教学往往忽视了价值观目标,只重视达成知识目标,以理论技能的熟练掌握程度来衡量学生的学习成效。课程培养目标的确立必须按照产出

导向的理念，以矩阵方式逐步落实培养目标的要求。

视觉传达设计专业经过社会调研、院校交流与研讨论证，新修订的《2019版视觉传达设计专业人才培养方案》中的培养目标定位清晰、特色显著，凸显专业思政建设的地位，一是将培养学生的政治素质、道德规范放在首位；二是找到了民族性与专业性之间的平衡点；三是加强美育观念，在课程设置和教学内容等方面进一步弘扬传统文化并融合地方文化资源，培养学生"以文化人、以美育人"的意识，以满足区域文化建设的需求。通过专业课程的学习，学生通过充分了解我国优秀的传统文化以及地域文化，有助于提高其文化自信心，树立民族自豪感。

（二）专业思政实践育人体系建设

以社会主义核心价值观为导向，全面落实立德树人的根本任务，实施全程、全员、全方位育人，建立健全有组织保障、有教学实施、有动态评价的专业思政体系。根据本专业特色，梳理专业课程体系，依据课程内容，挖掘课程思政元素与要点，使思政课程与专业课程有效结合，将新时代社会主义核心价值观融入专业课程，注重表现每一门课程的思想性和价值性，使学生在学习过程中能够潜移默化地吸收思政教育相关知识，提升自身的思想政治水平、道德观念和文化素养，实现全方位的发展。

1. 习近平新时代中国特色社会主义思想专题设计

在视觉传达设计专业教学中，融入习近平新时代中国特色社会主义思想，鼓励学生创作并宣传习近平中国特色社会主义思想以及社会主义核心价值观方向的作品，注重思政教育引导，鼓励学生创作多种形式的设计作品以及参加相关学科竞赛，发挥其对精神文明创建、文化产品创作的引领作用，把习近平新时代中国特色社会主义思想融入教学各个环节，将其转化为学生的情感认同和行为习惯。

2. 优秀传统文化保护与传承专题设计

提升学生对优秀传统文化的认识，加大对优秀传统文化和非物质文化遗产的宣传与保护力度，深入挖掘优秀传统文化的思想内涵，梳理优秀传统文化中的思想精华，结合新时代人们的审美观念、现代材料与工艺，使其创作出适应新时代的设计作品，不断发扬光大优秀传统文化。同时，通过在视觉传达设计专业实践教学与科研中，融入传统文化保护与传承专题，以此强化学生的文化自信心，提升学生保护与传承传统文化的热情，使其创造性地传承祖国的优秀传统文化。

非物质文化遗产是传统文化的重要组成部分，很多非物质文化遗产在经济快速发展的冲击下面临传承断裂的困境。当下，融合传统美学与现代设计理念的"国潮"风日益盛行，视觉传达设计专业以现代生活美学价值为导向融入思政元素，将民族风与时代感相融合，使非遗走进现代生活。在视觉传达设计专业教学中加强地方非物质文化遗产的保护与创新，打造非遗品牌化、市场化。

3. 公益专题设计

以习近平同志为核心的党中央自党的十八大以来明确提出要倡导"人类命运共同体"意识，这一全球价值观包含相互依存的国际权力观、共同利益观、可持续发展观和全球治理观。以人类社会环保题材、人类生命健康题材、宣扬社会新风尚及美德题材、振兴教育与科技发展题材、提高社会人口素质题材、传播时代观念与文化题材等为主题，融入视觉传达设计专业实践教学活动中，不仅使学生的专业技能、设计修养得到提升，也能增强学生的大局意识和社会责任感。

例如，近年来在视觉传达设计专业课程教学中开展了"祖国70华诞主题海报设计""廉政文化设计""抗击疫情海报、插画展""首届沂蒙创新视觉展""厉行节约、反对浪费海报与插画设计作品展"等主题设计。这些活动激发了学生用创造性思维及艺术的各种表现形式来歌颂祖国、歌颂党，传承优秀地域文化，学生深入挖掘代表中国的元素符号，如国旗、国徽、长城、天坛、华表以及龙凤图腾、祥云等代表中华民族传统文化的元素。这些活动将思想政治教育很好地融入课程教学中，显著增强了学生的民族自信心。

视觉传达设计专业的学生受临沂邮政公司邀请，其所设计的红色珍藏邮品——《跟着共产党走》纪念邮折以及邮资封被中国邮政总公司正式发行。同时，由我校学生设计的沂蒙邮局纪念封、"沂蒙山好地方"系列明信片也同步发行。邮票主图是鲜红的党旗，附图是歌曲诞生地的标志。这枚邮折在临沂发行的意义十分深远：《跟着共产党走》这首歌曲诞生于沂南县孙祖镇东高庄村，歌曲表达了沂蒙根据地抗日军民饱满的抗战热情和跟着共产党走的坚定信念。这首烽火沂蒙诞生的激昂乐章在今天仍然是光明的灯塔，继续指引着沂蒙人民发扬"沂蒙精神"，坚定信念跟党走，同心共筑中国梦。纪念邮折和系列邮品的发行，有助于把红色沂蒙、大美新临沂的靓丽风采传播到祖国各地。

（三）专业思政师资队伍建设

专业思政实施成功的关键在于专业教师。打造师德师风高尚、专业素养精深、教学水平拔萃的师资团队是实施专业思政的重要保障。

学校不仅是传授知识、增长才干的场所，更是一个立德树人、明辨真理的阵地。中国特色社会主义高校更应如此。教师不仅要传授专业知识，还要教育学生树立正确的世界观、人生观和价值观，培养他们的爱国爱党情怀，教导他们做一个对国家和社会有贡献的人。

组建高质量的专业思政教师队伍,就是要以思政教学水平高的教师为模范,以老带新,培养专业思政教育人才;引进高水平人才的同时注重德才兼备,培养师德师风高尚、专业素养精深、教学水平拔萃的专业思政教学名师,研讨多种形式的思政教学方法,探索行之有效的专业思政教育教学方法改革,坚持思政教育与专业教育形成合力。

(四)专业思政育人环境建设

充分发挥基层党支部的引领作用,将党建工作与教学工作进行统一规划部署,能够有效提升专业思政的教学效果,同时通过党员教师与学生党员、入党积极分子形成合力,以此提升学院专业思政的氛围建设。

专业课考核不仅考核学生的专业能力水平,还考核学生的道德修养与责任意识,尤其在与思政相关的主题形式作品评价过程中,对作品创意思维、表现形式进行评价的同时,也要衡量其是否贯彻新时代中国特色社会主义思想,引导学生在设计作品的过程中坚持正确的价值观与团队精神。

学院管理部门要做好后勤保障工作,充分调动资源,支持专业思政的建设。学院系部是专业思政的管理者,教师党支部是思政建设的保障者,专业负责人是直接组织实施者,以此确保将思政元素有效融入专业教学中。专业思政建设过程中,要建立制度,进行持续改进;要选树典型,发挥示范引领作用;要有政策支持,加强激励引导;要搭建平台,促进教师交流学习。

三、专业思政建设成效

首先,结合培养方案,修订了专业思政建设方案,在每门课程方案中加入了思政内容;激发了专业教师积极性,明确党支部为责任主体,发挥党员教师示范作用,形成了广泛而有影响的动员效应;将专业思政建设的突破点和重点定位在课程思政典型案例的总结提炼上,集中主要精力,选准切入点,深挖思政融合点,从思政角度逐渐将对单个知识点的感性认识上升为整个课程的全局理解。

其次,师资培训力度得到了加强。通过组织教师集中学习党和国家有关政策和指导方针,深入挖掘专业课程中的思政元素,并邀请资深的思政课教师担任学院专业思政建设的指导专家,重点帮助专业课教师加深对教学评价体系的理解,将专业课更好地上出"思政味",同时进一步优化和细化了专业思政课堂评价指标。

结 语

为推进高校立德树人这一根本任务的落细落实,专业思政是一个重要的途径与载体。视觉传达设计专业依据其专业特点,梳理视觉传达设计专业的专业思政现状与短板,力争建立有效的专业思政探索性路径并积极付诸行动,通过建立教学实施、师德师风、动态评价、组织保障的"四位一体"专业思政体系,将社会主义核心价值观融入专业课程中,促进专业思政和思政课程的协同联动。

深入了解传统文化，培养爱国主义情怀

——书法学专业思政建设探索与实践

刘希龙　美术学院

一、专业简介

书法学专业的人才培养目标是培养德、智、体、美全面发展，富有创新精神和创业能力，具有沂蒙精神特质和国际视野，系统掌握书法学学科的基本理论、基本知识和基本技能，经过基本的五种书体训练、篆刻训练，具有应用五种书体创作、篆刻创作的基本能力，能够在书法教育部门及相关文化艺术领域从事书法创作、书法理论研究、书法教育培训等方面工作，适应区域书法教育、书法创作与理论研究等行业发展需求的应用型书法人才。

书法学专业主要研究的内容属于中国传统文化的范畴，在各门课程的学习过程中贯穿思想政治教育比较得心应手，通过引导学生学习古人的经典作品，使其深入了解当时社会的文化背景，进一步了解中华先民的智慧和创造力，学习古人的具体技法和书法意识，以此来提高专业素质和专业能力，同时也有助于加强学生的爱国主义情怀教育，增强其文化自信心和民族自豪感。

二、专业思政建设举措

（一）专业思政课程体系建设

1. 专业思政建设的定位

在专业的人才培养目标中，体现出书法学专业对人才的核心素养要求；在人才培养方案中，有反映本专业核心素养要求的育人目标和实现路径的设计与表述；在人才培养全过程和各环节当中，融入爱国主义教育的相关内容。

2. 专业思政建设的关键点

专业思政建设的关键在于把思想政治工作贯通于专业建设的各要素全过程中，坚持课程思政在专业思政建设中的核心地位，坚持专业负责人在专业思政建设中的直接组织者和实施者的角色定位，坚持教师党支部在专业思政建设中的引领、推动和保障

作用。在我们的教师队伍中,中共党员所占比例比较大,在教师教研活动中明确思政建设的重要意义,这关系到我们人才培养的方向问题。

3. 专业思政建设的保障

学院系部是专业思政的管理者,专业负责人是专业思政直接的组织者和实施者,教师是具体实践者,教师党支部是服务保障者。专业思政建设过程中,要建立制度,进行持续改进;要选树典型,发挥示范引领作用;要提供政策支持,加强激励引导作用;要搭建平台,促进教师交流学习。

(二)专业思政实践育人体系建设

实施专业思政要立足专业建设。书法学专业在专业思政的建设过程中,以"培养高素质应用型人才"为目标,坚持全过程育人、全员育人、全方位育人,为此,专业教师做了以下工作:以立德树人为目标,抓好课程建设,在特色上体现书法学的专业特性;在课堂教学、社会服务、文化传承以及对外交流中坚持体现专业特点,从各个环节加强爱国理念,弘扬传统文化。

1. 立足立德树人定目标

中国古代教育家孔子曰:"其身正,不令而行;其身不正,虽令不从。"在实践中,教师的言谈举止乃至一言一行,都对学生具有深刻影响。正因为言传身教这种特殊的育人效用,使为人师表成了一种重要的教育手段和途径,因此培养人才的素质水平主要取决于教师的思想政治素质和业务水平。

青年学生在本科教育阶段的成长,需要有全体教师持续的思想引领、专业教导与人生指引,将专业教育与思政教育进行有机结合,也是深入贯彻国家对高校思想政治教育方针的重要举措。在专业教育中探索思政之路,在思政教育中提升专业水平,是实现我国高等教育全程育人、全方位育人的有效途径。

2. 围绕目标建设课程体系

首先,在素质要求方面,让学生坚持正确的政治方向,使其具有较扎实的社会科学基本理论知识,掌握足够的书法创作与研究方法,培养求实创新意识和较好的专业综合素养,让学生了解当代书法艺术、书法教育的发展方向和应用前景,并具备良好的心理素质。其次,在知识要求方面,要求学生掌握书法学专业的基本理论和基本知识以及基本技法;系统掌握五种书体创作、篆刻创作、书法理论研究、书法教育的基本理论,掌握"中国书法史""书法美学""古代汉语""古文字学"等基础理论知识,掌握篆书、隶书、楷书、行书、草书、篆刻等基本技法,具有从事书法教学和创作的基本技能。最后，在能力要求方面，要求学生具有较强的创新创业能力和审美能力，具有图像、文字、口头表达等综合能力，同时掌握书法教育、书法创作、书法理论研究的基本能力。

3．充分提炼思政元素

在对学生进行思政教育时，将爱国主义、集体主义、诚实守信、团结协作及工匠精神等思政元素与课程教学有机结合，形成思政教育与课程教学协同模式；将思政教育目标细化，融入每个单元设计中，并将德育渗透、贯穿到整个教学大纲中，与专业教学一同进行，相互融合、互相引导、逐步完善。

爱国主义教育并不是空泛的概念，而是应融合到每个学生每一天的学习当中。对于学生而言，在专业课学习中可以从历史文化、民族情怀等方面将爱国主义元素融入进来。例如，在"文字学"课程中，可以通过汉字的产生与演变的过程，充分展示我们勤劳聪明的祖先智慧，让学生认识到中华民族是一个伟大的民族，中华文明也是最独特的文明。在世界上所有国家里，只有我们中国的文化是始终没有间断过地被传承下来，也只有我们的"汉字"是世界上唯一从古代一直演变过来没有间断过的文字形式。

从大约公元前14世纪，殷商后期出现的"甲骨文"被认为是"汉字"的第一种形式，直到东汉时期各种字体纷纷诞生。在中国文字中，各个历史时期所形成的各种字体，都有着各自鲜明的艺术特征。如，篆书古朴典雅；隶书静中有动，富有装饰性；草书风驰电掣、结构紧凑；楷书工整秀丽；行书易识好写、实用性强、风格多样、个性迥异。但是在秦统一文字前，中国的汉字从字体、应用角度而言都还是混乱的，直至书同文之后，各种书体才出现并逐步发展成熟起来。

汉字的产生充分展示了汉民族先人的聪明才智，大量的优秀文化遗产让我国在现代文明的大集体中具有了独特的魅力。汉字的创造本身也具有重大的教育意义，我们的先民运用朴素的唯物观，通过对天地自然的观察，抽绎出线条符号，抽象地表达了自己的世界观、人生观和价值观。"天圆地方"的汉字结构理念体现了完整的"大一统"观念，香港回归、澳门回归等理念的具体实践，激励着学生维护祖国统一、向往世界和平的永恒追求。

在"技能实践"课程中，在学生充分掌握书法表现的各种技法的情况下，举办了一些突出主题的创作展览。例如，2018年年初，我们在临沂市美术馆举办了大型弘扬沂蒙精神的展览，以历代吟咏沂蒙的诗词和体现沂蒙精神的各级领导人讲话为主，全方位地展示了广大师生的艺术水平和坚定的政治方向，受到了市领导和社会各界的广泛赞誉。

在"中国书法史"等课程中，以历代先贤表现出的爱国主义情怀为榜样，通过带

领学生了解他们的事迹，对学生起到了涤荡心灵的教育意义。如以颜真卿为例，他积极组织军力抗击安禄山叛乱，在亲人惨遭杀害后，在痛苦激愤中书写出《祭侄文稿》，体现了自己的情感变化，具有震人心魄的艺术魅力。他在面对叛匪时表现出的大无畏精神，激励着一代又一代的忠臣义士为国奉献，可谓是忠心贯日月，成为后代忠臣的人生典范。通过对这些内容的了解，学生在精神上受到感召，更加深了对颜真卿书法的认识，也了解到了陆游"学书当学颜"的意义，更了解到了颜体为什么会在后代流传久远，同时也体会到了受人尊重、为人正直、敢做敢当、大义凛然、无所畏惧的人格魅力永远是我们中华民族的宝贵精神财富。

（三）专业思政师资队伍建设

"师德"是一种职业道德，是教师应具备的最基本的道德素养，"师风"是教育行业的风尚风气。师德师风是教育工作者的灵魂。对于师德师风问题，不少教育家及国家领导人曾有过精辟的论述。孔子曾提出"躬自厚而薄责于人"，以身立教，为人师表。"身教胜于言传"这一古训，要求教师具备较高的综合素质，应坚持正确的政治方向，要"坚持教书和育人相统一，坚持言传和身教相统一"，坚守"学术研究无禁区，课堂讲授有纪律"的规矩，不在课堂上传播违反《中华人民共和国宪法》，违背党的路线、方针、政策的内容或言论，使课堂成为弘扬主旋律、传播正能量的主阵地。

专业思政给高校教师带来了巨大的挑战，也是书法学专业教师所面对的一大艰巨任务。教师在对学生进行思政教育时，一是要有过硬的专业技术，二是要积极加强个人修养、领会国家政策、积极传播正能量。教师可以通过微信、邮件等网络交流方式进行跟踪辅导，使学生逐步建立并形成规范意识，使其具备社会道德及责任担当等素养，以及爱岗敬业、宽宏坚毅等品格。

三、专业思政建设成效

将思政内容融入各专业教学环节后，进一步加强了教师的责任感，广大教师积极学习国家的各项政策，从内心把思政教育当作自己应该做的事，在备课过程中积极搜集思政方面的内容，有机融合、加强研究、相辅相成，教师个人的思政素质得到极大的提升。在培养学生方面，学生不但掌握了本专业的基本知识，在思想境界上也有较大的提高，明确了自己的社会责任感，更加积极地践行社会主义核心价值观。

通过一系列的专业思政教育措施，在师生当中形成了良好的氛围。学生从思想上提高了对于课程思政的认识，感受到在每一步的学习过程中，每一点的知识学习都充分和爱国主义相融合。教师方面，则形成了整体规划合理的专业建设方向，建立起了一支有力的专业思政基层组织和训练有素的师资队伍。

结 语

　　书法专业在专业思政的实施过程中,通过及时修订课程思政建设工作方案,在理论课程中联系我国古代灿烂的文化成就,提高了学生对于古典文化的兴趣,增强了其对于传统文化的自信心,并通过在实践课程中认真研究技法,增强了弘扬传统文化的能力。接下来,我们将继续加强师资培训,集中学习党和国家的有关政策和指导方针,深入挖掘专业课程中的思政元素;进一步开阔教师的视野,充分了解我国国情和我国教育工作者面临的任务和职责,探索最新的教学方法,提高教育教学水平;积极向先进单位学习,交流思政经验,通过学习先进单位的思政课程建设,积极改进自身的教学内容和教学方法,取长补短,不断提高,让思政建设成为专业课程进一步发展的强大动力。

"双助推、三联动、六贯通"专业思政建设实践研究

——以汉语国际教育专业为例

马秀兰　文学院

一、专业简介

世界各国都将语言推广纳入国家的发展战略框架中,我国也不例外。根据孔子学院发展规划,未来全球基本可以建成功能较全、覆盖广泛的中国语言文化全球传播体系,汉语将成为外国人广泛学习使用的语言之一。在这种形势下,汉语国际教育专业设立之初就肩负着时代使命——在对外汉语教学过程中传播中华优秀文化,在公共外交基础上树立中国良好形象。

临沂大学汉语国际教育专业于2012年开始招生,目前已经培养了五届毕业生。专业自设立以来,先后修订过三次培养方案,从专业必修课程、选修课程到社会实践活动,从学分、学时到学期安排,不仅论证了每一门课程的培养目标,还考察了课程体系的内在逻辑关系;不仅考虑到学生即时受益,培养学生的职业技能,还思虑长远地为培养学生的终身素养做好谋划。其培养要求不仅仅是让学生会教汉语,而且在培养学生的汉语教学技能的同时,还注重培养学生的价值观,以及文化传承、文学艺术、公共外交等能力,在专业思政培养体系上呈现出了"双助推、三联动、六贯通"的构建特色。

二、专业思政建设举措

(一)专业思政课程体系建设

汉语国际教育专业植根于中华优秀传统文化,是以中华母语及母语文学为基本内涵,具有深厚人文底蕴的基础学科。在统筹知识、能力、情感、思政四位一体基础上,专业在第一课堂方面构建起"六贯通"("古、今、中、西、内、外"六学贯通)的课程体系。

1. 博古:传承中华优秀传统文化

语言是文化的载体,汉语国际教育既是语言的传播,也是文化的传播。在课程设

置上,"中国文化要略""古代汉语""中国传统文化概论""古代文学""国学导读""中国古典文献学"等多门语言与传统文化融合的课程,成为学生"博古"的源泉。例如,"古代汉语"课,《诗经》《论语》《孟子》《荀子》等经典作品中有大量关于百姓与社稷之间关系的描述,教师善于创设问题情境,第一层问先秦社稷与民生,第二层问先秦治国,第三层问当下"我与国",让学生直接面对需要解释的现象或问题,引导其通过比较发现现实矛盾,最后找到问题的解决之道。在这个过程中,提高了学生的知识水平与创造力,发展了学生的认知独立性。

汉语国际教育专业课程中的核心资源就是中华传统文化中的经典作品,包括文学作品、语言作品、艺术作品等。教师在设计课程时遵循"以高尚的精神塑造人,以优秀的作品鼓舞人",将其作为指导思想,挖掘经典作品的思想和价值,增强学生对现实问题的解释力。

2. 通今:弘扬社会主义核心价值观

自2012年汉语国际教育专业成立之初,专业教师团队多次外出调研和内部论证,从国家教育方针到社会用人单位的需求与反馈,再到临沂大学办学定位的解读,经过层层把关和研究,结合大学本科教育理念与学科发展趋势的前瞻性考虑,确立了专业的办学定位,与临沂大学办学定位一脉相承。专业教师一直积极引导学生践行社会主义核心价值观,教导学生在对外汉语教学过程中成长为中华优秀文化和语言的传承者和传播者,其中代表性的课程有"现代汉语""文学评论""现当代文学""逻辑学"等。

如,"现代汉语"课传达的知识核心是"规范",即规范的语音、词汇、语法、汉字,这似乎与网络时代大学生每天面对和使用的大量新颖独特的语言显得有点格格不入。该课程的任课教师没有用"规范"去约束学生,而是讲起了历史,讲到了新中国成立之初周恩来总理为什么要领导语音、文字改革工作,以及学生们现在看到的语言文字作品是如何呈现半个世纪以来的改革历程的,这些都是在教材中所看不到的。学生由不理解到理解,再到明白了历史留给我们的宝贵财富有哪些。针对新时代国家依然倡导语言规范这一要求,教师则用一个个的实例与作品向学生展示人文素养缺失的不良影响。在这个过程中,教师引导学生对各种矛盾的事实、现象、行为进行观察、比较、分析,从而激起客观事实与学生原有知识的冲突,让学生对比已知事实与新事实,并独立做出概括,促使学生的思维从经验型向理论型过渡。

3. 尚中:传达我国"以人为本"的教育理念

汉语国际教育专业的课程以经典作品为抓手,传达我国"以人为本"的教育理念,

最终实现三个融合,即"人与课"的融合、"人与人"的融合和"人与世界"的融合。其中,"人与人"的融合指的是教师和学生之间、学生与学生之间的融合;"人与课"的融合指的是教师、教材、教法的融合;"人与世界"的融合就是指通过课程学习实现人与外界的和谐共处。其代表课程有"中国哲学""教师口语""美学""中国民俗"等。

例如,"教师口语"课讲到"教师教学口语、教师教育口语、教师交际口语"时,教师与学生进行身份互换,让学生以"成为教师后要对原来的自己说什么"作为开篇,追溯整个教育历程,找到师生关系和谐共处的关键,然后解读《论语》《师说》《千里马》等古典名篇,对古代先贤与当代教授、古代治学与当代教育、古代求学与当代读书做比照,引导学生找到自己的定位。该课程教师为学生提供了一个交流、合作、探索、发展的平台,使学生在掌握技能的同时学会思考、学会学习、学会创造,最终实现学生与课融合、与教师融合、与他人融合、与现实融合。

专业思政,最根本的是课程思政。课程思政设计和建设应遵循马克思主义关于人的全面发展的理论,其主要涵盖了人的个体能力(体力、智力、交际能力等)的发展、人的社会关系的丰富化以及人的个性(身心和谐、个体的自我意识和道德观念等)的全面发展三个方面,通过挖掘课程中的思想政治教育资源,使之发光、发热,确保学生在获取专业知识的同时形成正确的价值观,进而实现自身的全面发展。

4. 学西:培养具有世界眼光、国际视野的高素质人才

汉语国际教育专业培养的学生有别于一般的师范生,其要求在立德树人的基础上,要具备世界各民族教育文化多元的意识,而世界眼光、国际视野的培养,需要对中华文明、世界文明有更充分的了解。这方面代表性课程有英语("英汉互译""英语写作""英语听说技能训练""英美经典文学原著导读")、西方文明("世界文学""比较文学""西方古典文论""西方文化传播""跨文化交际""20世纪西方文论""世界宗教与信仰")、公共外交("公共外交礼仪")等。例如"英语写作"课程,学生对"一带一路""人类命运共同体"等概念进行理解和创作时,教师没有照搬故事、高调宣扬、强势推广,而是充分考虑到学生的理解范围、接受水平、内化程度,最终选择从国际化普适性的角度去思考问题和解决问题,运用隐性化叙事模式来讲述中国故事,将思政元素渗透进专业课程教学过程中。

过去的课程对国际传播理念的认识比较空泛,在教学过程中外宣色彩较浓,传受双方疏离,无法取得理想的传播效果。因此,新课程大纲的设置原则就是对文化与价值观进行提炼、改造,减少中外文化的隔阂与阻力,全方位更新思维,扭转"以宣传为主""以澄清为主"的固有模式,从国际受众的立场出发,充分尊重和准确掌握国际受众的信息需求,用世界听得懂的话语方式来传递信息。

5. 养内：专业的人做专业的事

汉语国际教育专业旨在培养能够胜任国内外将汉语作为第二语言教学的高素质应用型人才。"养内"需要教学专业技能的训练和支撑，其代表课程有"对外汉语教学法""第二语言习得理论""对外汉语教学概论""对外汉语语音及语音教学""对外汉语词汇及词汇教学""对外汉语语法及语法教学""对外汉语汉字及汉字教学""语言学概论""语言学前沿"等。

专业的人做专业的事，是安身立命之本。在这些语言技能课程中，教师突破单向灌输的思维，运用"导引—思议—联通—构建"的思路去设计教案，构建专业与思政并重、答疑解惑与立德树人结合的教学模式。比如，在"第二语言习得理论"课"人工智能"一节中，教师引出当下最热的话题——人工智能给人类带来的生活便利和可能带来的风险，从而引发学生讨论。随即站在语言学的角度，首先"导引"出问题"人工智能与人类的语言能力"，提供文学作品、电影作品中相关的描述，运用社会学知识激发学生思考，让学生按小组进行"思议"，将"思议"的结果公之于众，让学生在师生面前阐释；然后教师会将每个小组的论点、论据、论证梳理出来，将几个小组之间打通、融会贯通，即"联通"；最后"构建"整个知识体系，对"科技与人类"这一专题进行研讨，上至国家下到个人，谈改革、谈发展、谈创新，让学生明白民族、国家、个人一以贯之，不可分割。在这个过程中，培养了学生的批判意识、问题意识、创新意识，以及洞察能力、思辨能力、分析能力。

专业课程以坚定理想信念、厚植爱国主义情怀、加强品德修养、增长知识见识、培养奋斗精神以及增强综合素质为原则，培育学生六大素养——人文底蕴、科学精神、批判思维、健康生存、责任担当、实践创新，实现学生知识和思想内化于心，外化于行。

6. 修外：才艺塑身，树立国家形象

孔子学院总部在 2012 年颁布的《国际汉语教师标准》中，明确提出教师应"掌握相关中华才艺，并能运用于教学实践"。在汉语国际教育志愿者赴海外实习前的面试选拔中，考核中华才艺已成为面试方和应试者的共识。同时，在各个培养院校和单位中，中华才艺课程的设置也已十分普遍。中华才艺指的是目前传承下来的具有传统文化底蕴的以表演和自修两种形式存在的艺术形式，包括民歌、民乐、民族舞蹈、戏曲、相声、武术、太极拳、书法、绘画、剪纸、刺绣、中国烹饪等技艺。

中华才艺课程的思政课堂表现形式需要创新。如"艺术学"在挖掘思想政治资源时，以"人"为中心，以"课"为场景，采用读、讲、唱、演的形式，将视、听、说三感融会贯通，将社会主义核心价值观入脑入心；"普通话""演讲与口才"等课程在朗读、朗诵、讲故事、演讲等口语展示环节以及测试应对环节，让每个学生对方言、家乡、家国有了更深层的认识，这些课程增强了思政教育对现实问题的解释力，加深了青年学生对马克思主义的理解和认同。

汉语国际教育专业课程体系包括"通识必修""通识选修""专业基础""专业必修""专业选修"五个部分，其中"专业选修"包括"语言学模块""文化学模块""文学模块""对外汉语教学模块"以及"中华才艺拓展模块"（见图1）。通过知识整合，给予学生三种受益方式：即时受益、阶段受益、终身受益。

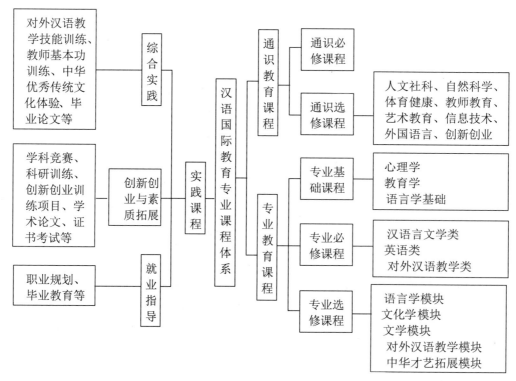

图1 汉语国际教育专业课程体系

（二）专业思政实践育人体系建设

汉语国际教育专业从综合实践、创新创业与素质拓展、就业指导三个角度探索专业思政建设思路，通过搭建平台，在第二课堂方面构建起"三联动"的实践育人体系，其具体包括：专业技能训练、微格教学、教育见习实习、毕业论文、社会实践、创新创业训练、人文社科经典研读、汉语志愿者及汉语教师资格证培训、中华优秀传统文化体验等。

1. 综合实践

在综合实践方面，通过建立校内和校外两个实践平台，培养学生国际视野下的中国文化自信。在校内,与古琴社、鼓乐社、书法社等学校社团组织合作,为学生提供更多锻炼的平台和机会。在校外,与当地文化部门合作,建立中华才艺实践平台,以临沂市非物质文化遗产项目为调研项目,带领学生参观、观摩、学习沂蒙地区特色文化,诸如民间文学(如"卧冰求鲤")、传统音乐(如"鲁南五大调")、传统舞蹈(如"龙灯扛阁")、传统戏剧(如"柳琴戏")、曲艺(如"三弦平调")、传统美术(如"郯城木版年画")、传统技艺(如"临沭柳编")等;另外,学院也开辟了才艺角,有书法展示区、中国结艺区、中华传统剪纸区、中华茶艺区、传统曲艺区等展示区域。

2. 创新创业与素质拓展

汉语国际教育专业通过大学生创新创业训练项目、对外汉语学科竞赛、学术论文、学术活动、国际汉语教师资格认证考试、创业实践等创新创业与素质拓展活动,全面锻炼学生的职业技能和综合素养。

(三)专业思政师资队伍建设

在师资队伍建设方面,实施"国际汉语教师提升计划、语言团队合作培养计划"的"双助推"策略。实施国际汉语教师提升计划,努力培养教师的科研、教学能力,以及思政水平,学习先进的教育理念,组织教师积极参与国内外学术会议或培训。目前该专业已先后组织8位教师外出学习、考察、培训、提升。语言团队合作培养计划主要聚焦教学团队、课程团队、科研团队的建设,以此提升教师的教学、科研能力,更好地为人才培养服务。

三、专业思政建设成效

汉语国际教育专业经过8年的建设与发展,已经走出了一条专注中华优秀传统文化和专业技能发展相结合的特色化发展之路。本专业现有专任教师13人,其中教授1人、副教授6人、博士9人,形成了一支具有丰富汉语教学与研究经验的高水平师资队伍,教学团队积极进行教学改革与创新,先后承担省级、校级教改10余项,教学比赛获奖4项,教学成果奖1项,聚合成国内具有特色的"汉语教学与研究、中国传统文化研究、语言文化传播、语言习得"的教学体系。

汉语国际教育专业构建起以汉语大课堂"要素教学"为核心、以"文化传播"为载体的应用型教育模式,形成了"传统文化素养+国际化视野+专业技能"的高素质复合型人才培养特色,将专业课程体系分为三大部分:特色专业课程、教学技能课程、个性实践活动,将人才培养目标分解为"四型一化"模式,探索出整合"课程、教学、德育、活动、评价、管理、社会"等综合育人功能体系。

专业采用导师制、精英育人模式、协同培养模式,培养机制和培养模式卓有成效,人才培养质量得到社会承认,近5年毕业生就业率分别为99%、98%、90%、96%、98%;约有50%的学生选择中小学教师、事业编、公务员、媒体、教育机构等就业渠道;考研率近30%,录取院校分布于国内外60余所高校;目前约有10%的学生已成为国家汉办志愿者,奔赴世界各地传播中华优秀传统文化。

结 语

临沂大学汉语国际教育专业在专业思政培养体系上构建起"双助推、三联动、六贯通"的特色与优势,是高等教育培育国际视野下中国文化自信的具体实践。该专业培养的人才,具有深厚的语文核心素养,拥有博大的人文家国情怀,对人,温良恭俭让,仁义礼智信;对己,修身养性情,齐居治家国;对内,传承发展中国语言文学涵养;对外,传播弘扬中华优秀传统文化。本专业学生在对外汉语教学中成长为中华优秀语言文化的传承者和传播者,是具有文化素养、人文情怀和科学精神的高素质应用型人才,这些人才将会更好地为构建人类命运共同体贡献力量。

践行立德树人，培育"四有"好老师

——汉语言文学专业思政建设机制实践与探索

周云钊　文学院

一、专业简介

"培养什么人"，是教育的首要问题。汉语言文学专业为山东省高校品牌专业，作为师范专业，其培养目标是全面贯彻党的教育方针，立德树人，培养富有高尚师德和教育情怀，具备深厚人文科学素养、扎实的中国语言文学学科知识与能力、突出的教育教学知识与能力，具有沂蒙精神特质和国际视野，能够在中学语文教学中推动中学生"语文核心素养"的培育与提高的骨干教师。这就要求学生除了具备扎实的学科素养与教育教学能力之外，更要以立德树人为己任，为人师表，立志成为敬业爱国的"四有"好老师，在教育教学过程中能够将中学生的知识学习、能力发展和品德养成相结合，做中学生健康成长的指导者和引路人，从而实现综合育人目标。

为达成这一专业培养目标，其途径就是要实现三全育人育全人，正如习近平总书记所强调指出的，"（高校）要坚持把立德树人作为中心环节，把思想政治工作贯穿教育教学全过程，实现全程育人、全方位育人"。汉语言文学专业在人才培养过程中，践行立德树人使命，推进专业思政，以"着眼一个目标、坚持两个原则、突出三个重点、落实四个理念"为指导思想，以"一线两翼三保障"的布局，构建"教学、科研、团学、党建"四位一体的人才培养模式，加强教风、学风建设，进一步提高了教学质量，赢得了良好的社会声誉。

二、专业思政建设举措

专业思政不仅要贯通专业建设的各要素全过程，同时也要贯通专业教育教学全过程，在专业教育和思政教育一体化推进过程中，形成具有鲜明特色的人才培养模式。

（一）专业思政建设的整体思路

汉语言文学专业在专业思政建设过程中，全面贯彻党的教育方针，努力构建"教学、科研、团学、党建"四位一体的人才培养模式。

1. 指导思想

汉语言文学专业思政建设的指导思想是：着眼"一个目标"，坚持"两个原则"，突出"三个重点"，落实"四个理念"。其中，一个目标：坚持"文以载道，学以致用"的人才培养目标，培育具有沂蒙精神特质和社会主义核心价值观的优秀大学生。两个原则：一是坚持育人为本、德育为先、能力为重、全面发展，强化人才培养"能吃苦、善创新、敢担当、乐奉献"的临大特质；二是坚持德育、智育、体育、美育相结合，强化人才培养"团结包容、崇实尚贤、艰苦创业、勇于争先"的临大精神。三个重点：传承红色基因、弘扬沂蒙精神、推进教育教学模式创新。四个理念：一是贯彻全员育人、全程育人、全方位育人的理念，把社会主义核心价值观教育贯穿于人才培养全过程；二是贯彻协调发展的理念，全面提高学生的知识、能力与素质；三是贯彻协同创新的理念，加强校地结合，实现文化资源共建共享、社会主义核心价值观教育协同推进；四是贯彻 OBE 教育理念，使学生成为接受、体验与实践的主体，引领学生在主动参与中深度认同与自觉践行社会主义核心价值观。

2. 实践路径

首先，在人才培养方案的修订上，将专业思政建设理念与师范专业认证理念进行有机融合。师范专业认证的理念，主要是在"践行师德、学会教学、学会育人、学会发展"四个维度上培养具有高尚师德和教育情怀的中学语文教师，其中践行师德、学会育人也是专业思政建设所要达成的培养目标，因此，汉语言文学专业的人才培养方案在修订过程中，就要突出师德规范和教育情怀的养成，以培养"四有"好老师为目标，培养优秀语文教师。

其次，以"一线两翼三保障"的布局，构建教学、科研、团学、党建四位一体的人才培养模式，即以立德树人为主线，以教学、团学为两翼，以保障实施、落实教学、评估改进为保障，以党建贯彻人才培养全过程，教学、科研、团学密切配合，共同聚焦专业思政，以提高人才培养质量（见图1）。

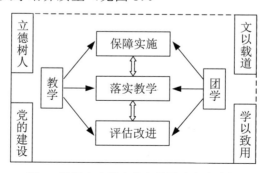

图1 汉语言文学专业专业思政实践路径

（二）专业思政课程体系建设

高质量的课程是支撑人才培养目标实现的保障，课程思政是专业思政的重要组成和基础。汉语言文学专业的课程体系是对人才培养方案的支撑，其课程思政的设计基于成果导向（OBE），主要体现在以下四个方面。

1. 教学目标突出德育化

按照培养方案毕业要求制定各课程教学大纲时，任课教师要坚持育人为本、德育为先原则，深入挖掘课程中的思政元素，做到专业性与思想性并重。比如，习近平总书记在中央党校建校 80 周年庆祝大会暨 2013 年春季学期开学典礼上的讲话中指出："古人所说的'先天下之忧而忧，后天下之乐而乐'的政治抱负，'位卑未敢忘忧国''苟利国家生死以，岂因祸福避趋之'的报国情怀，'富贵不能淫，贫贱不能移，威武不能屈'的浩然正气，'人生自古谁无死，留取丹心照汗青''鞠躬尽瘁，死而后已'的献身精神等，都体现了中华民族的优秀传统文化和民族精神，我们都应该继承和发扬。"这些中华民族的优秀传统文化和民族精神在中国古代文学、中国现当代文学中都有鲜活的体现。如爱国情怀，可以说，一部中国文学史，就是一部爱国史。屈原、李白、杜甫、岳飞、陆游、辛弃疾、李清照、文天祥、闻一多、艾青……在他们的作品中都体现着伟大的爱国主义精神，而《吕梁英雄传》《平原烈火》《暴风骤雨》《林海雪原》《野火春风斗古城》《铜墙铁壁》《小城春秋》《红旗谱》《苦菜花》《敌后武工队》《谁是最可爱的人》……这些文学作品更是堪称爱国主义教科书。只要找到德育思想与文学课程的结合点，将思政教育相关内容融入文学课程当中，就能以一种"润物细无声"的形式不断完善学生的人格，全面提升学生的素质，达到德育的目的。

2. 教学内容经典优先

古今中外一切优秀的文学作品都承载着人类普遍的审美价值和道德价值，它们具有超时空性和永恒性。汉语言文学专业的各门课程都是以这些经典为学习、研究对象，各专业课教师尤其是文学课教师，在教学过程中不仅要为学生理清文学史的发展线索，还要引导学生阅读经典名著。各专业课程不仅在课堂上加大了经典作品的分量，在平时作业的布置上，也结合了学校"N+1+1"考试综合改革，相应增加了作品阅读的数量。而为了保证作品阅读的质量，教师都会要求学生做读书笔记，并将读书笔记的质量作为过程性考核的一部分计入总分，从而引领学生在与先贤的直接对话中感悟经典文学的丰富思想内涵。如"外国文学"课程，通过引导学生阅读和思考作品，让学生学会运用马克思主义世界观和方法论认识和理解西方经典作家作品、各个时期重要的文学现象，在西方文化中发现与中国文化如家国情怀、英雄品质、探索精神、道

德追求、伦理观念等的共鸣之处。

3. 教学方法灵活多样

汉语言文学专业开设的各门课程，收录的多是感人的故事、生动的人物、睿智的名篇佳句，老师们灵活运用各种教学方法，如"《史记》讲读"的授课教师大力运用情景教学法，以话剧、辩论、演讲等形式再现《史记》中的经典片段；"外国文学2"在新冠肺炎疫情期间的线上教学中融入思政元素，让同学们讨论《包法利夫人》中的庸俗，从而引导学生思考忠诚、家庭、婚姻、劳动等的重大价值，对爱玛抛却自身责任只片面追求所谓浪漫爱情的做法进行准确判断并勇于批判；"中国古典文献学"课上通过情景浸润的方式，借助国宝档案《永乐大典》的视频为学生讲述《永乐大典》的散亡与发现的相关故事，激发学生爱国与爱古籍的情感，达到课堂思政的目的……这些教学方法都进一步激发了学生的学习兴趣，培养了学生的独立思考能力。

4. 考核方式多样化

闭卷考试的形式自有它的优点，但僵化的试题类型，往往使学生靠死记硬背来应付考试，特别是文科专业的学生，考试前仅背一背就能获得一个好分数，这种方式不利于对学生学习过程的考核。学校大力推行"N+1+1"考试综合改革，教师们在考核方式上也是各显其能，除了增加材料分析题、作品鉴赏题等主观性较强的题型外，更加入了一些非标准化答案的试题。如在"现代汉语"课程中设计了这样一道试题："下面的歌词选自歌曲《中国娃》，请分析它的内涵。'最爱写的字是先生教的方块字，横平竖直堂堂正正做人要像它。'""古代文选"以"孔子遇见庄子"为题，要求学生撰写一篇小论文，这些题型有效调动了学生分析问题、解决问题的积极性。而古代文学教研室与团学联合，打破文学课程间的壁垒及课堂内外的界限，对应国家、省、市文学竞赛活动，如"中国诗词大会""国学达人"，着眼于文学竞赛中的思政元素，将课堂专业教学与课外文学竞赛活动进行整体设计，探索以学生为主，学习、竞赛与实践三位一体的全新教学模式。

（三）专业思政实践育人体系建设

专业思政是贯通专业教育教学全过程、全要素的教育过程，因此，也要尽力挖掘专业实践、第二课堂中的思政元素，从而保证专业思政的一体化推进。

1. 突出专业的师范性特点，聘请中学名师为师范生言传身教

汉语言文学专业作为师范专业，其培养学生教书育人的情怀是专业思政的重点，因此，我们聘请中学名师所做言传身教的报告，不仅仅是有关基础教育教学改革、课

堂教学技能训练指导等的一种形式，更重要的是使同学们从这些名师的身上学到献身教育事业的情怀。如，临沂第十八中学正高级语文教师、山东省特级教师段淑君老师的报告风趣幽默、深入浅出、充满激情，让同学们领略了特级教师的讲课风采，而其"没有父母心，不做教书人"的情怀、"新竹高于旧竹枝，全凭老干为扶持"的奉献精神，更是博得了同学们的阵阵掌声；齐鲁名校长沂水县泉庄镇中心校党总支书记、校长李洪春的专题报告"做一位有情怀的教育人"，结合自身教学、管理实例，生动地阐释了教书育人的情怀。名师们的教育情怀坚定了同学们的从教志向，在全国教师资格证考试中，2014级汉语言文学专业通过率高达93.21%；而在2019年春季、秋季援疆、援青实习支教中，同学们踊跃报名，参与实习支教人数为全校之冠。在圆满完成实习支教任务后，同学们的共同心声是："坚定了以后要做一名好老师的选择""到孩子们最需要的地方做最好的语文老师"。

2. 突出专业的文学性特点，聘请知名作家进行课堂共建

学院与临沂市作家协会密切合作，聘请知名作家进行课堂共建。沂蒙现当代文学取得了丰硕的成果，为扩展第一课堂，让同学们近距离了解认识作家，学院聘请临沂市作协主席高振为同学们做了"沂蒙文化与沂蒙文学"的专题报告，高振对沂蒙文化以及其所蕴含的精神进行了剖析，希望同学们积极成为沂蒙文化与沂蒙精神的传承者和建设者。其他知名作家如赵德发、也果、邵筐、轩辕轼轲、子敬的报告，以及第二届沂蒙精神文学奖获奖作者座谈会的成功举办等，让作家们与同学们面对面分享、交流创作经验，解答学生在文学创作上的疑惑、困难与瓶颈，不仅激发了同学们的写作热情，深化了其对文学创作的认识，也使其对传承沂蒙精神、建设沂蒙文化有了更加直观的理解。

3. 突出专业的应用性特点，打造社会实践品牌

社会实践是大学生了解社会、认识国情、锻炼意志、增长才干的重要途径，学院根据汉语言文学专业的特点，突出其应用性，重点打造普通话推广、"四史"宣讲社会实践团队。

近年来，学校高度重视普通话推广工作，构建"内外协同、校地共建"的语言文字工作网络，打造"三进"服务地方品牌。2020年，文学院"千村同音，全民推普"社会实践团队利用寒暑假进社区、进农村、进学校，推普下乡，助力脱贫，在社会上引起了强烈反响。如，谢成才据此撰写的《蒙山沂水千万重，千家万户语音同——临沂大学文学院"推普下乡，助力脱贫"实践活动》实践案例，被教育部选为推普脱贫优秀案例，为山东省两个优秀案例中的一个；9月15日，山东教育卫视《新闻早敲门》以《临沂大学：让每一个学生都成为普通话的推广者》为题，报道了我校推普脱贫社会实践的探索与成效。

习近平总书记指出，要把学习贯彻党的创新理论作为思想武装的重中之重，并同学习党史、新中国史、改革开放史、社会主义发展史结合起来，而对"四史"的宣讲，也是传承红色文化，以革命精神激励年轻一代的需要。2020年8月，临沂大学"品真理、讲四史"云端青年宣讲团成员孙曼、赵欣雨等人在烟台探寻"红色记忆"，采访老党员，到福山区回里镇回里中心小学进行宣讲，通过挖掘胶东深厚的革命底蕴，宣讲团成员的爱国情怀不仅得到了升华，更对《林海雪原》《地雷战》等革命文学作品有了更深入的理解与体会。

由于文学院的社会实践活动立足于专业特点，能充分发挥学生的专业特长，学生在社会实践过程中既能学以致用，又能从中接受思想的洗礼，与课程思政无缝衔接，加速推进了专业思政的一体化进程。

（四）专业思政师资队伍建设

教育部在《关于加快建设高水平本科教育全面提高人才培养能力的意见》中，明确要求每一位教师都要进一步强化立德树人意识，在所讲授的课程中有机融入思想政治教育元素，在"润物细无声"中使学生"成才"又"成人"。

1. 树立专业思政教育理念

为使教师们树立专业思政教育理念，学院充分发挥教工党支部的作用，积极组织广大教师认真学习教育部的有关文件，同时，重点领会习近平总书记在全国高校思想政治工作会议和全国教育大会上的讲话精神、习近平总书记视察北京师范大学发表的"四有"好老师标准、在北京市八一学校考察时发表的"四个引路人"、在学校思想政治理论课教师座谈会上提出的"六要"新要求与"八个相统一"等，领会其中蕴含的思想政治工作理念和要求，了解什么是"课程思政、专业思政"，为什么要推行"课程思政、专业思政"，从而有效树立"专业思政"理念。

2. 强化专业思政主体作用

正如习近平总书记所指出的，广大教师要做学生锤炼品格的引路人，做学生学习知识的引路人。专业课教师是"专业思政"的具体实践者，是专业思政实施的主体。专业课教师不能仅仅满足于讲好课、传授知识，更要将知识传授、价值引领、能力培养有机结合，渗透到所承担课程的教学之中，在传授专业知识的过程中体现德育育人的功能。由于教工党支部注重理论学习，专业思政主体作用明确，教师们积极投入专业思政的研究中，或从课程思政与文学艺术教育的融合，或从课程思政依托"中国古代文学"融入专业教育的角度进行探讨,更多的如"中国现代文学""中国当代文学""现代汉语""古代汉语""外国文学""文学理论"等专业主干课程投入"课程思政"示范课建设项目,这些研究与项目建设从课程角度助力了专业思政建设。

3. 形成专业思政育人合力

教学、团学、科研共同致力于专业思政。一方面,教学、团学、科研始终保持密切联系,随时进行沟通,甚至团学到其他学院如体育与健康学院、教育学院、生命科学学院等进行学习交流,而分管教学、科研的副院长也一同参加。另一方面,专业思政的内涵体现在团学组织策划的活动上。如,2019年举办的英迪凯杯"三字一话"技能大赛,就以"普通话诵七十华诞,规范字书爱国情怀"为主题,让同学们在领略汉语文字魅力的同时,也受到了深刻的爱国主义教育;临沂大学第三届"中国诗词大会",以"守诗词初心,传中华美德"为主题,同学们经过初赛、复赛、决赛,在赏中华诗词、寻文化基因、品生活之美、传中华美德过程中,感受到了中华诗词的独特魅力和中华文化的博大精深。

我院高度重视科研在人才培养中的作用,要求学业导师的各级各类立项课题必须吸收学生参加。学生参与老师课题,既加深了学生对所学专业知识的理解和认识,同时也增强了学生自主从事科研的能力和信心,如发表学术论文、创新创业训练项目的申报等。近年来,本专业学生每年发表论文50余篇。学生在从事科研活动时,不仅受到了学术规范、科研诚信的教育,而且他们在围绕选题进行研究时,在潜移默化中自己也会受到研究对象的熏陶。比如,2019年11月,文学院承办山东社科论坛——弘扬沂蒙精神与繁荣红色文学研讨会,学院在2016、2017级学生中进行广泛发动,学生踊跃投稿,经过院学术委员会的遴选,王倩、朱鑫、武捷宇、张佳旭四位同学的论文入选。王倩、朱鑫同学分别以《弘扬沂蒙精神 争做优秀青年——沂蒙红色精神的育人价值》《弘扬沂蒙精神,传承红色文化——红色沂蒙的"人民性"》为题,对沂蒙红色文化的育人价值、人民性进行了全面阐释。武捷宇同学以沂蒙民间文学中的地名传说为切入点,深入探讨了沂蒙人民坚忍不拔、不轻易向客观环境屈服的意志与品格;张佳旭同学则以"五四"新文化的先驱王思玷为研究对象挖掘其忧国忧民的思想。四位同学的入选论文,受到了与会专家的好评,被认为其研究是沂蒙精神入脑入心的体现。

(五)专业思政评价探索

只有进行评估,才能衡量、掌握课程思政实施的情况。汉语言文学专业基于专业认证理念,制定《文学院毕业要求达成情况评价实施办法》,设计《汉语言文学专业毕业要求达成情况问卷调查表（应届生使用）》，在调查表的 30 余个问题中，有关专业思政的问题大约占三分之一的比例，据此可以分析出学生对于教师课程思政改革的评价；同时，还设计了《临沂大学文学院师范毕业生社会评价调查问卷》，学校通过毕业生实习情况，了解学生的品德素养、职业素养、敬业精神等，从而更好地把握专业思政的育人效果，并进行了有针对性的改进。

三、专业思政建设成效

汉语言文学专业在专业思政建设机制的探索与实践中，进一步注重人文精神传承，凸显新文科发展需求。

具体来说，在课程体系建设上，设立专项经费，每学年至少启动 2 项院级课程思政教学改革研究项目，至少建设 5 门课程思政示范课，到 2022 年实现所有专业课程思政育人全覆盖；在专业思政基层组织方面，进一步强化了教工党支部在专业思政中的作用，以教工党支部"双带头人"为着力点，实施了"课程思政、党员先行"为主题的党支部创新教育活动，培育出了 2～3 个"课程思政教学团队"；在师资队伍建设方面，"请进来，走出去"，组织全体教师积极参与"课程门门有德育，教师人人讲育人"的研讨、交流、培训活动，在"内容实起来，形式活起来"的教学改革中全面提升了课程思政的建设成效；同时，进一步突出专业的师范性、文学性、应用性特点，依托沂蒙丰富的优秀传统文化、革命文化、社会主义先进文化资源，努力建设专业思政实践育人基地，以党建为中心，强化教学、科研、团学的思政育人合力，使学生立志成为敬业爱国的"四有"好老师。

结　语

汉语言文学专业践行立德树人根本任务，推动专业思政，加强教风、学风建设，进一步提高了育人质量。本专业学生考研人数、名校考取率及事业编考取率逐步提升，在各种竞赛活动中成绩显著。2019 年汉语言文学专业师范类、公费师范类一志愿报考率分别为 236.67%、110%，报到率均为 100%，在社会上具有良好的声誉。2020 年在省普通类常规批本科专业招生中最低录取分为 541 分，超一段线 92 分，为全校最高。在今后推进专业认证的过程中，汉语言文学专业将进一步以党建为统领，继续加强专业思政建设，不断提高人才培养质量。

构建一体四翼、三全育人模式

——课程思政融入英语专业的探讨与实践

周银凤 外国语学院

一、专业简介

英语专业以立德树人为根本任务，着力培养热爱党的教育事业，富有中学英语教育职业认同感，具有家国情怀和国际视野的优秀中学英语教师。教育的根本任务就是要培养德才兼备的有用人才，育人是根本，作为中西方文化碰撞的前沿阵地，英语专业更应该大力推进思政建设，把立德树人作为英语专业人才培养的根本出发点和落脚点，将爱国主义教育、道德教育、人文素养教育与语言能力、学习能力和思维品质的培养结合起来，既要教育、引导学生求真理、悟道理、明事理，又要引导学生在学习生活中培育和践行社会主义核心价值观，培养德才兼备、具有家国情怀的社会主义可靠接班人。

英语学科不仅重视语言的工具性，更强调英语的人文属性。语言所负载的信息承载着人的世界观、人生观、价值观和伦理观等人文精神。这一双重属性要求英语专业教育不仅要聚焦学生语言综合运用能力的培养，更要关注学生人文精神的塑造，才能够培育出具有"中国心、世界眼"的地球公民。为实现一流人才培养的目标，英语专业秉承"全人教育"理念，因材施教、因人施教，在显性思政课程之外，探索专业课堂"微思政"教育，将思政内容融入培养目标、课程体系、课程建设、第二课堂、课程评价等教育教学全过程，以期形成课程育人合力，努力实现全程育人、全方位育人。

二、专业思政建设举措

（一）专业思政建设的总体规划

英语专业思政建设以专业建设为载体，通过发掘专业特色和优势，将社会主义核心价值观贯通育人全过程，实现专业育人与思政育人的有效融合。从人才培养方案的修订、人才培养目标的再定位、课程体系的完善、课程目标的设置、实践实训的组织、第二课堂活动的设计、师资队伍思政能力的提升、学习评价体系的调整，到每门课程教学目标的确定、教学内容的安排、教学环节的设计和教学评价的实施，努力将思想政治工作融入人才培养的各个环节，构建一体化的育人体系，确保知识传授、能力培养和价值塑造能够全方位得以实现。

英语专业以人才培养目标为引领，以课程建设、第二课堂、师资队伍和专业文化为抓手，构建起英语专业"一体四翼"的三全育人格局。英语专业思政建设的总体规划如图1所示。

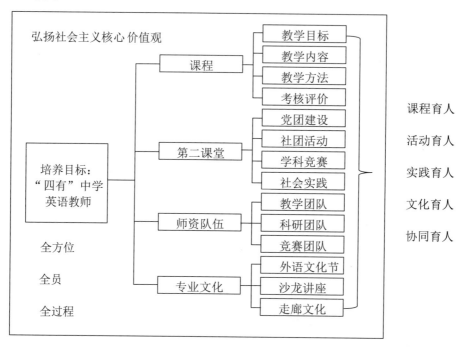

图1　英语专业的一体四翼、三全育人体系

（二）专业思政建设的实践与探索

1. 进一步明确专业办学定位，坚定立德树人的根本任务

人才培养是大学的核心使命。大学不能止步于培养拥有一技之长的专业人才，而是要培养有道德、有知识、有能力、和谐发展的"全人"。为切实推动教师教育发展，提升未来教师综合素质与能力，英语专业坚持立德树人的根本任务，着力培养热爱党的教育事业，富有中学英语教育职业认同感，具有家国情怀和国际视野的优秀中学英语教师。立德树人的培养观一直都是临沂大学的人才培养特色，临沂大学的校训"明义"要求全体毕业生要以国家利益和民族精神为重，具备"大义""大爱"的优良品行和"大节"的崇高操守。

英语专业的培养目标是：以区域基础教育需求为导向，立足山东，面向全国，坚持社会主义办学方向，以立德树人为根本任务，着力培养热爱党的教育事业，富有中学英语教育职业认同感，具备优秀的职业素养、宽厚的人文学识、扎实的英语应用能力和英语教育教学能力，具有突出自我发展能力的中学英语教师。

本专业的培养目标可细化为三项能力和一项素养，如图2所示。

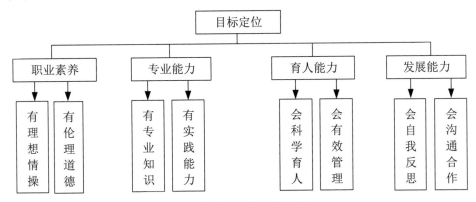

图2 英语专业培养目标细化

2. 优化人才培养体系，提升课程育人功能

英语专业课程体系的整体架构由四个模块构成，即通识教育课程、学科专业课程、教师教育课程和实践课程模块。四个模块的课程虽然课程内容有所不同，然而正如习总书记2016年所提出的"各类课程要与思想政治理论课同向同行，形成协同效应"，要将思想政治教育融入不同课程模块的教学全过程，寻求专业知识与思政元素之间的关联，实现知识传授和价值引领的融合。

通识教育课程如"马克思主义基本原理""毛泽东思想和中国特色社会主义体系概论""沂蒙文化与沂蒙精神"等课程，旨在渗透社会主义核心价值观，加强学生的思想政治教育、提升道德修养和综合素质。英语学科专业的各门课程都要充分挖掘现有教材中所涉及的丰富的人文思想素材，寻找与家国情怀、国际视野、创新思维、伦理道德以及社会主义核心价值观有关的德育元素，寓思想教学于语言教学之中。

以"综合英语4"课程为例，课程教材涉及社会、经济、科技、文化、信仰等主题，在引导学生对主题意义进行深度探究的过程中，主讲教师要有意识地将中国文化融入专业课程的教学，不仅要让学生了解西方文化，还要让其深度了解中国文化。通过比较分析的方法，既要培养学生对英语国家社会文化的理解力和鉴赏力，也要让学生体会中华文化的博大精深，树立文化自信。

教师教育课程要在传授专业知识的过程中，让学生形成从教的意愿，认同教师职业的崇高和伟大，树立正确的价值观、教师观和学生观，具备良好的职业道德修养。实践课程要引导学生在提升自身知行素养的同时，获得正确的思想观念、价值观点和道德规范，实现知识体系和价值体系的有机统一。

3. 搭建"四位一体"的第二课堂实践平台，促使学生全面发展

英语专业以"全人教育"思想为指导，围绕英语专业的人才培养目标，设计"党团育人、社团育人、实践育人、文化育人"的英语第二课堂综合实践教学体系，给学生提供拓展自我、展现自我、实现自我的平台。

在党团育人方面，依托主题党日活动、团课团日活动，从细微处入手，开展思想政治教育，助力对大学生思想道德品质和人格素养的培育，全力提升学生的政治素养；在社团育人方面，充分发挥新月社、与星儿同行、外语演讲协会、正能量疯狂英语精英俱乐部、大学生心理导航协会、语苑学社等学生社团的育人功能，借助线上线下社团活动，培养学生的组织协调能力、团队协作能力和沟通交际能力；在实践育人方面，通过"沂蒙七彩课堂"暑期社会实践活动、"三下乡"社会实践、"支教实践活动"和各种公益活动，了解和学习基础教育优秀教师对待教师职业、对待学生、对待工作的积极态度，增强学生的爱心与责任心，提升其自身的知行素养，坚定他们立志为中学英语教育奉献一生的理想信念；在文化育人方面，外院结合学科专业特色，营造浓厚的校园文化育人氛围，一年一度的外语文化节先后举办了从"对话一带一路"外语角、"丝路再出发、外语蕴芳华"外语演讲比赛，到多语种多专业素质拓展讲座、原声电影配音大赛、"我的舞台我的剧"等，一个个富有特色的活动丰富了学生的人文情怀，彰显了文化育人的功能，同时读书沙龙、师范大讲堂等系列讲座邀请知名专家、专业教师、优秀校友交流经验、分享心得体会，既拓宽了学生的眼界，对其今后的学习和工作也会有所启迪。

4. 以线上线下培训为切入点，提高教师综合育人能力

习近平总书记2014年在北师大考察时指出："合格的老师首先应该是道德上的合格者，好老师首先应该是以德施教、以德立身的楷模。"教师全面负责课程教学的实施，是教学实践活动的引导者。教师自身所具备的育德能力直接影响到课程思政教育的质量。英语专业以培养优秀中学英语教师为目标，因此，英语专业的教师更要注重对未来教师在师德传承、职业认同与社会责任感方面进行潜移默化的培养和熏陶。

受新冠肺炎疫情影响，国内外各种学术会议、培训学习等都由线下转为线上，密集的、多种形式的学习培训层出不穷，这为教师们提供了足够多的学习机会。英语专业教师线上学习的热情高涨，积极参与课程思政、金课建设、一流专业建设等专题研讨会，了解英语专业人才培养的理念、模式与方法。外院也努力为专业教师提供线下培训和沟通的平台，召开课程思政建设交流会，观看专家讲座视频，分享讨论课程思政课申报书，共同探讨课程思政的理论支持、实施路径及落实策略等一系列问题。线上线下融合的学习培训，让英语专业的教师们意识到应把"为了每一个学生的终身发展"作为核心理念，要针对学生的成长特点，聚焦学生的思想关切点，着眼于学生道德素养的熏陶濡染，在不断提升自身教学科研能力与水平的同时，努力提升育人的能力与水平，并以此引领学生回归学习，以满足新时期国家对卓越师范生培养的急切需求。

5. 以多元课程评价为依据，检验课程思政教学效果

虽然专业课程教学中思政教育不能刻意为之，但这并不意味着不需要对课程思政的效果进行评价。为给课程思政营造良好的制度环境，英语专业各课程团队继续深化课程评价方式改革，将学生的认知、情感、价值观等内容纳入课程评价中。结合本学期线上教学的实际情况，英语专业的核心主干课程采用多元化考核评价方式，将课堂问题、阶段性测试、课程论文或研究报告纳入过程性评价范畴，将结果评价与过程评价相结合。对学生的基础知识掌握情况、表达沟通能力、团队合作能力等进行考核，对学生的学习态度和学习效果进行综合评价，增加考勤与作业上交情况、课堂讨论参与情况、团队分工合作情况等考核观察点。通过对各个观察点的分析，充分及时了解学生成长情况以及知识传授与价值引领的结合程度，以科学评价优化课程思政的教学设计，提升教学效果。鉴于专业课程的大部分考核指标都围绕学生对专业知识的掌握情况，教师需要自觉主动地对课程思政的效果进行评价。这样做的目的有二，一是有助于老师及时掌握学生的成长状况，二是能够引发教师进行反思，以便能够在今后的教学中创设合适的情境、合情合理代入思政元素，改进课程思政教学方案。

三、专业思政建设成效

（一）优化教师育人观，深化教育教学改革

专业思政的推进使教师意识到课堂教学不仅要传授专业知识，还要承担育人的责任，专业课程教学要实现知识传授、能力提升和价值塑造的统一。线上线下教研活动的展开，让老师们加深了对专业思政的理解和把握，开始梳理课程中所蕴含的思政要素，探索将思政要素有机融入课堂教学的途径，发挥课堂教学在育人中的主渠道作用。

（二）专业建设水平得到提升

专业思政建设不仅促进了英语系教师团队的专业教学水平和个人学术水平的成长，也为英语专业持续有效的发展提供了有力保障。英语系阅读课程团队参加了2020年外研社"教学之星"，在大赛中表现优异，荣获全国复赛（英语类专业组）一等奖；邢元平老师获得山东省青年教师讲课比赛三等奖；邵长忠、贾永青老师将个人课程思政的经验与自身的研究相结合，成功申报了山东省社会科学规划课题和山东省人文社会科学课题。

（三）育人效果显著

学生主动参与志愿服务等社会实践活动的意识和积极性明显提高，2020 年暑假期间为保护和传承非遗文化精神，实践团队通过"线上+线下"的宣传方法，对蓝夹缬、木活字印刷等非物质文化遗产的传承给予了力所能及的帮助，保护和发扬了中华优秀传统文化；学科竞赛获奖数量和层次逐年提高，近年来，学生获取国家级奖励达到 80 多人次，省级获奖为 150 多人次，获山东省优秀毕业论文 2 人次，获国家大学生创新创业项目 3 项、省级 7 项、校级 24 项。

结　语

英语专业的思政育人工作要针对师范专业的特色和培养目标，以社会主义核心价值观的塑造为导向，从课程思政的角度来创新教学模式和评价方法，在总结理论教学和实践教学的经验中思考探索专业课程的思政育人路径，力争将课程思政落实到每一节课、每一门课中，以此营造出全员、全方位、全过程的思政育人环境。

思政融入专业，打造影视教育的"沂蒙高地"

——广播电视编导专业思政探索

王 琳 传媒学院

一、专业简介

广播电视编导专业培养的是德智体美劳全面发展，基础理论扎实，富有创新精神和创业能力，具有"沂蒙精神"特质和国际视野，着眼广播电视发展的学科与产业前沿，掌握广播电视编导专业及新媒体传播相关知识和技能，具有广播电视节目编导、摄影、摄像、频道与栏目策划、节目采访制作、后期编辑、特效制作以及新媒体节目制作能力，能够在广播、电视、网络等传媒机构、影视行业、企事业文化宣传部门从事相关工作的全媒化、高素质、复合应用型人才。

2013年习近平总书记视察临沂时曾深情地说："要紧紧拉住老区人民的手，绝不让他们在全面建成小康社会中掉队。"厚重的土地需要一流的专业去引领、去带动。临沂大学广播电视编导专业的定位是立足"沂蒙精神"和区域经济社会发展需求，培养热爱影视艺术事业，有深厚的文化底蕴和丰富的艺术修养，具备扎实的专业基础知识、基本理论和广播影视节目制作技能的高素质应用型人才。

二、专业思政建设举措

（一）专业特色优势：红色育人

广播电视编导专业结合临沂大学区位特点与本地区经济社会发展需要，将红色育人工程和国际视野培育工程相结合，是山东省高等学校的特色专业。在国家产业大格局和大背景下，以重细节、求细致的"美"，以深挖专业内涵、夯实红色文化的"精"，以技术创新、深化产学研合作模式的"新"为突破口，积极拓展"服务沂蒙、回报社会"的教学改革和教学实践，为促进区域经济和社会发展贡献专业才智。

"美"：紧紧围绕为党育人、为国育才，落实立德树人根本任务，传承抗大基因，弘扬"沂蒙精神"。

"精"：整合人才资源与师资力量，深挖专业内涵、夯实"红色文化"。本专业教师贡献的课题"基于国家形象构建的主旋律影视剧海外传播研究""山东红色影视剧的儒学化转向""基于微视频时代的沂蒙精神传播研究",以及论文《新中国电影英雄叙事的三次转向》《论沂蒙女性在影视作品中的呈现》《<沂蒙六姐妹>与<这里的黎明静悄悄>的悲剧美之比较》等,将红色文化内涵研究形成一股强大的合力。

"新":以技术创新、深化产学研合作模式为突破口,积极开展"服务社会、回报社会"活动,为促进区域经济和社会发展贡献专业才智。

(二)实践育人:丰富第二课堂平台,树立品牌意识

坚持把思政课作为关键课程,充分发挥学校主阵地、课堂主渠道、教师主力军的作用,坚持党建引领、抓队伍建设、抓课程实施、抓活动融合,全面提高学生素质。广播电视编导专业按照"学科平台+课程模块"模式来建设课程体系,依托戏剧与影视学学科平台,实现全程、全方位、全员育人。

1. 全程育人

结合学院实行的学业导师制,以教师学术研究课题和产学研合作项目为载体,培养创新创业型人才。学生从大一开始,就经由"双选"的方式,通过学业导师制将老师与学生的"导学"关系建立起来,成立导师工作室,以基础课程为核心,全面推进工作室建设,将工作室的项目与先导课程联系起来,实现"线上"基础课程与"线下"项目作品的结合。

2. 全方位育人

"校内育人"与"校外育人"协同推进。在课堂教学改革方面,大力推行项目式、情景式、探究式、小组合作式教学模式;在课堂外,积极与新媒体制作公司等业内机构实施对接,把社会项目引进课程教学中;通过探索"从企业领'作业'、让企业评'学业'"的校企共建课堂新模式,为学生模拟一个"公司化"的教学环境,以实现学校到社会的对接。

3. 全员育人

"第一课堂"与"第二课堂"协同推进,不让一个同学掉队;成立影视创意中心、摄影创意中心和融媒体中心三大服务平台,开展社会服务活动;大幅度增加社会需求度较高的创作类课程的设置。

(三)鼓励学生积极参与弘扬主旋律、传统文化的影视作品制作

广播电视编导专业在对学生的培养中重视响应国家号召,弘扬主旋律,礼敬传统文化。具体来说,结合影视教育的特点,引导学生拍摄制作弘扬主旋律、礼敬传统文

化的影视作品，在创作中不仅提升了学生的实践动手能力，也培养了其正确的价值取向，凝聚了其价值追求，构建了其文化自信。

贾永民同学自编、自导、自演、自制的选调生专题宣传片《后起之秀，菏处相逢》在"学习强国"App中被推出，该片通过描写四种不同类型选调生的特点，从人才振兴、反哺农村、爱在他乡、自身成长等方面展现了选调生扎根基层、砥砺奋进的良好精神风貌；修长泰同学在"我的家乡在临沂"短视频大赛中创作的《临沂，老街》获得了一等奖，他把对临沂的情感用声音画面保留下来，对临沂市的文化底蕴和历史特色进行了很好的宣传。

在学生成长评价体系上，一方面通过专业理论知识的学习，另一方面以专业实践、专业竞赛为依托，鼓励学生参加专业性比赛，以此作为教师"教"和学生"学"的实践环节。例如，组织学生参加创新创业大赛，30余人获得创新创业奖项；学生在北京大学生电影节、全国大学生广告艺术大赛、第十一届山东青年微电影大赛、第二届和第三届无人机大赛等学科竞赛中屡屡获奖；学生所创作的纪录片在一些纪录片大赛中获得最佳导演、最佳纪录片等奖项，其以纪录片的形式表现了非物质文化遗产，以及民俗文化和村落等的变化。

（四）课程育人：凝聚教学团队力量，活化思政教育

（1）以学科带头人为引领，打造专业名师团队。建立健全科学有效的人才激励机制，以学科带头人为主体，加强拔尖人才、学术领军人才的培养，着力培养在影视领域具有较高知名度的教师。

（2）建立课程负责人制度，强化教师责任意识。整合专业师资与课程资源，每门课程组建教学团队，使教师在课程教学研讨交流中相互激发，依托各自学科背景与专业优势，逐步凝聚科研方向，形成科研团队，推进科研能力提升，形成"你中有我、我中有你"、互相激励启发和共同进步的团队化教学模式。

（3）推进工作室与项目制。每个工作室配备指导教师，提高教师指导学生的频度和质量；鼓励学生进行创新创业实践，鼓励和支持创作型团队、创作小组、创作型社团的活动；在提高学生专业素养的基础上，做到对拔尖人才的大力培养。

（4）编导教研室集党建活动与教学活动为一体。每周五下午集中进行教研活动，是教研室的特色活动之一，全体教研室老师积极参与，在常规的教学内容交流中融入思政元素，一方面在学期过程安排的活动中融入党建工作，另一方面开展专业特色活动，老师集体讨论，为专业发展寻找特色方法，如开展"以OBE为导向的课程改革"主题研讨，老师们对学生的学习情况进行及时反馈与沟通。

广播电视编导专业的教师是围绕影像进行教学和开展研究工作的，而现代活动影像自19世纪末诞生以来，不管是电影、电视，还是当今的流媒体短视频，相较于其他的艺术媒介和文化样式，都更强调综合性。这种综合性既反映在最终的作品层面上，也贯穿于作品的创作、传播和消费等各个环节，比如剧组、摄制组，都会特别强调分工与合作。编导教研室是一个充满凝聚力的小剧组，这种凝聚力感染到学生，引导学生一起努力学习、积极开展专业探索，以此培养学生团结协作的品质。

在凝聚教学团队这个11人的小集体后，如何让思政教育融入日常教学之中，就成了本教研室老师的共识和努力方向。在这一共识和方向之下，本教研室老师在课程开设和课后研讨环节，也有意识地将对学生的思政教育作为重点工作之一。老师们主动将专业教学与国情民情联系起来，与社会实际联系起来，将思想政治教育带入日常教学，引导学生提升职业认知，增强使命担当。

（五）文化育人：传承校园文化，培育大学精神

结合广播电视编导专业的发展特色，在本专业老师的共同努力下，全体师生都在用影像语言讲述中国故事，传承临沂大学校园文化，培育大学精神。如，连续3年坚持举办的毕业作品影像展，不仅为临沂大学呈现了一台视听文化盛宴，在全院师生之间形成了良好的口碑，更使本专业低年级学生在实践创作中受到了鼓舞和启发。

临沂大学的毕业季宣传片、各学院的招生宣传片以及学校重大活动中的宣传片，大都是广播电视编导专业的同学们所创作完成的，通过作品的创作为传媒学院出品的作品积累了口碑和品牌效应，同时也在不断地宣传、传承着校园文化和临大精神。

三、专业思政建设成效

通过专业思政方面的建设，依托沂蒙精神与红色文化资源，培植红色育人的德育特色；推进合作办学，结合专业认证，形成了卓越的广播电视人才培养品牌；强化了一流专业建设点在人才培养、师资队伍、教学资源、质量保障等各个方面的示范引领作用，推动了学校专业建设整体水平的持续提升。

1. 课程思政元素融入专业建设，优化专业思政课程体系

近年来编导类专业思政课教学改革在OBE理念的指导下注重理论与实践教学的融合，本专业在习近平新时代思想的指导下，积极建设了一批与国家主流意识形态和主流媒体密切相关的课程，这一批课程将紧跟时代体系，用最新的理论动态和实践形式进行传授，把国家倡导的最新传播手段和形式融入课程中。作为地方院校中的艺术类专业，通过实践作品的创作，在艺术作品中对标国家战略和思想。

2. 借力山东文化优势,加强师资队伍建设

根据教师研究专长和研究兴趣,优化学科方向,整合学科研究与创作团队,打造了一批广播电视艺术与传播科研标志性成果,培育了一部分广播电视艺术与传播科研项目;依托山东文化的优秀资源,结合历史传统和地缘关系,推进了优秀传统文化工程,同时将实践创作成果进行了理论化提升。

3. 构建"产教深度融合、校企紧密合作、培养应用型人才"的全新学科体系

以行业岗位标准为依托,与电视媒体、网络新媒体、企业共同制定课程标准;融入"课程思政理念",积极与媒体单位企业合作建设课程,根据人才市场的实时需求优化重构课程体系。在课程改革中引入问题解决式课程,促进课程建设与行业需求的紧密接轨,努力实现立德树人的根本任务。

4. 积极推进电视媒体与新媒体融合

立足沂蒙精神的地方特色,建设以应用型为主要特色、以广播电视编导+融媒体为优势的一流传媒专业;将数据采集与分析、人工智能、新媒体传播等其他学科的知识运用到影视教育中来;既要掌握主旋律短视频的创作技巧,又要抓住 5G 时代到来之际中长视频的创作机遇,从信息界面革命的角度,打造跨界融合的高端人才培养机制。

结 语

融媒体时代,短视频与直播蓬勃发展,编导专业也将牢牢抓住这一契机,在以内容为王的基础上,紧紧抓住新媒体平台的特征,使专业紧跟时代潮流发展。临沂大学广播电视编导专业将充分利用沂蒙老区丰富、优越的红色教育资源,并把爱国主义理想信念教育与专业知识学习、实践结合起来,全力打造影视教育的"沂蒙高地"。

扎根沂蒙红色沃土，培育数字艺术英才

——数字媒体艺术专业思政育人模式研究

姜自立　传媒学院

一、专业简介

数字媒体艺术专业旨在培养德智体美劳全面发展，富有创新精神和创业能力，具有沂蒙精神特质和国际设计视野，系统掌握数字媒体艺术专业理论，具备数字媒体技术职业认证技能，能够在设计学及新一代数字媒体传播领域从事创意、策划、设计、制作等相关工作，基于职业个性与行业发展需要的高素质、应用型艺术人才。

基于专业人才培养目标和红色育人要求，数字媒体艺术专业作为连续 3 年持有"绿牌"的唯一艺术类专业，坚持扎根沂蒙红色沃土，培育数字艺术英才，结合数字媒体"技术+艺术"的专业特色，依托"技术+艺术"融合的人才培养模式，将沂蒙大地的红色资源与专业特点有机契合，在专业思政方面基于培养目标、专业课程、实践教学等方面，积极探索思政育人新模式。

二、专业思政建设举措

（一）专业思政课程体系建设

基于专业影视艺术创作的课程体系，组织开展"每一门课都育人"的课程行动。数字媒体艺术专业扎根沂蒙红色沃土，基于课程推动沂蒙红色文化传承，开展"每一门课都育人"行动，将数字媒体艺术创作的基础知识与思政教育相结合，坚持"以文化人"和立德树人的统一，开发利用沂蒙红色资源，引导学生利用数字媒体处理技术创作出融入社会主义核心价值观、中华优秀传统文化、工匠精神等思政元素在内的数字媒体作品，引导学生讲好中国故事，增强专业课程的人文情怀，在课程教学和实践创作中潜移默化地提高学生的政治思想水平，使专业课与思政课同向同行，有效发挥专业核心课程的育人功能，做到"立德树人，润物无声"，培养造就"大众创业、万众创新"的生力军。

数字媒体艺术专业按照"学科平台+课程模块"模式构建课程体系，培养创新创业型应用人才。接下来以本科班大三年级第二学期开设的"数字媒体艺术创作"课程为例进行说明。该课程制订的课程目标有以下几个。

1．知识目标

通过学习本课程，学生能够系统地了解数字媒体艺术的基本理论知识，掌握数字媒体艺术的学科知识体系、数字媒体艺术的来龙去脉和发展规律、数字媒体艺术与其他相关领域的联系和区别，引导学生建立正确的价值取向和审美取向，最终达到对数字媒体艺术的总体把握，提高本科生的审美取向和艺术素养。

2．能力目标

在教授常用数字外设的使用和数字媒体处理技术的同时，培养学生敬业、精益、专注的"工匠精神"；在数字媒体艺术作品的设计与创作中，引导学生关注中华优秀传统文化、弘扬正能量，讲好中国故事，培养学生的协作精神和创新能力。

3．情感价值目标

对学生进行专业职业道德教育、人格素养教育和习惯养成教育；培养学生独立、严谨的工作作风，培养学生敬业、精益、专注的"工匠精神"；培养学生的创新精神和创新能力，使其学会与人相处。

4．职业素养目标

通过本课程的学习，使学生具备数字媒体设计、影视广告等公司接收本专业学生的岗位职业能力；具备在实际工作中设计数字媒体艺术作品的职业能力，接近或达到数字媒体艺术设计制作职业的初级水平，培养造就"大众创业、万众创新"的生力军。

（二）专业思政实践育人体系建设

数字媒体艺术专业坚持将社会实践活动与红色育人相结合，坚持校内与校外合作协同育人，突出对数字艺术人才实践技能和创新应用能力的培养。

以与时光坐标影视传媒公司合作的数字影视创作实训课程为例，我们将思想政治教育内容与专业实训内容有机融合，进行了如表1所示的课程设计。

表1 数字影视创作实训课教学设计

章节内容	教学目标	思政映射与融入点	课程思政教学设计
模块一：数字媒体艺术创作基础	（1）收集相关数字媒体艺术优秀作品，提升艺术鉴赏能力和审美取向 （2）掌握数字媒体艺术创作的术语和制作流程	（1）让学生提前调查我国数字媒体技术发展现状，课堂上分小组讨论展示，让学生通过查阅和讨论从专业知识学习的角度感受到祖国的日益强大，坚定民族自豪感，激发爱国主义情怀、对我国科技事业的自信心，培养文化自信	（1）雨课堂发布预习内容 （2）情景导入 （3）小组讨论 （4）协作学习

续表

章节内容	教学目标	思政映射与融入点	课程思政教学设计
模块一：数字媒体艺术创作基础		（2）通过分组建立团队，学会团结协作，培养团队精神，学会与人相处，激发创新创造力，明确责任与担当	
模块二：数字媒体设备使用	（1）学习数字摄像机的使用技巧 （2）使用数字摄像机进行实践技能拍摄	（1）展现当今中国各个领域的最新成果，培养学生创新意识和科研意识，培养热爱科学、努力学习、乐于奉献的精神 （2）播放纪录片《航拍中国》，激发学生的爱国热情和民族自豪感	在拍摄内容的选择上，融入中国元素，传承中华优秀传统文化
模块三：数字媒体艺术创作技术（一）数字图像处理	（1）掌握数字图像处理涉及的关键技术 （2）培养学生善于观察的能力，在设计领域扩展思维视角，突破思维障碍，促进自我创新意识的觉醒	（1）通过对各种数字媒体技术涉及的关键技术的讲解，对我国在各领域的先进创新的具体案例进行分析，全面了解"智慧中国、创新中国" （2）通过案例分析近五年艺术设计大赛以"生命""绿色世界""海洋世界"为主题的获奖作品，激发学生的学习兴趣，增强专业课程的人文情怀	（1）通过案例教学方式，带领同学赏析大赛获奖作品 （2）分析比赛使用技术以及比赛的原创性要求 （3）课后安排学生参观本专业优秀摄影展
模块三：数字媒体艺术创作技术（二）数字音视频处理	（1）掌握数字音视频处理涉及的关键技术 （2）提升学生们学习音视频处理技术的兴趣，用数字媒体技术服务社会 （3）教会学生在进行专业技术处理的同时学会展现主题；使学生善于观察，学会分享，并从大自然中不断获取灵感，将形象思维运用于学习、生活和工作等创新活动中，保持积极乐观心态	（1）展示"科大讯飞语音输入技术"和我国先进的数字音视频技术应用成果 （2）展示分析学科竞赛获奖的优秀微电影和学生创新创业制作的优秀作品，如以"留守儿童""空巢老人""疫情之下"等为主题的视频案例	（1）分享校友参与的优秀制作案例，提升学生学习音视频处理技术的兴趣 （2）课后安排与获奖团队进行学科竞赛经验交流的活动
模块三：数字媒体艺术创作技术（三）数字动画与特效	（1）掌握数字动画与影视特效处理涉及的关键技术 （2）以《西游记》《哪吒》等中国作品，引导学生关注中华优秀传统文化，讲好中国故事，对学生进行专业职业道德教育、人格素养教育和习惯养成教育	（1）结合影视动画热门案例《大圣归来》《哪吒之魔童降世》分析动画设计风格特点，向学生说明：设计就是要表达自我的思想，有独立的思考和判断能力才有助于成长，做独特的自己 （2）让学生体会到中国动画技术的巨大进步，培养其爱国情怀，引导其积极投入学习，扎实打好专业基础	（1）案例教学 （2）影视鉴赏 （3）技术分析 （4）课堂讨论

续表

章节内容	教学目标	思政映射与融入点	课程思政教学设计
模块三：数字媒体艺术创作技术（四）数字媒体压缩与传输	（1）掌握数字媒体压缩与传输涉及的关键技术 （2）了解中国在数字媒体压缩与传输技术方面的进步与成就，培养学生的爱国热情和专业素养	安排学生查阅相关的技术发展与现状，了解中国在数字媒体压缩与传输技术方面的进步与成就，从而培养学生的爱国热情，增强他们的自信	（1）情境导入 （2）案例分析 （3）网络信息检索 （4）课后调查
模块四：期末作品	（1）以5~8人自由组合建立团队 （2）以小组为单位进行综合数字媒体艺术作品创作	搜集包含社会主义核心价值观、中华优秀传统文化、工匠精神等思政元素的作品素材，创作一部正能量的数字媒体作品	（1）选题策划 （2）现场指导 （3）协作探究

（三）专业思政师资队伍建设

学历层次高、知识结构合理的教师队伍为专业的发展以及课程思政教育的开展提供了坚实的师资保障。数字媒体艺术专业现有专任教师15人，其中有高级职称的有3人、博士（含在读）9人、硕士6人、双师技能型教师8人、常年特聘行业专家5人、外聘教师动态管理10人，建设了一支校企融合、专兼职结合的师资队伍。

（四）专业思政育人环境建设

数字媒体艺术专业结合专业特点和思政育人要求，经过多年发展，形成了特色鲜明、科学合理、可操作性强的专业思政育人模式。

一是将沂蒙精神育人和国际视野培育相结合，培养德才兼备、具有国际视野的高素质人才。按照"学科平台+课程模块"模式构建课程体系培养创新创业型人才。在课程建设上，紧紧围绕我校创新创业型大学的办学定位与高素质应用型人才培新要求，数字媒体艺术专业立足于"通识教育、专业教育和个性化教育"三个阶段，课程设置包括"通识必修课程、通识选修课程、专业基础课程、专业必修课程、专业选修课程、实践课程"六个模块，充分利用现有条件培养学生创新创业能力，强化专业技能。

二是强调感性思维和理性思维协调发展，注重人才艺、技相融的培养理念。本专业立足于培养学生具备"科学精神武装头脑、工科知识奠定基础、艺术能力赋予创意、设计能力服务社会"的复合型创造能力，针对数字媒体艺术专业实践性强的特点，对实践教学环节进行研究，与中国软件行业协会合作成立了数字媒体技术职业认证考试中心，以行业标准培养学生的数字媒体技术职业技能，提高学生的综合实践能力和就业实力。

（五）其他举措

优化考核评价方式，坚持德才兼备标准。在课程考核方面，打破以往笔试为主的传统考核方式，改变原来重理论轻实践的评价体系，对学生的评价采用多视角多维度评价，更加注重过程考核，注重学生在学习中所表现出来的情感、态度、价值观的变化，着重考核学生的动手能力、创新意识、创新精神和创新思维能力，注重对学科专业价值的认知以及对与学科专业相关社会现象的分析能力等。

基于课程思政的考核将会吸收思政培育内容，增加课程作品立意和核心价值观网上评价的环节，要求学生把随堂作业、短视频以及期末作品等在新媒体平台上进行推送，学生制作的数字媒体作品通过各种新媒体、自媒体进行传播，其中点击率、阅读量等也作为一个重要的考核参考指标，并促使学生进行实战式项目演练。作品创作的优良不单单依靠教师一个人的评价，也要靠"数据"说话。学生依托创作团队、工作室，将课程作品与自身宣传和发展结合起来，进行实际的作品传播，以有效提升他们对数字媒体艺术创作的兴趣。

三、专业思政建设成效

随着我国5G技术的迅速发展，数字媒体创新及应用将在经济、政治、文化、教育等各个领域迎来新的发展浪潮。从身临其境的虚拟现实VR技术，到亦幻亦真的增强现实，再到眼花缭乱的3D电影特效，乃至极致惊艳的游戏画面，无不依赖着数字媒体技术的支撑，渗透着数字媒体艺术的贡献。

数字媒体艺术专业在《中国大学生就业报告》中连续三年被评选为"绿牌"专业，并且是所有绿牌专业中唯一的艺术类专业，这说明了行业对数字媒体人才的急切需求。临沂大学数字媒体艺术专业的学生社会需求量大、就业前景好，专业报考录取率高、办学基础好，是学校重点扶持发展的专业。

结　语

随着我国5G技术的快速发展和国家对数字艺术产业发展的大力扶持，数字媒体艺术专业逐渐成为近年来的热门专业。当下互联网、新媒体、自媒体的不断更新和发展，使企业对数字媒体艺术专业的人才需求不断增长。沂蒙精神历久弥新，传承着永不褪色的红色基因。本校数字媒体艺术专业应对发展机遇，结合专业特点，利用"技术+艺术"融合的教学优势，在人才培养过程中把价值观的培育和塑造"基因式"地融入课程，通过作品创作引导和激励学生弘扬正能量，讲好中国故事，做到"立德树人，润物无声"，培养造就"大众创业、万众创新"的生力军。

读书万卷，行路万里

——历史学专业思政育人探索与实践

周　静　魏秀春　历史文化学院

一、专业简介

　　临沂大学历史学专业具有长期的办学优势，发展积淀深厚。该专业招生始于 1985 年，1999 年起开始招收本科生，迄今为止已有 20 年本科教育的历史。2007 年历史学专业被评为我校特色专业，2018 年"中国史"学科纳入我校硕士学位点建设重要培育学科，2019 年历史学专业获批山东省一流专业建设点。本专业旨在培养掌握历史学专业的基本理论与方法，具有分析问题、解决问题的能力，能够在各级各类中等学校从事历史教学，或在政府部门、科研机构、新闻出版以及文物、考古、博物馆、档案管理等部门和企事业单位从事实际工作的，适应区域经济社会发展需求的高素质应用型人才。

　　历史学专业因其专业特性，在落实立德树人教育根本任务方面具有其独特的优势。清代思想家龚自珍曾讲过："灭人之国，必先去其史。"这句话充分说明了历史教育的重要性。中国古代著名史学家司马迁曾说过，历史学承担着"究天人之际，通古今之变"的使命。马克思、恩格斯在《德意志意识形态》中曾说："我们仅仅知道一门唯一的科学，即历史科学。"习近平总书记也曾经讲过，历史研究是一切社会科学的基础（2019 年）。2020 年 6 月 27 日，习近平总书记在给复旦大学青年师生党员的回信中，还特别强调了学习党史、新中国史、改革开放史、社会主义发展史，对广大党员特别是青年党员认真学习马克思主义理论、坚定理想信念的重要作用。

　　一直以来，临沂大学历史学专业在用好课堂教学这个主渠道的基础上，不断拓展专业思政建设方法和途径，教育、引导学生深刻理解社会主义核心价值观，自觉弘扬中华优秀传统文化、革命文化和社会主义先进文化。

二、专业思政建设举措

　　文化是一个国家、一个民族的灵魂。历史学立足专业特色，将专业经典阅读融入课堂和日常教学中，列举必读书目，印刷读书笔记，让学生传承先贤的智慧，吸吮优

秀文化的养分，并且将专业阅读纳入学生学习评价之中，切实厚植学生的文化底蕴。本专业立足于当代中国现实，注重挖掘专业课程和中外传世名著中所蕴含的优秀传统文化思想价值和典型案例，拓展专业课程的广度和深度，提高专业课程的高度和温度，深度融合中国传统文化教育和"四史"教育，达到"润物无声、潜移默化"的育人效果。

同时，历史学专业将"读万卷书"与"行万里路"紧密结合，注重第二课堂建设，强化班级建设、社会实践、专业考察、口述史访谈等方面的育人功能；扎根中国大地了解国情民情、弘扬传统文化、传承红色基因、发扬沂蒙精神，使学生在实践中增长智慧才干，在艰苦奋斗中锤炼意志品质；注重学思结合、知行统一，增强学生勇于探索的创新精神、善于解决问题的实践能力；激励学生"敢闯会创"，使他们在亲身参与中增强创新精神、创造意识和创业能力。

（一）读万卷书：扎根中国、放眼寰球

历史学专业教学以课堂教学模式改革、课程学习评价改革为抓手，强化经典阅读，读原著（史学经典）、学原文（历史文献解析）、悟原理（读书笔记），广播世界文化，弘扬优秀中华传统文化，坚定学生的中国特色社会主义道路自信、理论自信、制度自信和文化自信。

1. 广播世界文化，坚定中国文化自信

文化自信是一个国家、一个民族发展中更基本、更深沉、更持久的力量。历史学专业课程教学具有弘扬中华优秀传统文化、广博世界多样文化的独特优势，在教学过程中，专业教师以马克思主义世界观和方法论为统领，将中国通史与世界通史两大通史自然融合，使之相互补充和相互促进。

纵观"中国古代史""中国近代史"和"中国现代史"可以看到，泱泱中华以五千年文化傲立于世界东方。如何在中国通史教学中更好地弘扬中国传统文化，坚定学生的文化自信？针对这一课题，历史学专业教育坚持中国历史为本，回归常识，引导学生阅读优秀传统文化经典、中国历史经典。腹有诗书气自华，知书才能达理，通过引领学生广泛阅读中国历史经典和文化经典，让学生更好地通晓中国历史、掌握中国文化，学会以史为鉴，客观对待历史，促进理性思考。在实际教学中，夯实"中国古代历史"课程教学，以"二十四史"为基本经典，由原来的一学期64学时，扩大到一学年的128学时，全方位解读中国古代历史；提升"中国近代史"课程地位，全面使用"马工程"教材，以马克思主义理论著作、《毛泽东文选》为基本经典，深刻解析自鸦片战争以来历代中国仁人志士对中华民族复兴的思考与实践，深刻认识没有中国共产党就没有新中国的历史必然性;强化"中国现代史"课堂教学,以《毛泽东文选》《邓小平文选》、"习近平治国理政思想"为基本经典,以中国文化、中国理论、中国道路和中国制度为核心,为学生深入解读中国社会主义史、改革开放史。

通过"世界古代史""世界近代史""世界现代史"课程的教学,让学生以全球为视野,体会到"不同国家、民族的思想文化各有千秋,只有姹紫嫣红之别,而无高低优劣之分";"世界史"教学以虚心学习、积极借鉴各国各民族思想文化的长处和精华为教学目标,挖掘世界史学名著中丰富的思政教育元素。例如,在西方古代史学中,修昔底德在《伯罗奔尼撒战争史》中对战争与和平的认识,可以坚定学生的和平发展观;李维在《建城以来史》中对罗马的讴歌,有利于提升学生的民族自信心与爱国主义情感;普鲁塔克的《希腊罗马名人传》在一定程度上可以见证德育的重要性,这也是强化中国历史教育,增强学生思想文化自尊、自信的重要条件。

2. 通览"四史",坚定道路、理论和制度自信

历史学专业课程中蕴含着丰富的党史、新中国史、改革开放史、社会主义发展史,这是其他专业所无法比拟的。"四史"涉及的课程主要有"中国近代史""中国现代史""世界近代史""世界现代史",又以马列著述为基本经典。

党史、新中国史和改革开放史是中国近现代史知识体系中的重要内容,其中,党史是基础,新中国史相关提升,改革开放史相关发展。通过对中国近现代史的学习,历史学专业的学生能够通晓党史、新中国史和改革开放史,对中国共产党带领中国人民取得新民主主义革命的胜利、建立中华人民共和国、推动改革开放、促进中华民族复兴的史实一揽无遗,从而对中国特色社会主义道路和社会主义制度具有了更深入的了解和掌握。

社会主义发展史,即马克思主义诞生以来世界社会主义运动的发生发展史,其贯穿了19世纪以来的世界近现代史,是世界近现代史知识体系的一条重要主线。通过对世界近现代史的学习,学生对马克思主义的诞生及其在世界各国的传播,社会主义运动在欧洲的兴起,社会主义制度在苏联、东欧、东亚、东南亚和拉丁美洲国家的建立均有了比较全面的认识,从而对中国化的马克思主义理论创新和社会主义制度在中国的发展壮大打下了较为坚实的基础。

(二)行万里路:弘扬传统文化与传承红色基因并重

1. 打造育人高地:红色班级领风骚

为传承抗大红色基因,弘扬沂蒙精神,2019年4月,历史文化学院在费县大青山胜利突围纪念地成立了学院第一个红色班级——"大青山"班,历史学专业2017级本

科班成为我校首个红色班级。这是学院在青年大学生中开展传承红色基因、弘扬沂蒙精神的一项具体行动。

学院始终秉持"以沂蒙精神育人，做红色基因传人"的立德育人理念，精心策划和设计了红色班级的建设规划，充分发挥历史学专业优势和学术研究优势，将"大青山红色班级"打造成我院乃至我校的红色育人范式，使其成为我院红色文化育人的综合平台、思想政治工作的育人高地。

在成立仪式上，2017级历史本科班的同学首先参观了大青山胜利突围纪念馆，为缅怀英烈，师生一行徒步重走大青山突围路，追寻英烈前辈曾经浴血奋战过的足迹。许多同学为前辈们英勇无畏的精神深深感动，流下了激动的泪水。学生葛宣飞说："向那些曾经奋斗在前线的先辈们致敬，我们真的应该好好珍惜这来之不易的和平，同时我们更应努力学习，报效祖国。"丁艾琳同学有感而发地说："先烈们气壮山河的事迹感动着一代又一代人，我辈应当更加坚定地跟随党的步伐，创立不朽功勋，传承红色基因和沂蒙精神，早日实现'中国梦'。"于洋同学感慨道："通过这次学习，我们回顾过去的艰难岁月，精神得到了升华，进一步坚定了理想信念，在今后的学习生活中，我们将继承先烈遗志，弘扬沂蒙精神，自觉以革命先辈为榜样，脚踏实地、无私奉献，以更大的斗志投入到学习和工作中去，争做一名优秀的临大学子！"

2. 启动口述史学：红色访谈独树一帜

自2017年起，历史文化学院于每年暑期均组织山东根据地口述史访谈活动，将学生的专业学习放在沂蒙大地上。口述史访谈依托临沂大学重点建设学科方向——专门史科研团队，由历史文化学院（沂蒙文化研究院）山东根据地研究中心负责组织实施。团队由历史学专业师生8人组成，聘请具有丰富田野考察经验的淮阴师范学院文旅学院李德楠副教授参与考察。口述史访谈以收集沂蒙根据地的口述史资料与历史文物、文献为主要目标，先期以莒南县为地域范围，先后到达莒南县及临港经济开发区的14个乡镇、60余个村庄，共计采访130余位90岁左右、从革命战争年代走来的老人，收集到极为珍贵和丰富的口述史资料，以及大量的革命文物、文献图片。此后，又进行了费县、沂南、蒙阴等县革命老人的口述史访谈，在获得大量一手珍贵历史资料的同时，学生也从中体验到了最本真的沂蒙精神。

习近平总书记曾强调："要做好战争亲历者头脑中活资料的收集工作，抓紧组织开展实地考察和寻访，尽量掌握第一手资料。"经历过革命战争的老人时下均已届耄耋之年、鲐背之年，考察寻访的工作已经时不我待。为此，历史文化学院（沂蒙文化研究院）将沂蒙革命根据地口述史访谈和田野考察作为近期的主要工作，迈出"走进乡村"的第一步，对革命战争年代的亲历者进行实地考察和寻访，通过抢救性倾听，记录目前尚且健在的革命年代老人的回忆,为后续的沂蒙及山东根据地研究采集史料、收集文献文物,整理第一手沂蒙根据地口述资料。同时,这也有助于培养历史学专业学生的社会实践与田野考察能力。

"千里之行,始于足下。"历史学专业师生将中国共产党领导下的根据地,尤其是山东根据地作为重点研究领域,在研究方法上将口述史作为资料收集、专题研究的重要突破口,口述史访谈与田野考察就是为推进抗日战争和解放战争口述资料搜集与整理工程,加强沂蒙革命根据地专题研究所迈出的坚实一步。

3. 强化专业考察:国史教育一路行

基于实践类课程的育人宗旨,根据专业人才培养需要,为贯彻知行合一的理念,历史学专业一直推行专业考察实践。每届学生原则上都会在第五学期赴北京(故宫博物院、长城、中国人民抗日战争纪念馆、中国人民革命军事博物馆等)、南京(南京中山陵、侵华日军南京大屠杀遇难同胞纪念馆、南京博物院等)、济南(山东博物馆)、曲阜(孔庙、孔府、孔林)、枣庄(铁道游击队纪念馆、台儿庄战役纪念馆、台儿庄古城等)进行为期5天的专业考察,实现了理论知识与实践教学的融合统一。目前为止,2014、2015、2016、2017级历史学专业学生已经完成了该项实践活动。

这类活动的考察目的主要是通过探寻主要历史遗存,让同学们实地感受鲜活的历史遗迹和各类珍贵文物,走近历史,感受、接触历史,边看边学、边学边悟,将书本上的史学知识融会贯通,加深学生对所学专业知识的理解和认知,拓宽其知识领域。这些实践育人的活动极大地提高了学生对于历史专业学习的热情,同时增强了学生对中华民族悠久历史、灿烂文化和革命精神的认同感,提升了其文化自信。

4. 丰富社会实践:传承、弘扬愈坚定

(1)"木樨国学社团"活动。读破万卷,神交古人。以历史学专业学生为主要组成人员的"木樨国学社团"经常性地开展以"到孔子那里寻智慧"为主题的传统文化交流会和书法练习课。同学们围桌,相谈甚欢;俯首临摹,练得甚勤。国学社团成员通过探讨我国传统文化精华问题,交流如何阅读,理解儒家经典,感知祖国传统文化的无穷魅力。

(2)"重走抗大路"社会实践团活动。"重走抗大路,砥砺报国志"社会实践团活动,是学校深入贯彻落实习近平总书记"把红色资源利用好、把红色传统发扬好、把红色基因传承好"重要指示精神的体现。为庆祝抗大挺进敌后办学80周年,学院组织学生重走抗大路线,重温革命历史,激励全校青年学子传承抗大基因,弘扬沂蒙精神,坚定新时代向新征程奋进的信心与决心。

2019年暑期，历史文化学院组织历史专业部分师生重走了抗大一分校东迁沂蒙办学路线，举办了抗大一分校在沂蒙办学地的田野考察和社会实践活动。通过此次实践活动，同学们得以更近距离地走近历史，了解抗大与临大的深厚渊源，感受抗大的崇高精神。实践者2017级历史学专业学生范焰霞在活动总结中写道："革命年代，中国共产党带领人民走向了解放；和平年代，中国共产党带领我们走向繁荣富强。现在的和平安定是抗大学员们不避艰险、不畏强敌，有一份力量尽一份力量才换来的。'黄河之滨，集合着一群中华民族优秀的子孙……'我们在抗大碑林齐声唱起《抗日军政大学校歌》，歌声荡漾，响彻广场。我们还在纪念碑前进行了宣誓，我回忆起了自己入团的情景，这使我更加加深了对党和国家的热爱，坚定了自己弘扬沂蒙精神、传承抗大精神的决心。"

三、专业思政建设成效

（一）发挥历史学专业优势，打造专业思政协同育人平台与载体

历史学专业在强化课堂教学、阅读经典的基础上，不仅将本地的临沂市博物馆、银雀山汉墓博物馆、沂蒙革命纪念馆、山东抗日根据地纪念馆、沂蒙红嫂革命纪念馆、孟良崮战役纪念馆、大青山胜利突围纪念馆等革命旧址、遗址，革命纪念馆等作为协同育人基地，还在校园内利用溯园、红色馆、山东根据地金融博物馆、王汝涛文史馆等校园文化景观举办专业育人实践活动，通过培养红色讲解员、组织学生参加专题研讨等形式，让校园文化景观承载的"临大文化"无声地浸入学生心灵。

（二）发挥历史学专业优势，弘扬沂蒙精神，打造红色育人范式

历史学专业注重史料的挖掘、收集、整理与考证，故"四史"教育不仅重在对课堂教学中的史料解读和经典阅读，还开展提升学生实践能力的田野考察、口述访谈、专业实践考察活动，从而实现了专业学习和专业育人的一体化。

以历史学2017级本科"大青山"班为例。"大青山"班的全体同学把"红色"精神内化于心，外化于形，全体同学敢为人先，积极践行和弘扬沂蒙精神。"大青山"班班风好、学风好、活动好，班级同学在读书、学习、社会实践等方面取得了优异的成绩，培养出了"能吃苦、善创新、敢担当、乐奉献"的优秀品格。范焰霞同学的文章于2018年荣获山东省寻找青年"政治佳"十佳理论文章，郭立晓同学在"2019年第五届山东省大学生模拟求职就业挑战赛"中荣获一等奖。该班级连续两年获得临沂大学校级优秀班集体荣誉称号。"红色班级"的建立，表明专业始终坚持红色教育理念，以沂蒙精神为导向，加强专业思想建设、文化建设和学风建设，为我院班级文化

建设开启了红色筑梦之旅。"大青山"红色班级的成立，不仅是历史学专业、学院开办的第一个红色班级，也是临沂大学开办的第一个红色班级，这一举措成功打造和建成了红色育人的范式和平台。

（三）脚踏实地考察，锻炼"格物致知"的探知精神

在扎实的专业知识教育的基础上，通过专业考察、口述史访谈和社会实践活动，锤炼了学生吃苦耐劳的品质，增强了学生理论联系实际的能力，厚植了学生的爱国主义理想信念。学生通过亲身的体验式学习，进一步拓展了学习的路径和方式，形成了实事求是、求真务实、格物致知、经世致用的学习态度。

四、历史学专业思政建设的5年规划（2021—2025）

在2021—2025年，历史学专业将继续加强专业思政建设，以"读万卷书，行万里路"为基本指导思想，强化本专业课程与教材、经典阅读、专业考察和实习见习等人才培养全过程当中的思政建设力度。

（一）课程与教材

历史学专业实行的"课程思政建设"工程扩大到了本专业所有必修课程和选修课程，坚持以马克思主义唯物主义史观为指导，积极挖掘课程教学与课堂教学中的思政元素，并实现了过程考核与期末考核中思政效果的考查。同时，编写了《临沂大学历史学课程思政指导手册》，全面指导课程思政。

历史学专业课程将全面采用"马工程"教材。目前必修课程已经实现了教材"马工程"化。截至目前，"中国近代史""中国现代史""中国史学史""世界古代史""世界现代史""西方史学史"等具有"马工程"教材的必修课程已经全面采用了"马工程"教材。在2021—2025年，将全面推动和建设选修课程中的"马工程"教材库。

（二）经典阅读

2021—2025年，在专业阅读中将全面推行马克思主义经典著作、《毛泽东选集》《邓小平文选》和《习近平谈治国理政》等马克思主义著作阅读工程。在历史学专业本科教学中，结合课程教学，规定马克思主义著作为课程读书笔记必选书目，强化学生的马克思主义唯物史观教育。

此外，本专业将全面推行中外文明史教育。在中国古代史教学中，以《史记》《资治通鉴》作为中国古代史课程读书笔记的必选书目，其他"二十四史"著作为选读书目，由此深化中国古代文明教育，进一步坚定学生的文化自信；同时，在世界史教学中，以与各国文明史相关的史学名著作为课程读书笔记的必选书目，强化学生的文明互鉴理念。

（三）专业考察与课外实践活动

在 2021—2025 年，本专业将以强化中国古代传统文化和近现代革命斗争精神教育为专业考查的主要目标。历史学本科生在大二或大三年级至少开展一次校外专业考查，以中国古代历史文化遗址（博物馆）和中国近现代革命斗争遗址（博物馆）为主要考查地点，在中国古代历史文化遗址（博物馆）方面，包括北京故宫博物院、中国国家博物馆、明长城、南京博物院、陕西省历史博物馆、秦始皇陵兵马俑博物馆、山西省龙门石窟、山东省博物馆等国内主要古代历史文化遗址（博物馆）；在中国近现代革命斗争遗址（博物馆）方面，包括中国人民革命军事博物馆、中国人民抗日战争纪念馆、侵华日军南京大屠杀遇难同胞纪念馆、南京中山陵、台儿庄战役纪念馆、井冈山革命博物馆等国内主要革命斗争遗址（博物馆）。

在课外实践方面，会继续强化及举办以弘扬中国传统文化和革命斗争精神为主要目标的社团建设和志愿活动。选派优秀历史学专业本科生赴临沂市博物馆、东夷文化博物馆、沂蒙革命纪念馆、临沂大学红色馆、山东革命根据地金融博物馆等作为志愿讲解员，宣传中国传统文化和革命斗争精神，并继续开展口述史访谈和社会调查实践活动。

此外，继续组建红色班级，强化革命精神教育。在原有"大青山"班的基础上，将陆续组建"孟良崮"班、"渊子涯"班、"北海银行"班等红色班级。

（四）实习见习

2021—2025 年，在教学实践基地见习和实习过程中，学院会积极将历史学专业教育与中学思政教育相融合，与教学基地合作开展中学历史思政教育项目。

结　语

历史学专业努力秉承"读万卷书"与"行万里路"同向同行的专业思政育人理念，在课程思政和新文科建设背景下，一方面，深度挖掘与提炼本专业知识体系中所蕴含的思想价值和精神内涵，科学合理地拓展专业课程的广度、深度，增加课程的知识性、人文性，提升课程的引领性、时代性和开放性；另一方面，注重学思结合、知行统一，强化学生勇于探索的创新精神，提升学生善于解决问题的实践能力。

沂蒙精神嵌入专业思政育人全过程探索

——以临沂大学旅游管理专业为例

谢爱良　历史文化学院

一、专业简介

旅游管理专业致力于培养德智体美劳全面发展，基础理论扎实，富有创新精神和创业能力，具有沂蒙精神特质和国际视野，系统掌握旅游管理基础理论与基本方法，具有旅游职业管理能力，了解中外旅游业的发展动态，能够在旅游及相关产业各部门从事旅游服务、管理、策划、教育等工作，适应经济社会发展需求的复合型管理人才。

为弘扬沂蒙精神，传承红色文化，临沂大学旅游管理专业深入挖掘旅游管理专业课程和教学方式中蕴含的思想政治教育资源，将知识传授、能力培养和价值塑造三者融为一体，促进旅游管理专业教育与思想政治教育相融合，培养具有沂蒙精神特质和国际视野的高素质应用型人才。在高校中开展沂蒙精神教育，有助于大学生成长成才，有助于整合红色文化资源形成红色文化育人工程，促进高校核心价值体系建设。沂蒙精神对于新时代大学生思想政治教育具有十分重要的价值，临沂大学旅游管理专业将沂蒙精神嵌入专业思政教育，力求通过全程育人、全员育人、全方位育人，实现专业教育与思政教育的有机统一。

二、专业思政建设举措

（一）专业思政育人的教育功能

1. 在政治导向上的教育功能

沂蒙红色旅游以爱国主义教育为内容，是对人们进行社会主义教育的政治保证。爱国主义是中华民族的光荣传统，是推动中国社会前进的巨大力量，是各族人民共同的精神支柱，是社会主义精神文明建设主旋律的重要组成部分。爱国主义教育是提高全民族整体素质的基础性工程，是引导人们特别是广大青年树立正确理想、信念、人生观、价值观，促进中华民族振兴的一项重要工作，是思想政治教育的重要内容。

2. 在文化上的教育功能

开展沂蒙红色旅游，让旅游管理专业的学生通过感受沂蒙地区淳朴民风和革命热情，实现革命素养的提升，实现对老区进行现代文化熏陶、对全社会进行传统革命精神的宣扬。同时，通过发展红色旅游，一大批革命遗址和先进人物与事迹被发掘出来并得到整理，使革命历史与文化更加丰满和完整。更重要的是，这些红色资源都得到了妥善的保护，对革命精神的延续与文化的传承起到了不可估量的作用。

3. 在经济建设服务上的教育功能

沂蒙红色旅游是"红色"和"旅游"的有机结合，"红色"是内涵，"旅游"是形式。红色旅游是旅游经济的新内容，是爱国主义革命精神与现代旅游经济的结晶。"沂蒙红色旅游"通过挖掘中国特色社会主义革命传统文化资源，整合社会主义市场经济先进文化要素，使之融入并上升直至统领经济发展的实践过程，使人们形成一定的经济文化、道德思想和管理理念，促进社会经济的巨大发展。沂蒙红色旅游的特有经济价值体现了其对经济发展的服务作用。

（二）沂蒙精神嵌入专业思政育人的整体规划

沂蒙精神嵌入临沂大学旅游管理专业思政育人的实施，必须围绕"沂蒙精神"这条主线展开。沂蒙红色旅游所突出的"沂蒙精神"是中华民族优秀传统文化的一个重要组成部分，不仅是前人对中华文化精髓的继承，也是后人必须发展传承的民族精神遗产。

为加强专业学科建设，打造专业特色，提升人才培养质量，旅游管理专业展开了旅游管理专业人才培养方案暨培养模式论证会，邀请业界专家就旅游管理专业培养目标与方案、文旅融合、专业方向、专业信心、人才规格、课程设置、能力培养和实践环节等问题进行了深入论证。旅游管理专业的建设紧密对接行业、企业培养应用型人才；按照实际需要设计课程，积极开展教学内容和方法的改革；科学设计专业方向，设置方向课程群；结合历史文化进行内涵建设，打造课程特色和优势；加强科学研究，积淀学术成果，从而促进专业建设。

对于旅游管理专业学生而言，教师不仅要通过将沂蒙精神嵌入临沂大学旅游管理专业进行思政育人，来提升学生的社会主义核心价值观，更重要的是需要通过专业教学让学生成为红色旅游产品的开发者、建设者，使其为沂蒙精神在沂蒙大地的广泛传播服务，在专业思政教学过程中真正做到寓教于乐。

（三）专业思政课程体系建设

沂蒙红色旅游资源作为区域特有的宝贵精神财富和教育资源，对大学生社会主义核心价值观教育、爱国主义教育和理想信念教育，弘扬自强不息的奋斗精神，展现求实创新的科学精神,均有着不可替代的重要价值。

围绕红色旅游的开发,结合相关课题,将沂蒙精神嵌入本专业思政育人课程建设与教学研究(见表1),开设"红色旅游"课程。研编红色旅游开发专题并植入课程;围绕课程思政与"第二课堂"协同建设、课程思政融入教育教学全过程、旅游管理专业课程思政实施路径、新文科专业课程思政的融入与建设等内容,展开旅游管理专业思政的教学研究。

表1 临沂大学旅游管理专业课程思政建设一览表

项 目 名 称	项 目 类 型	项目负责人
课程思政与"第二课堂"协同建设探索——以临沂大学旅游管理专业为例	教学改革研究	谢爱良
新文科专业课程思政的融入与建设——以临沂大学旅游管理专业为例	教学改革研究	尤海涛
新文科课程视域下的旅游管理专业课程思政实施路径研究	教学改革研究	陈磊
课程思政融入教育教学全过程的研究与实践——以临沂大学旅游管理专业为例	教学改革研究	李欢欢
课程思政融入实践类示范课程"旅游礼仪"的建设	示范课程	韩洪凌
课程思政融入实践类示范课程"旅游审美"的建设	示范课程	李学芝
通识选修课"临沂旅游"课程思政示范课程建设	示范课程	曾昭鹏
课程思政融入实践类示范课程"导游实务"的建设	示范课程	路文静

1. 显性课程建设

在专业课程方面研究和修订有关教学大纲。比如,在旅游管理专业课程"旅游资源学"中,突出临沂旅游资源"一红、二绿"中红色旅游资源的地位和比重,突出强调其爱国主义教育、社会主义核心价值观教育等的意义;在旅游管理专业相关课程"旅游学概论""旅游礼仪""旅游审美""临沂旅游""导游实务""山东旅游""旅游规划与开发""临沂旅游""导游基础知识"等课程中,增加沂蒙红色旅游章节或相关内容,注重沂蒙精神的渗透和地方特色的体现;组织相关任课老师编写讲义,编写临沂红色旅游的相关教材;在旅游专业野外实习、见习中,增加学生对红色旅游基地的体验。

2. 公共选修课程建设

在"旅游景观鉴赏""临沂旅游"等选修课程中,增加沂蒙红色旅游模块,扩大沂蒙"红色旅游"的影响面。

3. 隐形课程建设

在学校红色馆、图书馆和博物馆"三馆",电影院、大剧院和音乐厅"三院"以及红色校园文化建设的基础上,加强商学院和旅游管理系内班级层面上的沂蒙红色旅游文化建设，利用学院宣传栏、教室黑板报等充实红色旅游相关内容，营造红色教育氛围。此外，平时举办沂蒙红色旅游知识竞赛、红色旅游路线开发策划等活动，利用大学生暑期实践活动开展红色旅游资源调查，等等。

（四）专业思政实践育人体系建设

临沂大学旅游管理专业采取课程思政与"第二课堂"协同建设模式，以习近平总书记新时代中国特色社会主义思想为指导，全面贯彻党的教育方针，落实立德树人根本任务，深入挖掘各类课程中蕴含的思想政治教育资源，将沂蒙精神的价值塑造、知识传授和能力培养三者融为一体，促进专业课程与思想政治理论课程同向同行，把思想政治教育贯穿于教育教学的全过程，为培养基础理论扎实、富有创新精神和创业能力、具有沂蒙精神特质和国际视野的高素质应用型人才做出贡献。

在校企精准组织实施思政课教学的导向引领下，开展专业课程思政与"第二课堂"协同建设模式改革路径设计并付诸实施，根据实际对课程思政与"第二课堂"协同建设模式改革相应改革路径的设计进行必要优化，最终目标是构建"校企协同、三全育人"的临沂大学旅游管理专业课程思政与"第二课堂"协同建设模式。

目前沂蒙"红色旅游"通过建设红色文化聚集区，初步形成了"一个中心、八个组团"的空间格局（见表2），同时列举出沂蒙红色旅游的主要载体，根据其旅游资源的基础划分为革命纪念型、革命遗址型、革命文学型、革命人物型等。

表2 沂蒙红色旅游的载体与类型

集聚区	载体	类型
红色名城临沂	华东革命烈士陵园	革命纪念型
	沂蒙革命历史纪念馆	革命纪念型
	沂蒙精神展馆	革命纪念型
英雄孟良崮纪念区	孟良崮战役纪念馆景区	革命遗址型
	南北岱崮保卫战遗址	革命遗址型
	"沂蒙六姐妹"纪念地	革命人物型
红色首府纪念区	八路军115师司令部暨省政府旧址纪念馆	革命纪念型
	山东新华书店诞生地	革命遗址型
	山东省第一个团支部诞生地	革命遗址型
	中华抗日第一村渊子崖	革命遗址型
	鲁东南革命烈士陵园	革命纪念型
华东野战军诞生地暨新四军军部旧址纪念区	新四军军史展馆	革命文学型
	革命时期的文化生活复原地	革命纪念型
	红色民俗旅游区	革命纪念型

续表

集 聚 区	载 体	类 型
红嫂故里纪念区	"沂蒙红嫂"明德英故居	革命人物型
	"沂蒙母亲"王换于故居	革命人物型
	《跟着共产党走》歌曲诞生地	革命遗址型
	鲁中革命烈士陵园	革命纪念型
	《沂蒙》拍摄基地	革命文学型
中共山东分局纪念区	八路军山东纵队指挥部	革命遗址型
	中共苏鲁豫皖边区省委旧址	革命遗址型
	中共中央山东分局、分局党校旧址	革命遗址型
	《大众日报》创刊地、印刷厂旧址	革命遗址型
	山东第一个党支部沂水支部诞生地	革命遗址型
滨海革命文化纪念区	新华社山东分社旧址	革命遗址型
	滨海革命烈士陵园	革命纪念型
	滨海红色文化纪念园	革命纪念型
	刘少奇旧居	革命人物型
大青山战斗遗址纪念区	大青山战斗遗址	革命遗址型
	抗大一分校旧址	革命遗址型
	《沂蒙山小调》诞生地纪念馆	革命文学型
鲁南革命文化纪念区	苍山暴动、鲁南战役纪念地	革命遗址型
	鲁南革命烈士陵园	革命纪念型
	"银厂惨案"遗址	革命遗址型

(五) 专业思政育人环境建设

旅游管理系党支部提出"教书育人抓党建,科学研究提水平,服务社会促发展,文化传承立创新"的工作思路。第一,加强党支部建设,通过党性教育和关注党员教师个人专业发展相结合的方式,增强党支部的凝聚力和战斗力,积极推进课程思政实施,为党育才,为国育人;第二,结合本支部专业特色,确定旅游管理两大专业研究方向,帮助本专业所有教师进行学术归队,将研究任务与目标细化到每位教师;第三,坚持以服务社会促专业发展的理念,关心临沂市脱贫攻坚工作,确定了以生态旅游、红色旅游促进乡村振兴为发力点,积极服务沂蒙老区经济社会发展;第四,配合学院重点工作项目,以红色旅游学学科建设为主线,扎实开展红色旅游文化传承与创新活动,打造旅游管理系特色党建品牌。

在旅游管理系党支部教师中力推课程思政工作,即"传经布道"与"授业解惑"同向同行,把学生思想教育作为教学的重要目标,做到在专业教学中渗透思想教育,突出思想性,同时在思想教育中渗透专业教育,体现科学性。

旅游管理系党支部开展"一个党员一堂课"活动,指导学生党员走上讲台,每个学生党员自选专业主题,搜集整理资料,编写教案,走上讲台授课,发挥优秀学生的引领带动作用,把优秀由"点"扩展到"面"。

(六)专业思政育人建设重点工程

1. 全员参与沂蒙精神嵌入旅游管理专业思政育人的项目建设

(1)组建红色旅游研究团队。以魏本权、周静、魏秀春、尤海涛、谢爱良等教师为骨干,整合旅游管理专业师资,组建红色旅游研究团队。

(2)研究红色旅游课题,增强学术攻关水平。加大对红色旅游研究课题的投入力度,积极争取国家级课题立项和国家级重点学科建设,努力研究出具有"红色"特征的高水平、高层次学术成果,不断增强学术攻关水平,打造红色文化研究领军团队。

(3)研发红色旅游产品,彰显学校办学特色。研发一批红色文化旅游产品,并投放到红色旅游景点。

2. 夯实沂蒙精神嵌入旅游管理专业思政育人的载体

(1)校内主要载体:红色馆、图书馆和博物馆"三馆",电影院、大剧院和音乐厅"三院"等。

(2)课程载体:"红色文化与沂蒙精神""旅游学概论""旅游经济学""旅游市场营销学""旅游资源学""旅游规划与开发""旅游策划""旅游文化""导游业务""导游基础知识"等。

(3)师资载体:旅游管理专业拥有一批年富力强的专业师资队伍,其中博士6人、教授5人、副教授5人。

(4)虚拟载体:《临沂大学报》、校园网、校园广播、红色影视作品等。

3. 沂蒙精神嵌入旅游管理专业思政育人的主要活动

(1)申报一批红色旅游课题。加强沂蒙红色旅游专题调研,立足地方申报课题,在沂蒙红色旅游方面做强做精。

(2)撰写一批红色旅游学术论文。努力研究出具有"红色"特征的高水平、高层次学术成果,不断增强学术攻关水平。

(3)开展一场沂蒙红色旅游学术研讨会。邀请地方有关红色旅游开发的政府、企业、景区景点等以及临沂当地的兄弟院校,进行校企合作,加大产学研力度。

(4)组织一场红色旅游开发的学术报告。邀请红色旅游研究专家,挖掘红色旅游的深刻内涵和重要的育人价值,不断完善沂蒙精神嵌入临沂大学旅游管理专业的思政育人体系。

(5)组织一次红色旅游外出实践活动。围绕红色旅游开发与管理的人才培养,引领学生走出校门，进入红色旅游景区、景点进行实践。

（6）撰写一篇红色旅游学习心得。要求学生在专任教师的指导下，结合专业学习内容、实践情况，撰写红色旅游学习心得。

三、专业思政建设成效

（一）专业思政在专业教书育人中的主导作用愈加明显

第一，学生考研数量大大提升，旅游管理系学生2018届考研录取10人，2019届考研录取25人，2020届考研录取37人，考研率由2018届的6%提高到2020届的25%，高于全国工商管理专业平均考研率两个百分点。第二，指导学生融入创新创业实践中，2019—2020学年，本系学生完成国家级、省级、校级大学生创新创业项目5项。第三，学生专业能力得到较大提升，2019年党员教师李学芝、韩洪凌指导学生在第四届"尖烽时刻"酒店管理模拟全国大赛中获得二等奖，实现了旅游管理系学生专业竞赛奖项零的突破；2019年10名学生参加了专业调研，对临沂市195个A级景区进行了达标评估；2019—2020学年，共有12名学生发表了学术论文。第四，教师教学水平和教学质量显著提高，2019—2020学年，发表了5篇教学研究论文；党员教师教学质量排名得到较大提高，2019年第1学期3名教师位列全院教师教学排名前15%，第2学期4名教师位列全院教师教学排名前15%。

（二）彰显了专业思政在专业服务社会中的表率作用

第一，为政府机构出谋划策。为临沂市做全域旅游发展总体规划，参与临沂市文化和旅游局对各县（区）旅游局工作的测评并对其进行排名，主持全市A级景区达标摸底评估，并在A级景区创建、旅游形象策划、旅游线路设计、红色旅游、旅游扶贫等方面为地方做出显著贡献，得到了地方政府的高度评价。第二，为地方经济贡献智力。对全市农业系统一线管理人员开展专业讲座，对各市（县）景区、酒店员工进行专业培训，取得了较好的社会效果。第三，旅游系前任支部书记于爱水同志主动报名担任省派第一书记，挂职平邑县地方镇玉河村，短短一年助力当地脱贫攻坚取得了丰硕成果。在旅游党支部服务社会党建活动的引领下，近三年旅游管理系到位横向课题经费达到127.8万元。

（三）专业思政在专业发展中的示范作用愈加凸显

专业思政引领旅游管理专业发展，发挥党员在科研工作中的先锋模范作用，配合历史文化学院确立的专业发展方向和重点项目，倾力打造旅游管理专业教学、科研高地。在2020年旅游管理专业硕士点申报工作中，教师谢爱良主笔撰写了申报书，4名党员教师拟承担硕士导师职务。另外，2019年党员教师出版了高水平学术专著，5名党员发表了高水平学术论文；2019—2020年度，本支部3名党员教师在学年度考核中被评为优秀；2020年支部书记陈磊荣获"临沂市直巾帼建功标兵"荣誉称号；2019年度旅游管理系党支部在学院考核评价中被评为优秀党支部。

（四）专业思政在文化传承创新中的引领作用愈加显著

临沂大学历史文化学院将"红色旅游学"确定为学院的重点研究方向，旅游管理系党支部积极配合学院推进"红色旅游学"特色学科建设，将"红色文化"与"红色旅游"研究与创新确立为党建品牌，注重"红色旅游"文化氛围的营造，将党性教育寓于潜移默化中。

结　语

本专业在专业思政建设过程中深入挖掘沂蒙红色旅游资源的育人价值，通过专业思政建设强化旅游管理专业课程思政的区域红色旅游特色，丰富和扩展临沂大学沂蒙精神特质育人工程的内涵；对沂蒙精神嵌入临沂大学旅游管理专业思政育人进行整体规划，强调全过程围绕"沂蒙精神"这条主线展开；围绕红色旅游的开发，结合课题进行沂蒙精神嵌入临沂大学旅游管理专业思政育人课程建设与教学研究。在校企精准组织实施思政课教学的导向引领下，开展临沂大学旅游管理专业课程思政与"第二课堂"协同建设模式改革路径设计，并付诸实施；提出党支部在临沂大学旅游管理专业思政育人建设方面的引领作用；通过实施临沂大学旅游管理专业思政育人建设重点工程，确保沂蒙精神嵌入临沂大学旅游管理专业思政育人全过程顺利开展。实践表明，沂蒙精神嵌入临沂大学旅游管理专业思政育人全过程已经取得了良好的育人效果。

理 工 类

做实专业思政，推进三全育人

——物流工程专业思政建设实践与探索

陈 雷 物流学院

一、专业简介

物流产业在国民经济中涉及的领域非常广，其链接各个经济主体，并使它们成为一个有机的系统。其发展程度是衡量一个国家现代化程度和综合国力的重要标志之一，在国民经济中起到了促进生产和拉动消费的重要作用。随着我国经济的高速发展，现代物流产业在促进我国产业结构调整、转变经济发展方式和增强国民经济竞争力等方面均发挥着重要作用。

临沂大学物流工程专业借助于临沂"中国市场名城""中国物流之都""国家商贸服务型物流枢纽"等优势，积极对接国家战略需求，服务区域商贸物流转型升级。该专业是省级高水平应用型重点建设专业（群）核心专业，并获批了 2016 年商贸物流管理与工程校级优势特色学科团队，2017 年成立物流技术以及智慧物流两个校级研究所，2018 年获批临沂大学硕士点培养项目——工程管理（物流工程）。临沂大学物流工程专业通过院系两级的深入研讨，确定了"培养德智体美劳全面发展，适应现代物流产业发展需求，富有创新精神和创业能力，具备沂蒙特质和国际视野，系统掌握数学、物理学、信息科学等基础理论知识，掌握现代物流工程基本理论、方法和技术，熟练运用科学管理方法与现代物流技术，能够在政府、企业、科研院所从事物流系统规划与设计、供应链规划与设计等工作的管理及研究类复合型人才"的培养目标。在该培养目标中，不仅要求学生具有过硬的专业知识和技能，同时也注重学生的德智体美劳全面发展、具备沂蒙特质和国际视野、符合专业思政建设的要求。

现代物流的发展，要求物流专业人才的培养不能仅仅注重学生的专业知识和技能，更需要注重学生的高尚品德。近年来，随着国家对思政教育建设的加强，众多学者对课程思政教育的开展和建设等方面进行了研究，并取得了一些非常重要的研究成果。然而，在进行思政教育方面，立德树人的教育任务绝不是仅凭依靠某些课程思政就能够实现的。课程思政是专业思政的核心抓手和重要载体，要实现三全育人，必须处理好思政育人的"点、线、面"问题，实现从课程思政到专业思政的跨越。

目前关于专业思政方面的研究，相比于课程思政方面要匮乏一些。鉴于不同的专业在人才培养目标、课程体系设置等方面存在差异，同时不同高校相同专业的培养侧重点也不尽相同，其他高校的物流工程专业在思政教育方面的建设路径，很难完全适应临沂大学物流工程专业的实际要求，因此，有必要对临沂大学物流工程专业思政建设实施路径进行具体研究。

二、专业思政建设举措

物流工程专业属于工学领域的专业，要回答如何培养合格的物流专业人才的问题，必须遵循以习近平同志为核心的党中央对现代化高等教育人才培养的要求，做实专业思政教育，将物流工程人才培养成德才兼备的中国特色社会主义建设者和接班人，实现中华民族的伟大复兴。临沂大学物流工程专业思政建设必须遵从"知识传授与价值引领相结合"的思路，实现三全育人。其专业思政建设总体思路如图1所示。

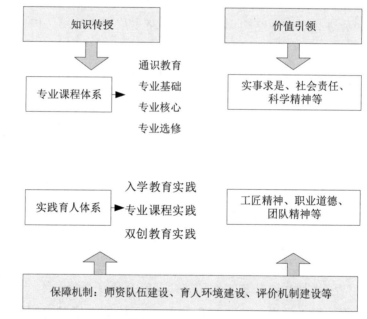

图1 物流工程专业思政建设示意图

（一）专业思政课程体系建设

课程思政是专业思政建设的核心任务，其旨在使学生在学习专业知识的同时，品德方面也获得教育，完成立德树人的教育目标，因此，做实专业思政的首要任务就是完善课程体系。着眼于专业人才培养目标，临沂大学物流工程专业组织专门研讨会，对人才培养方案进行深入的探讨和论证。临沂大学物流工程专业的主要课程分为：通识教育类课程、学科基础类课程、专业核心类课程、专业选修类课程和实践类课程。

通识教育类课程中开设了"思想道德修养与法律基础""中国近现代史纲要""毛泽东思想与中国特色社会主义概论"等思政类专业课程，使学生在刚入学阶段就能接受到良好的思政教育。

在专业类课程中，专任教师充分调动积极性，深入挖掘思政元素教育点，将思政教育融合至专业学习的过程中，通过"润物细无声"的方式，培养德才兼备的物流工程专业人才。本专业系部多次组织专门的思政教育研讨会，并得到全体专任教师的大力支持。通过深入研讨，各专业课程教学团队均制订出了融入思政教育的教学大纲，改进了教学手段和教学方法。下面选择临沂大学物流工程专业核心和专业选修中的两门代表性课程的思政建设进行介绍。

"运输与配送管理"是物流工程专业的核心课程，该门课程根据现代物流的发展趋势，以交通运输和物流配送理论为基础，全面、系统地阐述了运输与配送的相关理论知识，并通过案例将有关理论与实践进行有机结合，在扎实的理论基础上突出实用性。根据思政教育的要求，确定了培养学生"树立正确的世界观、人生观、价值观，养成爱岗敬业、诚信笃行的职业素养和规范、严谨、精益的工匠精神，厚植投身物流强国建设的情怀"的课程思政教育目标。该课程部分思政教学设计点如表1所示。

表1 "运输与配送管理"课程部分思政教学设计点

章 节	思政映射与融入点	课程思政教学设计
第二章 基本运输系统	厚植投身物流强国建设的情怀，树立正确的世界观、人生观和价值观	（1）截取电影《厉害了，我的国》中的相应片段让学生观看并讨论电影里的哪些成就和公路运输以及铁路运输相关，对物流的发展有什么样的影响 （2）社会物流总成本中，运输成本占据了相当大的比例，讨论如何通过降低运输成本促进国民经济的建设和发展 （3）通过理论知识的学习可以看出，任何单一的运输系统都既有优点又有缺点，引导学生利用马克思主义辩证思想去看待问题
第三章 主要运输模式	爱岗敬业、诚信笃行的职业素养	（1）通过讲解整车运输作业流程、零担运输作业流程、集装箱运输作业程序中，每一任务环节的具体作业内容和所承担的责任，讨论作为新时代的学生，我们应该怎么做 （2）针对单一运输系统存在的不同缺点，在进行物流运输时，货物从运输起点到最终送达消费者手中，往往需要多种运输方式的协作。试从这一现象出发，谈论对你的启示
第十章 配送中心的运营管理	规范、严谨、精益的工匠精神	在规划配送中心的运作流程时，除应考虑其完成任务的基本职能外，还要考虑针对配送中心的条件和顾客的需求，提供一些特别的增值服务，因此需要设计一些特殊的运作流程。通过这一情况，引导学生在从事工作后，对待任何一个岗位和具体工作任务，都要严谨认真，在科学研究领域要做到精益求精

续表

章 节	思政映射与融入点	课程思政教学设计
第十一章 运输与配送管理信息系统	树立正确的世界观、人生观、价值观	管理信息系统属于计算机系统的一种,涉及互联网应用平台技术,与国家网络安全构建相契合。信息技术和计算机网络在为我们带来便利的同时,也潜藏着一定的不确定性,特别是会有极个别的人利用信息网络散布不实消息,甚至发表反华言论。针对这一问题,讨论你在使用网络时,应该怎么做

"物流系统规划与设计"是一门专业选修课,主要从管理角度和企业角度以构成企业物流系统基本结构的组织系统、作业系统与信息系统为框架,阐述物流系统的规划与分析设计的原理、程序与方法。通过本课程的学习,要求学生能够掌握物流系统规划与设计的基本知识和基本技能,掌握物流战略规划的实施与控制、物流网络与选址规划的建模技术与方式、物流设施规划等技能,初步具有物流系统规划与分析设计的能力,达到职业资格的要求,并进一步培养学生树立独立思考、吃苦耐劳、团结协作、勇于创新的精神以及诚实、守信的优秀品质,为物流工程提供优秀人才。针对这一人才培养特点,在课程中通过案例介绍、互动探讨等方式,结合沂蒙精神、时刻听从党的召唤、服务于祖国重大战略需要、新冠肺炎疫情常态化防控下对国家物流发展带来的机遇和挑战等,来深度挖掘丰富的思政元素。

(二)专业思政实践育人体系建设

实习实践是连接抽象的理论知识学习和真实的物流实务的中间模拟实践环节。首先,在入学教育实践中,开设"专业导论与职业生涯规划"实践课程,要求学生把握物流发展趋势,树立正确的职业观念和职业理想,学会根据社会需要和自身特点进行职业生涯规划,并以此规范和调整自己的行为,为顺利学习、就业、创业创造条件,并使学生掌握职业生涯规划的基础知识和常用方法,树立正确的职业理想和职业观、择业观、创业观以及成才观,培养职业生涯规划的能力。

其次,在专业实践教育课中,增加诸如疫情期间如何应对国际形势对中国供应链的影响、新时期物流业转型升级与国家物流枢纽建设的途径、农村电子商务物流发展与农村脱贫致富之间的联系等时政问题,让学生学会用沂蒙精神视角研究新时代经济社会发展中的新问题。

最后,在创新创业实践教育中,开设"综合素质拓展"等实践课程,创新课程的教学大纲和教学内容,以"全国大学生物流设计大赛""全国大学生市场调查与分析大赛""创青春"全国大学生创业大赛等国家级 A 类赛事为主要切入点,指导学生参加比赛,在比赛中锻炼学生的团队协作意识,引导学生形成正确的世界观、人生观和价值观。

（三）专业思政师资队伍建设

1．提升专业教师思政教学能力

对于新入职的年轻教师，实行"思政教学导师"制，为其配备专门的资深思政教学导师。资深导师为年轻教师专门组织培训，鼓励年轻教师积极参加教学比赛，通过"一培、二听、三研讨"的步骤，提升专业教师的思政教学能力，在"培"的环节，开展年轻教师首开课培训；在"听"的环节，思政教学导师深入年轻教师课堂，通过听课，指出教师专业思政教育的不足之处和风险点；在"研讨"环节，思政教学导师建立课程思政和专业思政教学设计研讨常态化机制，探索"融入、嵌入、渗透"的专业思政教育教学方法改革，实现专业教师思政教学能力的提升。

2．组建思政教学名师团队

通过选拔和引进相结合的方式组建教学名师团队。对于已有的思政教学水平较高的教师，要建立专门的选拔机制，优中选优，同时加大思政教学名师的引进力度，从校外引进思政教学专家。思政教学名师团队的带头人将肩负起领头羊的责任，带领团队冲击省级和国家级教学名师团队荣誉称号，同时，思政教学名师团队的核心成员也均将肩负起提升专业思政教学水平的重要职责。

（四）专业思政育人环境建设

专业思政建设离不开教师党员的以身作则，示范引领。物流工程专业依托于物流工程党支部，充分发挥党支部的政治核心作用，将专业思政建设纳入党支部的研究讨论中，要求各位党员老师以身作则，以教师党支部作为课程思政的组织者，助力专业思政的发展和建设。在例行的主题党日、组织生活会等众多物流工程教师党支部会议中，积极开展集体讨论，研究如何将上级传达的党组织文件和精神实时地融合于专业课程中，让学生在学习专业知识的同时，能够第一时间学习到党中央的最新指示和精神。此外，物流工程党支部还将党建与专业建设紧密结合起来，通过参观孟良崮战役纪念馆、华东革命烈士陵园、大青山突围战役纪念馆等，提升党员教师的思想政治水平，并要求党员教师从实践中提炼更多立德树人的红色文化和先进文化，将之融入专业思政教育中。

（五）其他举措

多措并举健全思政教学评价体系。在物流工程专业内，设立系部思政教学督导组，在学生评教过程中，增加专门思政教学评价指标，实施"学生评教、专家督导、同行评议、院系评价、自我诊断"五位一体的思政教学评价制度，对于评价高的教师给予适当奖励，对于评价较低的教师，则积极开展帮扶机制，帮助教师深刻剖析其问题产生的原因，并提出相应的改进措施。

三、专业思政建设预期成效

努力实现思政课程与专业课程的有机结合与融合互动，将思想观念、政治观点、道德规范等思想政治教育融入专业课教学过程中，做实三全育人；完成更加符合物流工程专业培养目标的专业课程体系的构建，将专业核心课程全部打造成校级课程思政示范课程，并打造 1~2 门省级课程思政示范课程；多措并举，基于专业思政师资队伍建设和评价考核体系，打造 4 名课程思政教学名师，组建 1 个课程思政教学名师团队；发挥党支部的政治核心作用和专业负责人业务核心作用，将物流工程党支部打造成专业思政建设示范党支部。

结　语

物流工程专业属于工学，对全员育人、全程育人、全方面育人任务的需求极为迫切。本文通过对临沂大学物流工程专业进行分析，探讨了该专业思政发展的背景和整体规划，并通过对课程体系建设、实践育人体系建设、师资队伍建设以及育人环境建设等方面的措施进行探讨，推动临沂大学物流工程专业思政建设，完成工程教育认证。

融合思政教育与专业建设,提升人才培养质量

——化学专业思政的探索与实施

王爱香　夏其英　化学化工学院

一、专业简介

化学专业设置的目的是培养具备扎实的化学专业基本理论和基础知识,能在化学及相关领域从事化学教学、科学研究、生产与管理等工作的高素质应用型人才。其中,立德树人、提高学生的思想道德水平是人才培养工作的中心环节,思想政治教育工作已成为专业建设和教育教学过程的行动指南。目前课程思政引起了教育界广泛关注,成为研究的热点,也取得了一系列成果,但是专业教育是一项复杂的工程,仅靠课程思政难以实现立德树人的目标,因此思想政治教育工作要贯穿到专业建设和人才培养的全过程,做到课课思政、人人思政、处处思政,专业教育与思政教育同向同行,形成协同效应,将知识传授与价值引领密切结合,培养学生正确的世界观、人生观、价值观。化学专业实施专业思政,可从以下几个方面着手。

二、专业思政建设举措

(一)专业思政课程体系建设

根据师范专业认证和思政育人的要求,重新制订了化学专业人才培养目标。立德树人是化学专业人才培养的首要任务,化学专业人才的培养要充分体现德育目标。修订后的化学专业人才培养目标是:培养适应中学化学教育教学要求,政治素质良好、师德高尚、教育情怀深厚,富有创新精神和创业能力,具有沂蒙精神特质和国际视野,具有宽厚的人文和科学素养,能够熟练运用化学基本理论和教师教育理论,教学能力和教研能力突出,能够在中学、教育机构和其他机构从事化学教学、教育管理和教学研究的骨干教师。为实现上述目标,学院设置了相应的课程(见表1)。

表1　思政育人目标与课程的支撑关系

思政育人目标	支 撑 课 程
良好的政治素质	"中国近现代史纲要""马克思主义基本原理""毛泽东思想和中国特色社会主义理论体系概论""形势与政策"

续表

思政育人目标	支 撑 课 程
师德高尚，教育情怀深厚	"思想道德修养与法律基础""心理学""教育学""教育心理学""班级管理""教育政策法规与教师职业道德""中外教育简史""教育实习"
创新精神和创业能力	"创业基础""创新创业实践""毕业论文"
沂蒙精神特质和国际视野	"沂蒙文化与沂蒙精神""国际视野与文明对话"
宽厚的人文和科学素养	"军事理论""科学思维与工程素养""大学计算思维""艺术鉴赏与审美体验""化学通用英语""社会探究与批判性思维""大学高等数学""大学物理""专业核心课程""专业选修课程"

1. 结合知识点，探寻思政教育的映射点

要求每门课程在课程教学大纲中都要体现思想政治教育的要求，课程目标和考核要求要强调知识和品德并重，深度拓展教学内容，挖掘课程思政元素，采用恰当的方式，寓思政教育于知识的学习中。为此，我们首先从专业基础课程和核心课程开始，进行课程思政院级立项，每项给予5000元的资助，选取优秀的课程推荐申报校级教学质量工程项目和省级一流课程。

2. 教学过程中创新教学方式和方法

讨论、探究、调研、翻转课堂、文献查阅、角色扮演等是进行思政教育的有效方法。例如，学生通过查阅化学发展史实，进行讨论交流，学习化学家敢于质疑、坚持不懈、为化学学科发展勇于奉献的精神；学生通过调研国际和国内精密化学仪器的现状，找出我国与发达国家在化学仪器生产水平上的差异，正视我们的不足，坚定为我国科学技术的发展而努力学习的信念，实现科技强国之梦。此外，学生可扮作环境监测人员，利用仪器分析方法进行水质分析、大气监测和土壤污染现状研究，体会化学知识在环境检测、生态保护中的作用，为建设和谐生态贡献自己的力量。

3. 教学手段多样化，有效实施课程思政

课程教师积极探索"互联网+课堂"的育人模式，充分利用"互联网平台"构建基于MOOC、SPOC、智慧树翻转课堂、学习通、钉钉等的网络教学资源，丰富课程育人方式，实施线上线下混合教学，适时融入思想政治教育，提高课程育人成效。

（二）专业思政实践育人体系建设

1. 实验教学

化学是一门以实验为基础的学科，实验课程为31学分，占化学专业课程总学分的19%。实验包含丰富的思政元素，如严谨求实的态度，精益求精、力求准确的工匠精神，环境保护意识，国家标准意识，科技强国的信念，爱国情怀，责任担当，坚持不懈、勇于奉献的科学精神，创新意识，透过现象看本质，宏观与微观的关系，等等。实验过程中，教师要引导学生体会这些思想，感受实验的育人魅力。

例如，在分析化学中学习光谱分析和电分析之后，给学生布置开放实验任务：汞是毒性较大的重金属，让学生查阅文献来了解测定 Hg^{2+} 的方法，归纳比较这些方法的原理、准确度、精密度和检出限，选择其中一种方法或者提出新的测定方法，设计实验方案，并测出河水中的 Hg^{2+}。通过比较，学生进一步认识了各种仪器分析方法的原理和方法学特征，能够选择合适的方法测定实际样品；通过实验，学生进一步熟悉了仪器的操作；通过实验数据的处理，学生养成了实事求是、一丝不苟的态度；通过测定结果的比较，学生更直观地体会到准确度、精密度和检出限的重要性，明了仪器分析方法的改进和创新的目的就是力求更加准确、精密和灵敏，而正是这种精益求精、不断创新、用户至上的工匠精神，才保证了分析检验工作的严谨性和分析方法的持续发展。

2. 教育实习

教育实习是化学专业最重要的实践课程，化学专业的培养目标是培养优秀的中学化学教师，师范生最终要成为有理想信念、有道德情操、有扎实学识、有仁爱之心的"四有"好老师，因此教育实习对这些品格的形成具有重要意义。

在实习的过程中，教师加强引导，要求学生认真研读课标、分析教材，精心设计教学方案，关心学生，关注学生发展。安排中学化学名师给师范生做报告，介绍教学经验、育人的方法、感人事迹，学生要学习化学名师热爱教育事业、热爱学生、献身教育事业的崇高品质。

例如，2016 级化学专业学生全部为免费师范生，他们进行了为期半年的支教实习，圆满完成了化学教学任务和班主任工作。当初他们抱着对化学教育的赤诚之心选择了化学师范专业，走上支教岗位后全心全意扑在工作上。作为化学教师，他们认真备课上课、批改作业，积极参加教研组的各项活动，虚心向老教师请教，与年级组其他教师团结协作，共同提高班级学生的整体素质；同时严格要求自己，努力做到为人师表、以身作则、遵纪守法、爱国敬业，为中学生树立榜样。作为班主任，他们关爱学生，关注学生的学习情况，尤其会对学习困难的学生给予更多帮助；时刻关注学生的健康，及时与家长保持联系，处理好学生学习和身体健康之间的关系；关心学生品德的发展，通过卫生大扫除等活动，培养学生热爱劳动、互帮互助的品质；通过组织体育活动，培养学生的集体荣誉感；通过班会、升旗、宣传栏等形式，帮助学生树立正确的世界观、人生观、价值观。通过 20 周的实习，化学专业学生的专业基础知识更加扎实，立志成为一名优秀化学教师的理想信念更加坚定，对中学生的热爱、对教育事业的热爱也更加浓厚。

3. 社会实践

化学专业每年都会组织学生参加社会实践活动，学生深入农村田间地头、企业车间、厂矿生产现场，通过发放宣传单、实地调查、访谈问答等形式，对社区的扶贫工作、新农村建设、第一书记工作、当地产业、环保生态进行了较为全面的了解。

例如，2018级化学专业学生组成"乡村情，生态梦"调研团队，参加了全国农科学子聚力乡村振兴暑期实践专项行动调查研究类活动，在王爱香老师的带领下，冒着酷暑来到临沂市费县许家崖社区进行了为期15天的走访、调查、水库取样和水质分析活动。活动期间，学生走访村民、发放环保知识宣传单、进行问卷调查，问卷内容主要为许家崖社区近年来的发展情况和生态环境问题。通过走访，学生不仅向村民宣传了节约用水、保护饮用水的措施，自己也增强了环境保护的意识。活动之后，同学们一致认为其收获颇丰，不仅有知识上的收获，更有精神上的升华。调研团队通过走访"扶贫车间"，与村民一起热火朝天地工作，了解"扶贫车间"为人民群众做的实在事并采集水样，对水质的38项指标进行了全面分析，详细了解库区水质和生态环境。通过深入调研，学生对"乡村振兴""精准扶贫"有了更深入的认识，这些实践活动让他们深刻领会到了打赢脱贫攻坚战的重大意义。

通过社会实践，学生深入社会，了解国情、社情、民情，了解农村实施的扶贫政策，记录精准扶贫基层故事，管窥精准扶贫成效，在接受锻炼的过程中积极践行社会主义核心价值观，坚持走中国特色社会主义道路，坚定为实现中华民族的伟大复兴而努力奋斗的理想信念。

4. 创新训练

化学专业学生需要完成不少于8学分的创新创业教育学分，其中4学分为创新创业实践学分。学院为学生提供了丰富多彩的创新创业活动，如大学生创新创业项目、参与教师科研课题、各类学科竞赛、开放实验、参加学术报告等。这些活动可以让学生了解化学学科发展前沿及化工产业现状，激发学生对化学的热情，体验科技强国的思想，厚植爱国情怀，使其从中了解到科学研究的思路和方法，培养创新意识和创新精神，在竞赛中体验公平、公正的原则，形成积极向上、勇于挑战的精神。例如，学院每年都会组织教学技能大赛，由院级比赛到校级比赛，再到省级比赛；通过固定题目模拟上课、随机题目抽取说课、答辩、钢笔字书写等各项技能考核，提高学生的教学基本素养与基本能力。

在准备竞赛的过程中，学生深度解读课程标准、课本、教参，阅读文献资料与优秀教学案例，对其进行取舍，融入自己的思想进行教学设计。在此过程中，教师鼓励学生大胆设想，要求学生对课堂导入、实验、板书设计、课堂小结等进行创新，精心设计和打磨每一个授课环节，以此培养学生的创新精神与创新能力。

此外，通过训练学生的教态和表达能力，让学生学会课堂气氛的创设和课堂教学的把控，对每一个手势、每一句话、每一个问题都精心设计，精益求精；让学生反复演练课堂讲授，同时多次深入中学化学课堂，学习先进的教学方法，作为磨炼意志与自我提高的过程，让学生体会到只有倾注对教师职业的热情，对自我水平永不满足，才能坚持不懈、不断进步；通过讲课比赛与书法比赛，学生得到了快速成长，教学基本功更加扎实，教育教学能力显著提升，对教育的热情更加高涨，不服输不言败，勇往直前，这将对他们以后的职业发展产生深远的影响。

（三）专业思政师资队伍建设

实施专业思政教育要转变课程教师的教学理念，化学专业教师要充分认识到课程思政的重要性，教学目标的制订不仅要包含知识和能力目标，还要突出德育情感目标，把德育贯穿到教学全过程，与思政课教师相互配合，激发化学专业教师思政育人的使命感和责任感，真正做到"守好一段渠，种好责任田"。

化学化工学院积极召开思政教育专题会议，派遣教师去外地参加思政教学会议，参加网络视频会议和培训，组织教师去上海高校学习课程思政建设的经验，不断提高专业课教师的育人能力，提升个人思想道德水平和个人人格魅力。教研室组织任课教师进行集体研讨，根据课程特点和教学内容深入挖掘、提炼、整合课程蕴含的科学精神、家国情怀、哲学思想、环保意识、国标意识、工匠精神等思政元素，将其转化为形象、具体、生动、浅显易懂的德育内容，并进一步转化为学生发展的内在需求、行动指南，从而引导学生形成正确的世界观、人生观、价值观。教学督导委员会定期检查专业教师的教学情况，尤其是思政育人的方法和成效，督促教师不断改进教学方法，提高教书育人的水平。

（四）专业思政育人环境建设

为提高思政育人效果，还需要加强基层党组织建设，发挥党支部的引领作用。党支部是专业思政方向的把控者、推动者和政治核心。化学专业坚持以习近平新时代中国特色社会主义思想为指导，创建"党建+专业"模式，将党建工作与专业建设相结合，理论学习与实践活动相结合，深化思政教育和党建、教学、团学等实践活动的融合。

为此，化学化工学院打造了走廊文化。教学楼的走廊悬挂的是著名科学家的生平事迹，实验室的走廊展示的则是化学学科发展的最新成果，包括新技术、新方法、新材料以及化学学科的奇妙世界。学生通过耳濡目染了解化学学科发展的前沿，体会化学对社会发展的推动作用，学习科学家艰苦奋斗、不畏艰难、无私奉献的精神；学生党支部组织学生开展了"学好化学，建设家乡"的调研和演讲活动，通过调研和演讲，充分展示化学学科的魅力，坚定了学生学好化学的信心，激发了学生对家乡和祖国的热爱；团学组织化学专业学生收看了中央电视台的专题节目《榜样4》，并进行了热烈讨论，聆听榜样的感人事迹，学习他们吃苦耐劳、勇于担当、关心群众、乐于奉献的品格。

（五）改进专业思政评价体系

专业课要想有效发挥其立德树人的功能，在考核目标、考核方式等方面也要进行相应的改革。

1．考核目标

考核目标不仅要考核学生对化学专业知识的掌握情况，考核学生利用化学知识解决问题的能力，还要考核学生思想、意识、品德的养成。

2．考核方式

考核方式上，过程性考核与终结性考核相结合，以过程考核为主。由于课程思政是将思想教育融入专业知识的教学中，是一种潜移默化的过程，因此学生的思想道德修养不可能一蹴而就。教师要用发展的眼光看待学生，采用动态的方式考核学生，给每个学生建立成长档案，实时记录学生在思想政治方面的具体表现，同时不同课程之间的教师做好衔接，将学生大学四年的成长过程记录在案，对照毕业要求中的德育要求，对每个学生的达成情况给予合理的评价。过程性考核包括作业、单元测试、课程论文、翻转课堂和期中考试。终结性考核包括期末考试和问卷调查，考核内容均涉及思想政治素质的考查。

三、思政教育预期成效

思政教育与专业教育的融合必将促进化学专业的发展，人才培养工作也将取得显著的成效。通过进一步修订化学专业人才培养方案、明确德育培养目标、形成完善的思政育人课程体系、深入挖掘思政元素、采用多种教学方法与手段、改革实验实践教学、开展丰富多彩的课外活动、形成良好的育人氛围等思政措施，学生的知识水平、解决问题的能力、道德修养都会明显提高，必将在教学技能大赛、科技创新大赛、实验技能大赛、创新创业训练项目申请、科研论文写作、专利申请中取得骄人的成绩。

结 语

高校立德树人的根本任务是多维度、全方位的。随着课程思政的深入开展,专业思政已成为高等学校系统化开展思想政治教育工作实践的前沿阵地和重要抓手。化学专业通过对专业思政进行初步的探索,突破了传统的教育思路,明确了专业课程、课堂教学、实验实践、第二课堂、教师育人能力、育人环境、党团活动对思想政治教育工作的重要作用。专业以课程思政为突破口,紧抓课堂主渠道,重视实验实践教学,开展丰富多彩的活动,全面实施专业思政,将专业核心价值体系结合学科专业特征,"浸润"到教育教学的全过程,以促进思政教育与专业教育同向同行,提升学生的道德水平和综合素质。

深入践行立德树人理念,提高专业人才培养质量

——应用化学专业思政建设的研究与实践

张 伟 化学化工学院

一、专业简介

应用化学涉及的面非常广,它是连接化学和化工的桥梁。应用化学专业的重点是运用化学原理和化工理论,承上启下地解决实验室小试到工业化之间的技术及产品的研究、开发问题。不仅如此,应用化学还与生命、医药、环境、能源、材料、农学、食品、信息等学科专业领域具有相互交叉与渗透的关系。从某种意义上讲,应用化学的研究内容与影响国民经济发展的各个产业和行业息息相关。比如,大数据时代离不开化学,计算机上的接口需要电镀技术;在航空航天领域,我们通过涂镀、化学气相沉积等化学表面技术处理,提高材料性能,从而保证飞机、运载火箭、卫星、宇宙飞船等航空航天飞行器在各种恶劣飞行环境下的安全,提高航空航天产品使用的安全性和可靠性。

临沂大学应用化学专业始创于 1992 年,2002 年开始本科办学,依托临沂化学化工行业优势办学,凸显分析测试技术特色培养方向,是山东省省级特色专业、山东省高水平应用型立项建设专业群核心专业、山东省应用型特色名校建设工程重点建设专业。本专业的人才培养目标是:致力于培养德智体美全面发展,具有高度社会责任感,良好的科学、文化素养,基本理论扎实,富有创新精神和创业能力,系统掌握应用化学专业基础知识、基本理论和基本技能,能够在化学、化工、医药、环保等领域从事科学研究、技术研发及生产管理等工作,适应区域化学相关产业发展需求的高素质应用型应用化学专业人才。

二、专业思政建设举措

(一)专业思政课程体系建设

在课程教学过程中,除了注重学生知识和能力的培养外,更注重学生综合素质的

培养。首先，通过将思政教育理念融入专业课程课堂教学的各个环节，引导学生利用所学专业知识分析和解决问题，增强学生的专业认同感和自信心，尤其是对于专业特色课程，进一步强化其建设，充分发挥其引领示范作用。同时，依托专业特色课程加强与课外实践的结合，建立校外实习实训教学基地，将课堂教学与专业实习实训、社会实践相结合，突出专业课程思政教育的引领力，形成课程系统育人机制。

其次，注重教学与科研有机结合。鼓励教学、科研融合，坚持以科研促进教学、将科学研究的先进理念引入教学，促进教学与科研的真正融合，改革教学理论。如，督促本专业教师将本领域的科研成果转化为教学资源，将成果写入教材，搬进课堂，实现科研反哺教学、科研服务于教学，使学生的科研创新意识和科研创新能力不断得到提高；探讨科研服务于教学的有效形式，将科研成果、最新科研动态信息与课堂理论教学内容或实验教学有机结合；鼓励教师将科研成果或科研项目转化成大学生创新实验项目，鼓励教师将科研项目内容与毕业论文相结合；强化对学生的创新精神和创新实践能力的培养，要求大学生以创新创业训练计划项目为突破口，结合自己的兴趣、爱好、特长和能力，合理地、有针对性地参加一些科研创新训练和创业训练；鼓励和倡导学生参加课外实验、参与教师的科研课题，促进其创新能力的提高。

最后，依托山东省肿瘤标志物检测技术重点实验室、山东省肥料工业废弃物资源化利用工程技术研究中心等省级科研平台力量，与临沂烟草公司、临沂市产品质量监督检验所、临沂中通科技、山东宏艺科技股份有限公司等多家企事业单位新建紧密的产学研合作关系，共同制订切实可行的产学研合作教育实施计划。如，根据企业需要开设课程，建立学校与企业科技教育资源共享、科研与教学互动的运行机制；促进教师参与企业研发、企业接收大学生实习和就业；共建产学研合作平台，双方加强科研项目、科研奖励的合作申报，促进科技成果向现实生产力的转化，发挥专业在知识创新、文化创新、技术创新、科技创新和区域创新中应有的作用。

（二）专业思政实践育人体系建设

应用化学是一门理论性和实践性极强的学科，要增强学习的实践性，让学生亲身参与，亲自动手实践，不能仅停留在课堂理论的讲授上。教师在教学实践中须不断改进和创新教学内容和方法，将课堂讲授和课后拓展自学等形式相结合，增加实训课程和到企业一线实习的机会，引发学生的深度思考，发挥学生的主体作用，引导学生深入理解未来的职业责任和使命，将思政教育传递的世界观、人生观、价值观内化于心，外化于行。

第一，以教育引导实践，以实践深化教育。具体来说，就是抓好社会实践进学校、进农村、进社区，深入革命老区和基层一线，积极开展义务支教、科技普及等主题实践活动，增强大学生的为民情怀，深化其专业素养，引导学生全面客观地认识党情、国情、社情、民情，增强"四个自信"；以"体育教育""美育教育""劳动教育"的实施为抓手，积极拓展第二课堂育人功能，拓展课程思政渠道，着力加大实践育人力度和效果，有效提升学生创新活力，推动构建政府、社会、学校协同联动的"实践育人共同体"。

第二，紧紧围绕应用型人才的培养目标，积极开辟第二课堂，注重大学生创新能力的培养。如，鼓励学生参加全国、全省各种类型的大赛，为学生提供政策、资金、设备、场地、师资等方面的支持，通过参加各种大赛，提高学生的创新能力，提高其就业率和就业质量；全面实施本科生学业导师制，服务学生能力的培养，学生直接参与导师的研究开发项目，提高实践应用能力；实行灵活的学分置换模式，调动学生自主学习的积极性；利用社会认证培训机构、竞赛机构等社会资源，鼓励学生进行实践性、创新性学习，获得一定水平的认证证书、奖励证书，以获得相应的学分。

（三）专业思政师资队伍建设

首先，牢固树立人才资源是第一资源的观念，加强现有学科带头人和学术骨干的管理。师资队伍是专业思政建设的重要保障，本专业进一步优化师资队伍结构，围绕专业思政建设需要，建设了一支以学术带头人或教学名师为骨干，教学和科研综合水平高、结构合理的教师队伍。教师坚持正确的政治方向，坚持教书和育人相统一，坚持言传和身教相统一，坚守"学术研究无禁区，课堂讲授有纪律"的规矩，不在课堂上传播违反《中华人民共和国宪法》的言论，不散布违背党的路线、方针、政策的内容或言论，使课堂成为弘扬主旋律、传播正能量的主阵地。只有专业课教师全面认识到课程思政的重要性和必要性，才能逐渐形成与课程结合的内在思政需求，将专业课程育人和思想政治教育有机地结合起来，并形成有效的自我激励机制。

最后，遴选思政教学经验丰富、职称学历高的教师担任专业课程负责人，充分发挥其引领作用，以老带新形成梯队，建设好专业课程教学团队。如，实行导师制，指导教师对年轻教师的"教、备、辅、改、考"等各环节进行全面指导，同时注重师德和教学能力的培养；定期举办青年教师思政培训班，邀请思政教学经验丰富的教师开设讲座；加强师资培训，邀请省内外思政专家对专业教师进行培训，邀请院内优秀教师做课程思政示范课；通过组织观摩课和青年教师讲课比赛等，提高青年教师的思政教学水平。

（四）专业思政育人环境建设

构建高校思想政治专业文化体系，实现全程育人。将专业文化作为专业育人环境建设中的核心价值导向，对于学生的素质提升、价值观形成、职业道德培养等具有重要意义。在立德树人视域下开展专业文化建设，遵循思想道德导向、办学特色倾向、包容开放取向原则，从聚焦立德树人提升专业文化建设科学水平、提炼核心育人理念构建兼容并包内容体系、拓展路径搭建多渠道育人平台三方面加强专业文化建设。

培养优良学风既是推进大学生素质教育的客观要求，也是保证高校专业思政教育质量的重要前提。学风建设不仅仅是一个教学问题，对营造健康向上的校园文化氛围，弘扬刻苦学习、顽强拼搏的精神，引导学生树立正确的世界观、人生观、价值观，以及学会做人做事都有着积极作用和深远影响。学风是学生思想道德素质的反映，学风建设首先要从根本上抓起，即从学生的思想工作抓起。自新生入学开始，就把学风建设放在首位，通过形式多样、内容丰富的活动，引导学生明确学习目的，端正学习态度，提高学习效率，增强成才意识，有目的有步骤地对学生进行思想政治教育。

三、专业思政建设成效

应用化学专业思政建设是一项复杂的系统工程，通过从课程体系建设、实践育人体系建设、师资队伍建设、育人环境建设等方面着手，构建起应用化学专业思政实施体系，将思想政治教育融入应用化学专业教育教学的全过程，真正实现了专业教育与思政教育融为一体，确保育人工作贯穿于课程教育教学全过程。

通过专业思政建设，充分挖掘专业课程蕴含的思政内容，积极探索将思想政治教育有机融入专业教育的有效途径，将课程专业理论与技术教学内容以及课程思政内容无缝衔接，激发起了学生的学习热情，使学生更容易接受专业课程中所蕴含的思政价值理念。

结 语

总之，我们应该始终秉承"能吃苦、善创新、敢担当、乐奉献"的临大特质，做到言传身教，真正做到思政课程与专业教育的有机融合，通过将思政内容融入专业教育教学中，把握学生的思想动态，引导学生树立正确的价值观，同时以解决国家的现有问题为己任，强化思政课程的育人效果，深入践行立德树人理念，提高应用化学专业人才培养质量，把临沂大学应用化学专业本科学生培养成德才兼备、有理想、有信念、有本领的高素质应用型人才。

基于工程教育认证的专业思政建设探索与实践

——以山东省一流本科专业建设点制药工程专业为例

李 振 药学院

一、专业简介

临沂大学制药工程专业是山东省的一流本科专业建设点，本专业旨在培养德智体美劳全面发展，具有良好的人文社会科学素养、创新意识、职业道德和社会责任感，能够践行社会主义核心价值观，具备扎实的化学、药学和工程学的基础理论和制药工程专业知识，具备交流合作、终身学习、组织管理、分析与解决复杂制药工程问题的能力，能够在制药及相关行业从事药品生产与管理、产品开发、制药工艺与工程设计及技术服务等方面工作的高素质应用型工程技术人才。制药工程专业课程中蕴含着丰富的思想政治元素，为落实立德树人的根本任务，本专业构建起全员、全程、全方位育人的大格局，使专业教育与思政课程同向同行，实现了课程思政与专业教育的有机融合，加强了专业内涵建设，提高了人才培养质量。

二、专业思政建设举措

制药工程专业按照专业思政建设规划，积极挖掘沂蒙精神中"爱党爱军、开拓奋进、艰苦创业、无私奉献"的丰富内涵和育人价值，将沂蒙精神贯穿于人才培养的全过程；坚持知行合一、学用结合，引领学生在专业实践中弘扬沂蒙精神，在体验中感悟沂蒙精神，在服务中践行沂蒙精神；通过学习时代楷模鲁南制药集团股份有限公司原党委书记、总经理赵志全艰苦创业、造福社会、心系民生的事迹和山东罗欣药业集团有限公司总经理刘保起的创业故事，积极探索课程思政与专业教育的融合，着力培养"学药、爱药、制好药"的职业精神、专业能力以及"能吃苦、善创新、敢担当、乐奉献"的临大特质，促进学生德智体美劳全面发展。

（一）出台专业思政建设规划

专业是人才培养的基本单元和基础平台，是建设一流本科、培养一流人才的四梁八柱。课程是人才培养的核心要素，课程质量直接决定人才培养质量。因此，课程思政与专业教育融合，既是对教书育人的教学本质的回归，更是对党领导下的高等教育"培养什么人、怎样培养人、为谁培养人"等根本性问题的回应。制药工程专业是由化学、药学和工程学交叉的工科类专业。根据一流本科专业建设标准、《高等学校课程思政建设指导纲要》《工程教育认证通用标准解读及使用指南（2020版，试行）》，依托沂蒙大地丰富的红色文化资源，坚持课程思政与专业思政一体化教育，确定了制药工程"一二三四五"专业思政建设规划，即培养一支专业思政师资队伍，建设两个专业思政实习基地，实施全员、全过程、全方位三全育人，构建"思政课程+课程思政、校内+校外、课内+课外、理论+实践"四维度相融合的专业思政课程体系，打造五门课程思政示范课程。

（二）加强专业思政师资队伍建设

习近平总书记在2018年全国教育大会上指出："教师是人类灵魂的工程师，是人类文明的传承者，承载着传播知识、传播思想、传播真理，塑造灵魂、塑造生命、塑造新人的时代重任。"全面推进专业思政建设，教师是关键。"亲其师，才能信其道。"合格的老师首先应该是道德上的合格者，好教师首先应该是以德施教、以德立身的楷模。师者为师亦为范，学高为师，德高为范。教师是学生道德修养的镜子。因此，专业教师能否接受、践行专业思政的新理念，适应专业思政的新要求，是能否构建学校德育新格局的关键。

首先，制药工程专业制定了爱国守法、爱岗敬业、关爱学生、为人师表、教书育人、严谨治学、团结协作、服务社会的职业道德规范，并定期对专业教师的师德师风进行评估，把师德师风评价结果作为教师奖惩、聘任、职称评定和职务晋升的依据。其次，专业始终把党支部建设在教研室中，让"教育者先受教育"，不断加强教师德育培训，努力做到"政治要强、情怀要深、思维要新、视野要广、自律要严、人格要正"，不断增强育人意识，提升教师课程思政建设的能力。

目前，本专业已培养出一支爱岗敬业、视生如子、严谨治学、无私奉献、锐意进取、为人师表的校级优秀教学团队、黄大年式的教师团队。该团队成员坚持以德立身、以德立学、以德施教，认真践行立德树人、三全育人工作，做"四有"好老师，确保专业思政建设落实落地、见功见效。

（三）扎实做好新生专业思政教育

制药工程专业围绕高等教育"培养什么人、怎样培养人、为谁培养人"的根本问题，充分利用沂蒙大地上的红色育人资源，积极开展立德树人工作，践行社会主义核心价值观，在入学教育环节组织学生参观学校红色馆，让学生接受革命传统史教育，

激发学生的爱国情怀,传承红色基因,使沂蒙精神薪火相传;组织学生到鲁南制药集团股份有限公司参观时代楷模赵志全纪念馆,以培养学生的职业道德、社会责任感和工匠精神,同时让学生全面了解行业发展情况,加深对专业的认识,帮助学生确立职业规划,激发其学习专业的热情。

(四)修订专业培养目标

结合工程教育认证要求,在广泛深入地调研制药行业企业的基础上,在专业人才的培养目标中融入思想政治教育要求,制订出符合学校办学定位和社会经济发展要求的专业人才培养目标,旨在使学生成为社会主义事业合格的建设者和接班人。

(五)制定"专业思政+"的毕业要求

依据工程教育专业认证通用标准,结合专业培养目标,制定12条毕业要求、27个毕业要求内涵观测点,其中包括职业规范、环境和可持续发展、个人和团队以及沟通能力,明确专业思想道德要求,即树立正确的世界观、人生观和价值观,恪守工程伦理,团结合作,践行社会主义核心价值观,教育引导学生把国家、社会、公民的价值要求融为一体,提高个人的爱国、敬业、诚信、友善修养,自觉把"小我"融入"大我",不断追求国家的富强、民主、文明、和谐,以及社会的自由、平等、公正、法治,将社会主义核心价值观内化为精神追求、外化为自觉行动。

(六)重构专业课程体系

按照教育部规定开设"思想道德修养与法律基础""中国近现代史纲要""马克思主义基本原理""毛泽东思想和中国特色社会主义理论体系概论""形势与政策"等思政课程;同时依托沂蒙地区丰富的红色资源,设置"沂蒙文化与沂蒙精神""中国传统文化概论"等特色课程,认真贯彻执行《高等学校课程思政建设指导纲要》,全面推进课程思政建设,寓价值观引导于知识传授和能力培养之中,帮助学生塑造正确的世界观、人生观、价值观,构建起制药工程专业"思政课程+课程思政、校内+校外、课内+课外、理论+实践"的四维度融合的课程体系。

(七)明确专业思政建设目标

《高等学校课程思政建设指导纲要》指出,课程思政建设内容要紧紧围绕坚定学生理想信念,以爱党、爱国、爱社会主义、爱人民、爱集体为主线,围绕政治认同、家国情怀、文化素养、宪法法治意识、道德修养等重点优化课程思政内容供给,系统进行中国特色社会主义和中国梦教育、社会主义核心价值观教育、法治教育、劳动教育、心理健康教育、中华优秀传统文化教育,深化职业理想和职业道德教育。在本专业课程建设中，教师深度提炼制药工程专业课程中所蕴含的思想价值和精神内涵，挖掘辩证唯物主义、爱国主义、团结协作、遵纪守法、勇于探索、乐于奉献、恪守工程伦理，以及科技报国的家国情怀和使命担当与精益求精的大国工匠精神等思政元素，在每门专业课程教学内容中，深挖课程中蕴含的思政元素，并将其有机融入课堂教学中，极大地增强了课程的知识性、人文性，提升了课程的引领性、时代性和开放性。

（八）修订"价值引领+"课程教学大纲

教学大纲是课程教学的顶层设计。根据教育部关于《一流本科课程建设的实施意见》和《工程教育认证通用标准解读及使用指南（2020版，试行）》，基于制药工程专业培养目标和毕业要求观测点，首先，为每一门专业课程确定了含有价值引领的课程学习目标，科学构建起课程目标和毕业要求内涵观测点的矩阵关系以及课程内容与课程目标的支撑关系；其次，根据专业课程培养体系，在教材建设和选用方面突出专业课程的价值取向，优选国家级规划教材，重构学习内容；最后，遵循能够激发、引导学生学习，以课程目标的达成为原则，制定出可衡量的学习评价标准。

（九）重塑课程教学内容

《工程教育认证通用标准解读及使用指南（2020版，试行）》在其修订说明中指出，在"学生项"的学生指导中，专业要坚持立德树人，引导学生树立社会主义核心价值观，将思政课程与课程思政有机结合，实现全员、全程、全方位育人。在大学中学习和掌握专业知识固然很重要，这也是大学教育的基本要求，与此同时，独立思考、自主学习、领导能力和社会责任，这些基本素养也须在大学阶段养成。人的成长是一个复杂过程，好的教育要启迪学生智慧，帮助学生发现自己的志趣，确定人生未来的发展方向，最大限度地激活学生的内在潜力，塑造学生品格、品行和品位。因此，如何在教学中将价值塑造、知识传授和能力培养三者融为一体，是教学内容塑化的着眼点、重点和难点。

在教学过程中，"制药分离工程""药物化学""药物合成反应""工业药剂学""制药工艺学""药品生产质量管理工程""制药设备与车间设计""制药过程安全与环保""药事管理与法规"等课程，通过将青蒿素的发现、云南气雾剂研制的故事、欣弗事件、长生生物疫苗事件、"毒胶囊"事件等有机地融入专业教育过程，培养学生家国情怀，坚定学生爱国主义信念，传承科学家的高尚品格，树立绿色制药及可持续发展理念，培养遵纪守法、诚实守信、爱岗敬业、勇于奉献的职业道德；将"生物化学""微生物学""药理学""药物化学""药物分析"等课程结合教学内容，引导学生正确认知生命本质，尊重生命、热爱生命，培养学生树立唯物主义世界观，适时融入科学研究的最新成果，培养学生科研思维能力和科学家精神；在"制药工程专业实验""生产实习""课程设计""毕业设计"等课程中注入工程伦理教育，要求学生能够基于科学原理，采用科学方法，对药品开发及药品生产过程中的复杂工程问题进行研究，包括设计合理的研究方案、安全开展实验、分析与解释数据，并通过信息综合得出合理有效的结论；让学生通过了解制药领域相关的生产、设计、研发等方面的国家方针、政策与法律规范，能够基于工程相关背景知识对制药工程实践和复杂工程问题的解决方案进行合理分析，评价其对社会、健康、安全、法律以及文化的影响，并明确自身应承担的责任。

（十）探索多元化课程思政教学方法、形成性评价考核方式

制药工程专业坚持以学生为中心，将课程思政贯穿于课堂授课、教学研讨、实验实训、作业、考试、毕业（论文）等专业教育的全过程，根据思政元素灵活采用讲授、实验操作、生产实训、案例式、问题式等教学方法，通过云班课、雨课堂、智慧树、超星尔雅等信息化教学平台开展混合式翻转课堂教学。学习评价除了对学生专业知识和能力的学习效果进行考核以外，还增加了对科学态度、社会责任感、社会主义核心价值观等考核内容，将学生的课堂表现、参与思想政治教育的讨论情况以及科研诚信等纳入评价依据。

结　语

制药工程专业紧紧抓住教师队伍"主力军"、课程建设"主战场"、课堂教学"主渠道"，让所有教师、所有课程都承担起育人责任，"守好一段渠，种好责任田"，使专业课程与思政课程同向同行，将显性教育和隐性教育相统一，形成协同育人效应，构建全员、全程、全方位育人大格局。目前，专业已建成鲁南制药集团股份有限公司、山东罗欣药业集团股份有限公司两个专业思政实习基地，构建起"思政课程+课程思政、校内+校外、课内+课外、理论+实践"四融合的专业思政课程体系，打造出药理学、制药工艺学、制药设备与车间设计3门院级课程思政示范课程。2019年制药工程被评为山东省一流本科专业建设点，通过了2020年工程教育专业认证受理，并提交了工程教育认证自评报告，起到了良好的"专业思政+"的示范作用。

"一体构建、两方并重、三全育人"专业思政建设探索与实践

——以省一流专业数学与应用数学专业为例

吴 艳 傅尊伟 石少广 数学与统计学院

一、专业简介

临沂大学数学与应用数学专业为山东省一流专业（2019）、国家级特色专业建设点（2008）、省级特色专业（2007），连续5年（2015—2019）被艾瑞深中国校友会网评为4星级中国高水平专业。专业全面落实立德树人根本任务，坚定地方性、师范性办学定位，坚持以地区行业需求为导向，打好一流专业建设+师范专业认证"组合拳"，基于"以学生为中心、产出导向、持续改进"的OBE教育理念，增强德育情感植入，探索专业思政模式，培养造就教育情怀深厚、专业基础扎实、勇于创新教学、善于综合育人、具有终身学习发展能力的高素质专业化创新型中学数学教师，建成省内具有示范带动作用、国内具有影响力的一流本科师范专业。

作为基础科学，数学是建设世界科技强国的基石，而在基础学科课程中融入课程思政，将为加快建设社会主义现代化强国、实现中华民族伟大复兴的中国梦提供强大支撑。依据专业思政要求，本文从专业思政课程体系建设、专业思政实践育人体系建设、专业思政师资队伍建设、专业思政育人环境建设和建设成效等方面，明晰数学与应用数学专业"如何培养人"和"培养什么样的人"等问题，打造一体构建、两方并重、三全育人的工作格局，建立健全全员、全程、全方位的育人工作机制。

二、专业思政建设举措

《高等学校课程思政建设指导纲要》（以下简称《纲要》）指出，要结合专业特点分类推进课程思政建设，要在课程教学中把马克思主义立场观点方法的教育与科学精神的培养结合起来，提高学生正确认识问题、分析问题和解决问题的能力。对于理学类专业，要注重科学思维方法的训练和科学伦理的教育，培养学生探索未知、追求真理、勇攀科学高峰的责任感和使命感。在此背景下，省一流本科专业"数学与应用数学"在专业建设过程中，进行了专业思政建设探索与尝试，取得了较好的育人效果。

（一）专业思政课程体系建设

专业思政不是简单的"课程+思政"，不是在专业各门课程中剥出几节课讲授思政内容，两者的关系应当是"如春在花、如盐在水"，而非"眼中金屑、米中掺沙"，要避免将德育内容生硬楔入专业课程的倾向。

数学与应用数学专业采取"全课程融入课程思政元素"的模式，发挥课程建设的"主战场"作用，修订了本专业17门专业必修课程、6门专业选修课程、2门教师教育课程教学大纲，将育人内容编入课程教学大纲，在每部分教学内容后添加育人内容和供选用的案例，以使整个体系标准化。教师在课堂上灵活选用案例库中的案例，将思政教育内容融入知识传授，并通过学生的及时反馈，逐步调整融入的方式和数量。

通过展现"大视野"、建立"大课堂"、涵养"大人格"来实现课程中的教育性，培养有价值辨识，能够明是非、知美丑，有知识素养，热爱专业，能够传递科学精神，具有丰盈情感，对家国、对人性、对生命充满热爱的人才。

1. 展现"大视野"——以省一流课程"数学分析"为例

"数学分析"课程是国家首批"双万计划"省一流课程建设点，并被推荐参评国家一流课程。本课程是数学类专业[包含"数学与应用数学""信息与计算科学""统计学"和"数据科学与大数据技术（理学）"等]最重要的学科基础课程之一，大学一年级和二年级分3个学期开设，共288学时、18学分，本科阶段所有专业核心课程都是它的延伸、深化或应用。

针对如何有效进行课程思政建设，构建全员、全程、全方位育人大格局，如何在学生中心、产出导向、持续改进的理念下，提升课程的高阶性、突出课程的创新性、增加课程的挑战度（"两性一度"）这一问题，我们的理解是大学教育必须展现大视野，必须超越具体知识，从更广阔的知识结构层面来思考教学。

课程任课教师结合课堂教学内容，精心组织案例和材料，将爱国主义、科学精神、辩证唯物主义和崇高品德教育有机地融入案例中，使学生在学习严谨数学理论的同时，也能够感受到爱国情怀、科学精神的激荡和鼓舞。例如，从《庄子·天下篇》中"一尺之棰，日取其半，万世不竭"中引出极限思想；用"飞流直下三千尺，疑是银河落九天"的诗句，来比拟函数跳跃性间断点；用蜿蜒不断的长城形象来描述生活中的连续现象；将"万事万物都是普遍联系的而不是孤立的"融入教学中，用来解释海涅定理的证明和应用。这样不仅加深了学生对课程核心知识点的深刻理解，还培养了学生的鉴赏能力和家国情怀，帮助学生形成了科学的辩证唯物主义思想方法。

这种"大视野"是一种"大结构观"，它将知识之间的彼此联系镶嵌在"大结构"中，同时"大视野"也焕发出知识之美，以美启真、真中品美，让美与真相互映照、相互联系。

2. 建立"大课堂"——以"数学课程与教学论"为例

作为授课教师，育人过程不应简单地随课堂、课程的结束而终结，而应打破时空局限，建立起虚与实相结合、线上与线下相结合，引导学生自我学习、终身学习的"大课堂"。

"数学课程与教学论"是建立在数学、教育学和心理学等多学科基础上的实践性与综合性很强的一门教师教育课程，主要研究数学教学理论、数学教与学的规律、数学教学设计、课堂教学实践等内容。它具有理论与实践相结合的特点，能够为师范生今后开展中学数学教学和科研工作打下牢固的基础，是师范性的重要体现。该课程教师通过课程微信群，建立联系课内外的课堂，开展在线答疑和讨论，建立线上线下混合式课堂，鼓励学生将理论知识活学活用。学生通过课堂教学模拟训练，明确备课、教案设计和说课的基本要求，在这个过程中也培养了社会责任感。该课程构建起与学生心灵相连的课堂，教师采用"聊"困惑、"话"出路、"谈"理想、"谋"做法的方式，对学生前进的方向给予指引。

在课程组教师的悉心指导下，数学与应用数学专业近年来在师范类专业技能大赛中取得了优异的成绩，共有20余名同学在全省从业技能大赛中获奖。

3. 涵养"大人格"——以"数学史"课程为例

"数学史"是研究数学科学发生发展及其规律的科学，简单地说就是研究数学的历史。它不仅追溯数学内容、思想和方法的演变、发展过程，还探索影响这种过程的各种因素，以及历史上数学科学的发展对人类文明所带来的影响。因此，"数学史"研究对象不仅包括具体的数学内容，还涉及历史学、哲学、文化学、宗教等社会科学与人文科学内容，是一门交叉性学科。

在教学过程中，教师着重引入数学文化元素，通过回顾数学的发展历史、数学家的励志故事、数学的思想方法、数学的学科特点、数学的美育价值等对学生进行教育。例如，从中国古代数学著作《孙子算经》中的"物不知数"问题讲到剩余定理，使学生了解到中国古代数学的辉煌成就，了解中国近代数学落后的原因、中国现代数学研究的现状以及与发达国家数学的差距，以此激发学生振兴民族科学的爱国热情。

可见，课程思政建设就是把思想价值引领贯穿于教育的全过程，真正做到"如盐在肴，融于细微"，凸显其有传统、有传承、有经验、有榜样的特色。数学与应用数学专业抓好思政课建设作为落实立德树人工作的关键课程和重要载体，突出了课堂"主渠道"作用，推动了"思政课程"与"课程思政"的融合发展。

（二）专业思政实践育人体系建设

专业将思政教育与实践教学紧密结合起来，通过开设种类齐全的实践类课程，建设一系列实践基地，形成了具有创新性和保障力的实践类课程思政教学体系。

1. 配备导师指导实践，邀请专家名师做报告

在实践育人环节，制定学业导师和创新创业导师制度，配备博士、教授担任学业导师，负责指导规划学生四年学习生涯，学生大三年级以后配有创新创业指导教师，负责指导学生的实践技能、创新创业技能和毕业论文；通过新生入学时的专业导论课、新生入学教育等形式，引导学生把人生抱负落实到脚踏实地的实际行动中来，把学习奋斗的具体目标同民族复兴的伟大目标结合起来；专业还定期邀请国内外一流教育专家和中学名师为学生做报告，要求学生每年聆听不少于20场报告，并纳入学分管理，以拓展学生视野，培养学生数学创新思维能力。

2. 构建第二课堂教学模式

以大学生数学建模竞赛及创新创业训练项目作为素质拓展的主要内容，构建"课堂—项目—竞赛"三维联动的第二课堂教学模式。支持学生开展研究性学习、创新性实验、创业计划和创业模拟活动，引导学生在实践中"敢闯会创"，增强其创新精神、创造意识和创业能力，激励学生积极参与学科竞赛、学术研究、创新创业类活动。

近3年，本专业学生在全国大学生数学建模竞赛中获全国一等奖4项，二等奖14项；美国大学生数学建模竞赛中获一等奖2项，二等奖4项；学生在山东省高校学生从业技能大赛中获一等奖1项，二等奖10项；本科生撰写高水平学术论文300余篇，现已被SCI、EI检索20余篇。

3. 了解国情，服务社会

专业注重教育和引导学生弘扬服务国家、服务社会、服务人民的精神，将"读万卷书"与"行万里路"相结合，引导学生扎根中国大地，了解国情民情，在实践中增长智慧才干，在艰苦奋斗中锤炼意志品质，促进学生社会实践活动与思想政治教育的紧密结合，鼓励学生深入基层、了解国情、服务社会，使其在参与社会主义现代化建设中锻炼才干、提升能力。

（三）专业思政师资队伍建设

《纲要》指出，全面推进课程思政建设，教师是关键。教师是教学的主导者，确保课程思政建设落地见实效，关键在于教师。因此，全面推进专业思政建设首先要着力于教师育人素养和能力的提升，要求教师要拥有能够做、善于做、乐于做课程思政

的本领和技能。

为能让所有教师都挑起"思政担",所有课程都上出"思政味",面对如何破解思政教育与专业教育存在相互隔绝的问题,数学与应用数学专业通过抓住教师队伍"主力军"、课程建设"主战场"、课堂教学"主渠道",逐步探索形成了具有教育元素、师范特点的师资队伍模式。

1. 落实"六要"要求,提升教师课程思政核心素养

政治要强、情怀要深、思维要新、视野要广、自律要严、人格要正,既是习近平总书记对思政课教师提出的殷切希望,也是新时代高校教师课程思政素养提升的标准和方向。相较于思政课教师,专业课教师与学生拥有更多的接触交流机会。学院通过入职教师培训、思政专业学习培训、"课程思政"教育教学改革专题培训等形式,提高教师的政治觉悟、眼界胸怀和品行操守,并通过组建"课程思政"教研室,组建学科背景支撑、良性互动的课程思政教学团队,提升专业教师的思政素养。

2. 践行"同向同行"理念,提升教师课程思政意识和能力

想要推进各类课程与思政课程同向同行形成协同效应,关键是要推动各类课程教师与思政课教师同向同行,形成育人合力。各课程之间想要实现协同配合、相互"搭台",关键还在于任课教师的课程思政意识和育人能力。学院组建由思想政治理论课教师、专业课教师、学生组成的课程思政研讨组,对课程的思想政治教育内容进行梳理,主动挖掘本学科课程中的思政素材,形成课程思政的整体安排,同时结合学生反馈进行优化。

常怀思政之念,心存树人之志。专业教师需将课程思政内化为自己的理性自觉,不断锤炼并提升自己的"育德育才"基本功和驾驭能力,既做传授学生知识技能的教书匠,又做"塑造学生品格、品行、品位的'大先生'"。

(四)专业思政育人环境建设

学院认真学习贯彻习近平总书记关于教育的重要论述,坚持以"培养德智体美劳全面发展的社会主义建设者和接班人,加快推进教育现代化、建设教育强国、办好人民满意的教育"为引领,在省一流专业建设点"数学与应用数学"专业中打造"一体构建、两方并重、三全育人"的工作格局,建立健全"全员、全程、全方位"的育人工作机制。

1. 坚持"一体构建",打造育人大格局

专业坚持以育心铸才工程为核心,构建"大育人"工作体系;坚持以思想政治工作为主线，构建"大思政"工作体系；坚持以课程思政为突破口，构建"全口径"思想政治教育课程体系。本专业通过"一体构建"，面向国家、地区基础教育改革发展和基础教育师资需求，为地方教师教育行业培养合格的教育骨干师资。

2. 坚持"两方并重"，构建师生成长发展共同体

优化活化教职工思想政治教育，深化细化学生日常思想政治教育。师生成长发展共同体建设改变了以往任课教师只管教、不管导的状况，使任课教师的育人责任更加明确，增强了教师的责任感和荣誉感，使学生在得到智慧启迪的同时还获得了更多的人生启迪，取得了做人与做学问的双丰收。

3. 坚持"三全育人"，共画育人同心圆

全员育人，要求全体教职工都要成为"育人者"，其一言一行、一举一动都要履行育人之责、产生育人之效，实现育人无不尽责；全程育人，要求将立德树人贯穿于高校教育教学的全过程和学生成长成才的全过程，实现育人无时不有；全方位育人，要求将立德树人覆盖到课上课下、网上网下、校内校外，实现育人无处不在。数学与应用数学专业持续增强课程育人、科研育人和实践育人的力度，加大组织育人、文化育人和网络育人的效果，提高心理育人和服务育人的质量，使得"全员、全程、全方位"育人的良好氛围和育人效果不断显现。

（五）专业思政建设评价体系探索

第一，数学与应用数学专业为全方位保障专业思政实效，将"全面加强课程思政建设，落实立德树人根本任务"作为2020年专业发展的亮点项目，明确"建强一个队伍、建设示范课堂、建立保障机制、实现根本目的"的目标，着力营造专业课程与思想政治理论课程同向同行、协同育人的良好氛围，完善教学激励机制，将课程思政的建设成效作为教改项目、教学成果、教学名师等项目评选的重要指标。

第二，专业为加强师德师风建设和提升教师教学能力，在青年教师岗前培训、教学比赛、专题研修、教学观摩、名师报告会等系列活动中设立课程思政专题；强化基层教学组织建设，建立课程思政集体教研制度，将课程思政作为基层教学组织的活动专题之一，并定期研讨课程思政实施路径与方法；完善教学督导评价体系，将课程思政作为教学督导常态化工作内容，形成"设计—实践—检查—改进"的课程思政闭环管理系统。

三、专业思政建设成效

为进一步加强基础科学研究，大幅提升原始创新能力，夯实建设创新型国家和世界科技强国的基础，国务院于2018年发布《关于全面加强基础科学研究的若干意见》（国发〔2018〕4号），提出"潜心加强基础科学研究，对数学、物理等重点基础学科给予更多倾斜"。强大的基础科学研究是建设世界科技强国的基石，而在基础学科中融入专业思政，必将为加快建设社会主义现代化强国，实现中华民族伟大复兴的中国梦提供强大支撑。

通过专业思政建设，取得了如下成效：提高了专业建设水平，在课程思政的引领下，通过师范类专业认证和获批"国家一流专业"建设点；完善了专业课程体系建设，将课程思政建设在课堂教学中真正落地落实，把课程思政融入课堂教学建设的全过程；通过科学设计实践教学体系，进一步完善了学生创新创业能力，加强了实习基地建设和实验室建设；优化了专业师资队伍能力，通过"广共享""强培训""重合作""树表率"等策略，提高了全体教师的课程思政意识和能力。

结　语

专业思政建设把思政价值引领贯穿于教育全过程。在师生共同努力下，数学与应用数学专业思政工作呈现出良好局面。但也必须清醒地认识到专业思政建设还存在一定的问题和不足，要找差距、强弱项、补短板，将思政教育全方位融入数学类专业的各课程中，打造有情怀的课堂，推进育人水平再上新台阶。

加强师德教育，开展品格教育

——物理学专业思政建设实践与探索

蒋 华　物理与电子工程学院

一、专业简介

本专业为师范类专业，目标是培养政治素质良好、师德高尚、具有教育情怀，具有沂蒙精神特质，具有创新和创业精神，掌握物理学专业知识和教学技能的中学物理教师或相关人才。

本着与专业实际相结合的原则，一方面，专业主要开展了立德树人的师德教育，以培养学生良好的政治素质、高尚的师德、深厚的教育情怀；另一方面，努力开展品格教育，以培养学生实事求是的态度、坚韧不拔的意志品质以及爱国主义情怀。

二、专业思政建设举措

专业培养中不仅要有知识传授和能力培养，还要有价值引领。学生既要掌握一定的知识，具备一定的能力，也要具有良好的品格和正确的价值观，而后者主要是通过高校思想政治教育来实现的。

本专业思政建设的主要内容包括：培养学生良好的政治素质、高尚的师德、深厚的教育情怀、实事求是的态度、坚韧不拔的意志品质和爱国主义情怀。其中，良好的政治素质、高尚的师德、深厚的教育情怀直接体现在本专业的培养方案中，作为培养目标和毕业要求，而后面3条是我们根据专业特点，决定在学生培养过程中要进行加强的内容。本专业思政建设主要通过课程教学来实现，即"课程思政"。课程既包括"马克思主义基本原理"等思政课程，也包括物理学的专业课程，还包括实验和教育实习等实践课程。

（一）专业思政课程体系建设

本专业思政建设内容与课程的对应关系如表1所示。

表 1 思政建设内容与课程的对应关系

思政建设内容	课 程 名 称
良好的政治素养	中国近现代史纲要、马克思主义基本原理、毛泽东思想和中国特色社会主义理论体系概论、思想道德修养与法律基础、形势与政策、沂蒙文化与沂蒙精神
高尚的师德	思想道德修养与法律基础、教育学、教育见习、教育实习
深厚的教育情怀	教育学、教育心理学、教育见习、教育实习
实事求是的态度	力学、热学、电磁学、光学、原子物理学、理论力学、电动力学、量子力学、热力学与统计物理学、固体物理学、普通物理实验、近代物理实验
坚韧不拔的意志	创新创业实践、教育实习、毕业论文
爱国主义情怀	物理学史

师德教育的主线是立德树人，专业一直开设相关课程，良好的政治素质、高尚的师德和深厚的教育情怀就体现在其课程目标之中。我们对学生的要求是贯彻党的教育方针，以立德树人为己任，遵守中小学教师职业道德规范，具有依法执教意识，立志成为有理想信念、有道德情操、有扎实学识、有仁爱之心的"四有"好老师。现需要根据时代发展和专业认证要求，对课程目标进行适当调整。

1. 培养良好的政治素养

要求学生践行社会主义核心价值观，增进对中国特色社会主义的思想认同、政治认同、理论认同和情感认同，弘扬沂蒙精神，吃苦耐劳、敢于担当。其实现主要通过"马克思主义基本原理""中国近现代史纲要""毛泽东思想和中国特色社会主义理论体系概论""形势与政策""思想道德修养与法律基础"和"沂蒙文化与沂蒙精神"等课程来完成。

2. 具备高尚的师德

要求学生认真贯彻党的教育方针，以立德树人为己任，遵守中小学教师职业道德规范，具有依法执教意识，立志成为有理想信念、有道德情操、有扎实学识、有仁爱之心的好老师。其实现主要通过"思想道德修养与法律基础""教育学""教育见习""教育实习"等课程来完成。

3. 树立深厚的教育情怀

要求学生具有从教意愿，立志成为中学物理教师，理解教师是学生学习的促进者，认同教师工作的意义和专业性在于创造条件促进学生自主和全面发展，具有积极的情感、端正的态度、正确的价值观。师范学生毕业时要有教师职业精神，尊重学生人格，富有爱心、责任心，工作细心、耐心，做学生锤炼品格、学习知识、创新思维、奉献祖国的引路人。这一点主要通过"教育学""教育心理学""教育见习""教育实习"等课程来完成。

4. 造就实事求是的态度

坚持实事求是,一切从实际出发,是中国共产党的优良作风。正是把马克思主义的普遍真理同中国革命的具体实践相结合,也就是运用马克思主义的立场、观点和方法,去分析、研究和解决中国革命的实际问题,中国共产党才得以带领广大人民群众取得抗日战争和解放战争的伟大胜利,取得社会主义建设的伟大胜利。物理学作为一门自然科学,同样也是建立在实事求是的科学态度之上的。

从中学时期我们就讲到亚里士多德的错误观点:重的物体总是比轻的物体下落得快。在近两千年的时间里,这个观点被奉为真理。但是伽利略在比萨斜塔演示自由落体实验后却给出结论:重量不同的物体在下落时同时落地,物体下落的速度和它的重量无关。正是在这种不迷恋权威、坚持以实验事实为基础的科学精神的指引下,伽利略才否定了统治近两千年的亚里士多德的落体运动观点。

"力学"中,在讲万有引力定律时,会讲到托勒密的"地心说"和哥白尼提出的"日心说"。哥白尼在提出"日心说"之前进行了长时间的观测,正是基于大量事实的观测数据,哥白尼才提出了"日心说"。由于哥白尼的"日心说"所得出的数据和托勒密体系的数据都不能与第谷的观测相吻合,因此"日心说"当时仍不具优势,直至开普勒以椭圆轨道取代圆形轨道修正"日心说"之后,"日心说"才在与"地心说"的竞争中取得了真正的胜利。而正是在开普勒基于十几年的观测给出了行星运动的三条定律——轨道定律、面积定律和周期定律后,在此基础之上牛顿才提出了万有引力定律。

"原子物理学"中,在讲到原子的结构时,会讲到正是基于阿尔法粒子的大角度散射实验事实,卢瑟福才提出"原子中心有原子核,原子的质量几乎都在原子核上"这一观点。在"相对论"中,讲解宇宙的加速膨胀时,会讲到爱因斯坦为求得一个静态的宇宙模型解,不惜在方程中引入一个"宇宙项",这个结论在当时既符合宇宙学原理,又符合已知的观测事实。然而其他人却给出了动态解,即宇宙不是静态的,而是正均匀地膨胀或收缩着。然而,爱因斯坦不接受这个结果。后来天文学家哈勃发现远距恒星发出的光谱线有红移现象,指出离地球越远的恒星光谱线红移越大,这表明宇宙是在加速膨胀的,爱因斯坦由此也改变了看法。

科学上的每一次进步都是建立在当时的实验事实基础之上的,只有本着实事求是的科学态度,以实验事实为依据,而不是迷信权威,才能建立正确的科学理论。

5. 磨炼坚韧不拔的意志

关于这方面,教师通过在授课过程中介绍物理学家为发现真理而坚韧不拔地开展相关实验的事迹，同时让学生亲身经历各种"挫折"，让其感受到只有拥有坚韧不拔的意志才能取得成功。

在物理教学过程中，在讲到一些物理学家的故事时，教师每次都会着重讲述那些百折不挠、坚韧不拔的物理学家。例如，在"热力学"中讲到焦耳。他从1843年以磁电机为对象开始测量热功当量，直到1878年最后一次发表实验结果，先后做实验不下四百余次，采用了原理不尽相同的各种方法，以日益精确的数据，为热和功的相当性提供了可靠的证据，使能量转化与守恒定律确立在牢固的实验基础之上，由此得出了能量守恒定律，并最终总结出热力学第一定律。

在"电磁学"中，教师会讲到法拉第。法拉第出生于一个贫苦的铁匠家庭，幼年时没有接受过正规教育，只读了两年小学。在做学徒时，法拉第带着强烈的求知欲望，如饥似渴地阅读各类书籍，汲取了大量自然科学方面的知识，并积极将书本知识付诸实践，开始尝试进行简单的化学和物理实验。1820年，当奥斯特发现电流的磁效应后，法拉第便开始转向电磁学的研究。经过近10年的不断努力实验，直到1831年法拉第终于用实验揭开了电磁感应定律的奥秘，并创造出人类历史上的第一台发电机。

在讲到"原子物理学"时，教师会讲居里夫妇发现放射性元素钋和镭的故事。为了得到纯净的钋和镭，他们进行了艰苦的劳动，在一个破棚子里夜以继日地工作了三年零九个月，用铁棍搅拌锅里沸腾的沥青铀矿渣，眼睛和喉咙忍受着锅里冒出的烟气的刺激，经过一次又一次的提炼，终于从沥青铀矿渣中得到了十分之一克的镭。

在"创新创业实践"课程中，有的学生会开展科研实验，有的会参加讲课比赛。做实验时要不断调整参数，重复实验，直至取得成功，参加讲课比赛的则要反复地备课、试讲。在"教育实习"课中，学生也要反复地备课、试讲，直到语言流畅、板书优美为止。在撰写"毕业论文"课程中，学生既不能照搬别人的语言，又要行文流畅，这就要求学生要深刻理解相关知识，用自己的语言表述出来。这个过程也是一遍又一遍、反反复复，如果没有坚韧不拔的品格，是很难完成的。

6. 厚植爱国主义情怀

科学是无国界的，但科学家是有国籍的。通过介绍我国或外国物理学家奉献祖国的事例，可以培养学生的爱国主义精神。例如，在讲力学时，教师会讲一些中国古代发明的科学原理，讲到动量守恒定律时会讲火箭，并讲到钱学森。他冲破美国政府的重重阻力回到祖国，在技术条件一穷二白的基础上创建中国火箭、导弹事业，这种爱国主义精神令人钦佩；在讲到原子能的利用时，教师会讲到中国核武器研制工作的开拓者和奠基者邓稼先，也会讲到钱三强与何泽慧；在讲量子力学的宇称守恒定律时，教师会讲到诺贝尔奖得主杨振宁和李政道的贡献；在讲固体物理学时，教师会讲到中国科学院院士、中国半导体技术奠基人黄昆的学术贡献，以及其主持创建中国科学院半导体物理研究所，为祖国培养半导体人才的事迹。

（二）专业思政实践育人体系建设

专业思政实践育人体系主要包括教育实习、实验课程和创新创业实践等。教育实习既能培养高尚的师德和教育情怀，又能培养坚韧不拔的意志品质。在教育实习中，师德教育开展得更为有效。我们的学生在真正走上讲台之后，能够以更高的标准来要求自己，清楚中小学教师职业道德规范、教师法规。学生在指导教师的言传身教之下，理解教师是学生学习的促进者，会形成积极的情感、端正的态度、正确的价值观，会变得更具有教师职业精神。对于高尚的师德和教育情怀，我们把它们明确地列为"教育实习"的课程目标，并加以考核，给出达成情况，并持续改进。

如，在"普通物理实验"和"近代物理实验"中培养学生实事求是的态度。要求学生的实验操作要一丝不苟，实验数据的处理要实事求是，绝不能造假。在实验结果与理论的对比中，让学生体会到怎样根据实验结果推翻旧理论建立新理论，即懂得实践是检验真理的唯一标准。

又如，在"创新创业实践"和"毕业论文"中培养学生坚韧不拔的意志品质。同时我们也会开展一些校园文化活动和学生社团活动，以开展主题育德教育。比如开展教师法规知识比赛等。

（三）专业思政师资队伍建设

专业思政建设中，专业负责人是设计者，学院是组织实施者和推进者，教师是具体的实践者，教师党支部是服务保障者。专业思政最终的落脚点是教师的教育教学实践，专业教师是专业思政改革和实施的主体。为了更好地开展思政教育，思政师资队伍建设从以下两个方面开展。

一方面，加强本专业教师自身的师德修养建设，特别是教育专业教师，想要培养学生的师德和教育情怀，教师本身就要具有相应的素质；另一方面，积极鼓励和督促年轻教师参加校、院举行的各种教师培训工作，提高教师课程思政与专业教学结合的能力。

只有专业课教师全面认识到"课程思政"专业课程的重要性和必要性，才能逐渐形成与课程结合的内在思政需求，将专业课程育人和思想政治教育有机结合起来，并形成有效的自我激励机制。

（四）专业思政育人环境建设

专业思政建设过程中，要建立制度，进行持续改进；要选树典型，发挥示范引领作用；要有政策支持，加强激励引导作用；要搭建平台，促进教师交流学习；党支部要推动专业形成一种思政教育文化，形成一种立德树人的风气；对待事情要实事求是，遇到挫折要坚韧不拔；在大是大非面前，坚持国家利益为上，坚持党的领导。

三、专业思政建设成效

确定了本专业思政教育的主要内容，即良好的政治素质、高尚的师德、深厚的教育情怀、实事求是的态度、坚韧不拔的意志品质和爱国主义情怀；明确了思政教育的主要内容和课程体系的对应关系，理论课程和实践课程均明确了要开展的思政教育内容；修订了专业课程教学大纲，把思政教育的一些内容明确列为课程目标并加以考核。

结 语

本专业思政教育建设主要开展立德树人的师德教育，即良好的政治素质、高尚的师德、深厚的教育情怀；同时努力开展品格教育，即实事求是的态度、坚韧不拔的意志品质和爱国主义情怀。预计通过一段时间的专业思政建设，教师和学生的师德修养都会得到提高，同时也会形成风清气正的工作和学习氛围。

专业与思政教育协同融合的人才培养模式创新研究

——以机械类专业为例

田相克　机械与车辆工程学院

一、专业简介

高校教育的根本任务是立德树人，课程思政建设是高校贯彻落实这一根本任务的重要抓手。长期以来，高校思想政治教育存在"孤岛"困境，思想政治教育与专业教育"两张皮"现象未能从根本上得到改变。在全国高校思想政治工作会议上，习近平总书记强调，要用好课堂教学这个主渠道，各类课程都要与思想政治理论课同向同行，形成协同效应；要坚持把立德树人作为中心环节，把思想政治工作贯穿于教育教学全过程，实现全员、全程、全方位"三全"育人。高校教师应充分发挥课堂教学在育人中的主渠道、主阵地的作用，将思想政治教育贯穿于学校教育教学的全过程。

二、专业思政建设举措

（一）构建专业与思政协同融合的机械类人才培养模式

本专业教师深入企业和高校调研，分析当前高校大学生专业课教育与课程思政教育协同融合的人才培养现状和教学过程中存在的问题，结合山东省一流专业机械设计制造及其自动化等机械类专业特点和区域机械行业现状，构建起了工程教育认证OBE理念视角下的专业与思政教育协同融合的机械类人才培养模式，以此确定了该人才培养模式创新研究方案。

本专业构建起的人才培养模式的"一二三四五"体系框架如图1所示。基于工程教育认证OBE理念，确定机械类人才培养目标，反向设计用来支撑该培养目标的毕业要求，确定实现该毕业要求的课程体系，以及课程体系相应的师资队伍、教学内容和教学资源。在人才培养过程中，将以立德树人为宗旨这"一条主线"，贯穿于课堂教学（主渠道）和第二课堂（辅助渠道），以实现全员、全过程、全方位"三全育人"，坚持世界观、人生观、价值观和荣誉观"四观育人"与德智体美劳"五育并举"，培养全面发展的高素质应用型人才。

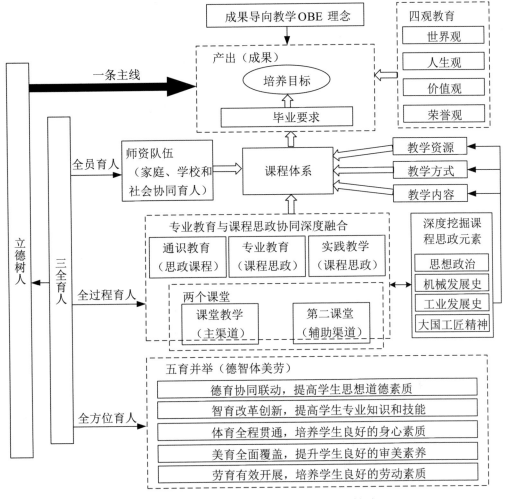

图 1 人才培养模式的"一二三四五"体系框架

（二）探讨专业与思政教育协同融合的实施路径

将思政教育贯穿于大学学习的整个过程中，授课教师在提升思想认识的前提下，从专业顶层设计出发，在梳理职业素养的基础上，拟定培养计划中的毕业要求，并对照毕业要求，修改课程教学目标，挖掘教学内容中的思政元素，寻找思政教育与专业课程的结合点，积累思政素材，设计开展思政教育的教学环节，丰富授课手段，对学生实施多样化、嵌入式的思想政治教育。

1. 树立工程教育认证课程思政理念，构建新工科一流专业课程思政体系

基于成果导向教育的反向教学设计理念，建立工程教育认证 OBE 理念视角下的专业与思政教育协同融合的机械类人才培养模式，基于工程教育认证的课程思政理

念，构建"产出导向"的人才培养目标，以立德树人为宗旨和主线，构建课程思政育人新模式，拟定培养计划中的毕业要求，对照中国工程教育认证《华盛顿协议》中提出的12条毕业要求中所涉及非技术层面的素质和能力，修改课程教学目标，努力打造全面覆盖、类型丰富、层次递进、相互支撑的机械类专业特色课程思政体系。

目前，已有"材料力学""机械制造基础""机械制造工艺学""工程图学""自动控制原理""液压与气压传动""工程软件""工程项目管理""数控技术""流体力学"和"理论力学"等课程开展了课程思政示范课建设。以"理论力学"课程教学为例，课程大纲中增加了包含课程思政的教学目标，以立德树人为宗旨，通过在教学环节中将思政元素与抽象的力学原理有机地结合在一起，让学生了解力学发展史与人类社会发展和国家科学技术、经济发展密切相关，根植报效国家的家国情怀，引导学生实现从"专业成才"到"精神成人"，培养学生成为德才兼备、全面发展的人才。

2. 以立德树人为宗旨，创新教学方式手段，完善教学资源建设

以立德树人为宗旨，创新教学方式手段，着力推进以"课程思政"为目标的课堂教学改革；坚持知识传授与价值引领相结合，结合教学内容开展思政教育，利用案例分析开展思政教育；打造专业与思政教育协同融合的一流师资队伍，完善与之相适应的教学资源；优化整合教学内容，提高学生的思想觉悟和综合素质，培养良好的行为习惯。

3. 精准发力，着力提升专业教师的课程思政建设能力

通过建立健全优质资源共享机制开展专题培训，提升教师课程思政建设的主动性；建议学校将课程思政纳入教师岗前培训，在岗培训和师德师风、教学能力专题培训，建立课程思政集体教研制度；针对课程思政建设中的前瞻性问题，加强系统研究。

以"理论力学"课程教学为例。在课程教学内容和授课各环节中融入思想政治教育元素。如，让学生了解力学发展史与人类社会发展和国家科学技术、经济发展密切相关，根植报效国家的家国情怀。又如，在力学史和力学应用中，介绍许多古今建筑的例子，如赵州桥、应县木塔、都江堰和斗拱结构，这些建筑全都体现了我们祖先高超的力学水平；而南京长江大桥、鸟巢、杭州湾大桥和港珠澳大桥，则是社会主义优越性的集中反映；通过与西方多党制的对比，介绍中国国内国际环境等，让同学们感知生在中国、背靠五千年文化，见证祖国的日益强大，激发他们的民族自豪感。再如，在讲到约束与自由的关系时，联系现实生活，向学生传达"约束和自由是相对的，必须遵守法律，在法律约束和社会公德之内行使自由权利"的理念。

4. 科学评价熔铸动能，制定融入课程思政的教学效果评价标准

将育人要求纳入学习考核评价体系，完善专业课程考核方式，制定融入课程思政的教学效果评价标准。评价标准必须体现评价学生在专业课程学习中吸收思政培育内容效果的考核方案。如"理论力学"课程推行"N+1+1"综合考试改革，课程考核成绩由课堂互动、课堂笔记、课堂提问、课堂研讨、作业、随堂测试、期中考试、调查报告、课程论文、期末考试成绩及相关创新实践成果等组成，每个项目设计具体考核指标，以科学考核学生学习效果，并且要包含课程思政相关作业和小论文。

三、专业思政建设成效

本项目的研究以机械与车辆工程学院的机械设计制造及其自动化等机械类专业为例进行，通过构建OBE理念视角下的专业与思政教育协同融合的机械类人才培养模式，引导学生从"专业成才"到"精神成人"，使学生成为德才兼备、全面发展的人才。其应用特色和研究成果可直接推广至临沂大学所有工科专业的工程教育认证OBE理念视角下的专业与思政教育协同融合的机械类人才培养当中，还可进一步推广至其他高校工科专业的专业与思政教育协同融合的人才培养当中。

结 语

基于工程教育认证理念创新机械类人才培养模式，将课程思政融入专业课程教学。用好大学育人课堂教学这个主渠道，专业课程与课程思政要同向同行，形成协同效应。专业课教师要将思想政治教育融入专业课教学的各环节中，深化课程思政教学改革，推进"三全"育人，形成课程育人的"圈层效应"，以新时代教育理念武装师生。

将专业课和课程思政进行有机协同融合，把课程思政工作贯穿教育教学的全过程，努力实现知识传授、能力培养与价值引领的有机统一。重点是立足学科的学术内涵和传承脉络，从小处入手、细处落脚，挖掘专业课的学科文化，发挥专业课程本身的特色，提炼出爱国情怀、法治意识、社会责任、文化自信、人文精神等要素，使之与思政元素有机地融合、内化在一起，通过育人观、使命观、教学观、课程观等多维度教育改革，培养中国特色社会主义建设者和接班人。

专业思政与实践教学融合，培养学生工程实践能力

——车辆工程专业思政建设实践

陈佩江　机械与车辆工程学院

一、专业简介

临沂大学车辆工程专业为山东省"名校工程"建设专业、校级高水平应用型专业（群）重点专业和一流本科培育专业。本专业旨在培养系统掌握车辆工程专业的相关知识和技能，经过工程实践训练，知识、能力、素质协调发展，适应现代车辆技术的发展需要，具有分析、解决车辆工程专业领域问题的专业素质和业务能力，能够在车辆工程领域内从事设计制造、检测维修、经营管理等工作的高素质应用型人才。

为了强化学生的工程实践能力，增强其对专业知识的感性认识和工程意识，临沂大学车辆工程专业重视实践教学，实践环节学分占到总学分的34.24%，是专业课程体系的重要组成部分，而为能实现"全程育人、全方位育人"，必须在实践教学环节对学生进行课程思政教育。

根据各个实践教学环节的特点，本专业授课教师们对在实验教学、实习实训、毕业设计、毕业实习、创新创业活动等实践环节中如何有机融入思政元素这一问题进行了研究和探索，一致认为应该把专业实践与思政育人互相融合，把社会主义核心价值观融入教学全过程，以充分发挥专业实践教学环节的思政育人功能，实现价值引领和知识传授的有机统一。

二、专业思政建设举措

（一）分析实践类课程教学特色，推动"课程思政"教学改革

考虑到实践教学环节课程的教学内容和特点，与理论课程相比，实践环节的课程思政特点主要有以下几点。

1. 知识具有综合性和实践性

实践类课程涉及的知识具有更高的综合性，在教学中要强调让学生沉下心来，与

实践、行业紧密结合,应更加注重培养学生的工程实践能力和创新能力。

2. 教学方式和评价方式围绕实践展开

实践类课程的教学场所不再是课堂,而是实验室、实践基地或企业,教学方式具有特殊性和多样性,学生评价方式也以实践效果为主。相应地,实践教学环节的课程思政实施方法也要对应进行设计,才能使工程实践与思政育人相融合。

3. 课程思政需要全程性

实践环节内容、形式丰富多样,实践课程蕴含着丰富的思政元素,如团队协作精神、工匠精神、社会责任感、职业素质、职业道德规范等要素,都可以体现在实践教学过程中,需要教师在各个实践环节凝练课程思政元素。

车辆工程专业的实践教学环节所涉及的课程可分为五类:实验教学环节、实习实训环节、课程设计与毕业设计环节、毕业实习环节、创新创业活动环节。对于不同的实践教学类型,分析其特点,从中提炼思政元素,如表1所示。

表1 车辆工程专业实践教学环节与课程思政目标

实践环节	课程	课程思政目标
实验教学环节	材料力学、机械原理等课程实验,电工学实验	(1)通过理论指导实践,培养严谨求实的工作作风、职业素养和工匠精神 (2)通过分组实验,培养学生的团队协作精神和集体荣誉感 (3)培养学生的安全操作意识、责任感和勇于担当的精神
实习实训环节	金工实习、机械制图测绘、车辆拆装实训、汽车保养与维护实训、汽车驾驶实训	(1)激发学生科技报国的家国情怀和使命担当 (2)通过理论指导实践,培养严谨求实的工作作风、职业素养和工匠精神 (3)重视环境问题,树立环保意识和良好的环境行为习惯,提高学生的社会责任感,树立绿色文明意识和可持续发展意识 (4)结合行业岗位,具有良好的工作态度,培养学生的职业素养、职业情感和职业道德
课程设计与毕业设计环节	机械原理课程设计、机械设计课程设计、车辆工程仿真、专业方向课课程设计、毕业论文(设计)	(1)通过理论指导实践,培养严谨求实的工作作风、职业素养和工匠精神 (2)具有社会责任感,自觉树立振兴国家和行业志向,具有民族使命感 (3)具有工程意识和科学作风,能从不同角度、不同层次分析问题和解决问题 (4)认识到实践是认识的来源,是检验真理的唯一标准,树立马克思主义实践观 (5)通过严格把关设计过程、提供真实可靠的数据、独立撰写设计说明书,培养学术诚信意识

续表

实 践 环 节	课 程	课程思政目标
毕业实习环节	毕业实习	（1）通过理论指导实践，培养严谨求实的工作作风、职业素养和工匠精神 （2）具有良好的职业素养，树立正确的职业信念，培养良好的职业习惯 （3）重视环境问题，理解绿水青山就是金山银山，树立环保意识，培养良好的环境行为习惯，提高学生的社会责任感，树立绿色文明意识和可持续发展意识
创新创业活动环节	创新创业实践	（1）具有追求真理、崇尚科学的理念 （2）具有社会责任感，自觉树立振兴国家志向，具有民族使命感 （3）通过创新活动，培养工程实践能力、科研素质 （4）具有团队协作意识和创新思维，具有分析问题、解决问题的能力

（二）教学方法多样化，实验教学融入思政元素

实验教学在基础课和专业课中应用十分广泛，其目的不仅是验证专业理论知识，更要培养学生正确地操作实验设备、设计实验方案，进行测试、分析数据，以及撰写实验报告。因此，学生通过实验教学，能够进一步巩固和提升理论知识，系统提高综合素质，特别是提高动手实践能力和创新能力，而把实验教学与课程思政相融合，则既能有效提高思政育人的效果，也可以帮助学生养成良好的实验习惯。

1．教师重视，做好实验前的准备

实验教师要重视课程思政，并把它体现在实验教学过程的各个环节，比如，在实验前要做好准备工作，提高实验成功率；向学生强调实验注意事项，规范实验行为。

2．采用多样化的实验教学手段

传统的实验教学方法可以让学生尽快掌握实验方法并完成实验过程，但也容易让实验课程失去吸引力，使学生失去兴趣。因此，教师要根据实验类型和实验内容采用合适的教学方法，这样才能激发学生的实验兴趣，提高实验教学效果。

3．实验教学中的课程思政重点

在实验教学过程中，要培养学生的相互合作精神，注重其操作的规范性和严谨性，要求学生尊重实验数据的真实性，认真分析实验数据，如实撰写实验报告，这有助于学生在以后的职业生涯中体现良好的职业素养。

(三)改革实习实训教学,强化学生工匠精神

以"金工实习"课程为代表的实习实训类教学环节,在车辆工程专业教学中起着至关重要的作用,能够使学生获得基本知识和基本操作技能,培养其动手、创新能力与严谨、细致、踏实的科学作风,提高其工程实践能力。

1. 结合行业现状,培养学生工匠精神

在学生实习实训过程中,要根据教学内容,尽可能地与中国制造业、中国汽车行业现状相结合。比如,观看《大国工匠》,让学生体会实践操作背后的工匠精神,让学生接触到实习实训所蕴含的人文教育意义,体会到工匠精神的真正含义。

2. 结合行业特点,培养学生敢于担当的责任感

"绿水青山就是金山银山。"汽车产业要想长期而稳定的发展,就要重视环境问题。通过将环境保护作为一项教学内容纳入"金工实习"等实习实训课程中,学生不仅可以了解生产工艺,还能认识到对自然资源、生态环境所带来的影响,从而树立环保意识,培养良好的环境行为习惯,提高学生的社会责任感。

3. 结合行业岗位,培养学生的职业素养

"汽车保养与维护实训"等课程内容都与学生就业后的岗位密切相关。在教学时,让学生感觉到不是在单纯地学习,而是有完成任务的成就感,引导他们动手操作,获得愉快的情绪体验,从而拥有职业荣誉感和幸福感。通过学习和岗位的结合,培养学生的职业理想、就业意识以及从业态度,让学生能够脚踏实地学习,具有良好的工作态度、职业情感和职业道德。

(四)设计类课程联系生产实践,培养学生社会责任意识

课程设计类特别是"毕业论文(设计)"的教学目标,主要是培养学生具备从事科学研究的初步能力,在教学中特别注重充分发挥学生的创造性,培养其工程意识和科学作风。

1. 把关设计题目方向,培养学生社会责任感

在课程设计,特别是毕业设计中,选题是关键环节。在指导选题过程中,教师注重培养学生的社会责任感,引导其自觉树立振兴国家、民族的使命感,把有助于行业发展和社会经济发展的选题作为优选。

2. 发挥课程实践功能,培养学生正确的世界观和实践观

实践是认识的来源,是检验真理的唯一标准,实践出真知。因此培养学生树立马

克思主义实践观就具有重要的意义。设计类课程具有很强的实践性，教师在设计指导过程中，要在材料搜集、整理、分析、设计、验证等多个环节对学生进行实践指导，以培养其正确的世界观和实践观。

（五）建立毕业实习"双导师"，培养学生职业素养

毕业实习是特殊的教学过程，是课堂教学与行业企业的融合，与此同时也会带来一定的问题，诸如：毕业实习在校外进行，使得管理难度增大；从学校到企业，从学生到员工，心态需要转化；等等。

1. 建立"双导师"制，给学生以全方位的指导

为加强对学生的指导，为学生配备双导师，即学业导师和企业指导教师。通过校企导师的共同指导，解决学生在实习期间遇到的各种问题，及时帮助学生调整心态，使其从学校学习顺利过渡到企业实践，培养其职业素养，引导其树立正确的职业信念，培养其良好的职业习惯和安全环保意识。

2. 利用"互联网+"，高效开展实习指导工作

学生毕业实习既有集中实习，也有分散实习。为有效地指导学生开展实习工作，教师充分利用各种互联网工具，比如 QQ 群、微信群等各种平台，结合"双导师"制，以线上与线下相补充的方式，对学生毕业实习全过程进行指导。

（六）丰富创新创业实践，培养学生创新精神

鼓励车辆工程专业学生参加各种创新创业实践活动，倡导启发式教学和研究性学习，致力于培养具有创新精神和创业能力的高素质应用型人才。通过让学生在创新创业实践活动中主动发现问题、提出问题、分析问题，并最终解决问题，培养其科学素养、创新思维习惯、良好的心理素质，以及严谨的科学态度和团队协作精神。

1. 价值观引领，切实提高学生综合素质

鼓励学生根据自己的兴趣和专业知识，参加各种类型的创新实践活动，通过潜移默化式的思政育人，引导学生追求真理、崇尚科学，全面提高其综合素质和竞争能力。

2. 组建兴趣小组，创新实践活动多样化

除参加"第一课堂"以外，还组织学生参加丰富多彩的"第二课堂"。学生通过组建兴趣小组，根据学习情况、知识积累和个人志向，有选择地参加学生竞赛、大学生创新创业项目、导师科研团队等。通过各种类型的创新创业实践活动，拓宽学生视野，培养学生的工程实践能力、科研素质、协作精神、团队协作意识和创新思维，提

高其分析问题、解决问题的能力。例如本专业学生驾驶自主设计制造的赛车参加了"中国汽车工程学会巴哈大赛"等重要赛事活动,既拓宽了视野,树立了协作精神,培养了团队精神,同时也提升了专业实践能力。

三、专业思政建设成效

通过对车辆工程专业思政与实践教学有机融合的研究与探索,在车辆工程专业思政建设上,主要取得了以下几方面成效。

(1)重构车辆工程实践教学体系。为了能更好地把实践教学与思政教育相融合,重新构建了车辆工程实践教学体系。

(2)建立车辆工程实践环节思政教学案例库。充分挖掘实践课程的思政元素,使其与专业知识及工程实践相融合,根据课程性质和教学内容,在教学实践中不断探索和调整,形成了各具特色的思政教学案例。

(3)改革教学方法,提高教师教学水平。为把实践教学与课程思政有机结合起来,教师通过研究课程思政教育、创新教学方法,提高了思政教学业务水平,改进了教学效果。

(4)培养了学生的工程能力、创新精神、工匠精神和社会责任感。通过充分挖掘专业实践课程的思政元素,采用合适的教学方法,在培养学生工程实践能力和创新精神的基础上,更有效地培养了学生的职业标准、法治意识、团队协作精神、工匠精神、社会责任感和道德规范等。

(5)促进了全程育人、全方位育人。通过专业思政与实践教学的融合,促使思想政治工作贯穿于教育教学全过程,实现了专业课程与思政课程的同向同行,达到了全程育人、全方位育人,使学生"专业成才,精神成人"。

结 语

本文以车辆工程专业为例,结合各个实践教学环节的特点,对如何在实践教学环节中有机地融入思政元素这一课题进行了探索,通过专业思政建设,培养了学生的创新精神、工程实践能力、工匠精神、职业素质等,提高了学生的综合素质,更好地贯彻了"全员育人、全过程育人、全方位育人"的理念。作为教师,要重视实践教学,改革实践教学模式,丰富教学方法和手段,全面挖掘思政元素,实现实践教学和思政育人的有机融合,发挥立德树人的作用,做到铸魂育人、育才育德。

以专业思政激发工科类专业建设核心动能

——以材料科学与工程专业为例

陈奎永　材料科学与工程学院

一、专业简介

材料是社会发展的基石，对国计民生具有重要价值。建设科技强国，实现中华民族的伟大复兴，离不开材料科技的有力支撑。材料科学与工程专业是为顺应社会需求、服务地方经济发展而设立的应用型专业。本专业旨在培养德智体美全面发展，基础理论扎实，富有创新精神和创业能力，具有扎实的自然科学基础、人文社会科学基础和材料科学与工程专业基础知识的复合型人才，以满足国家和社会发展对材料行业综合性、复合型人才的需求。目前，本专业拥有泰山学者1人，博导、硕导4人，教授、副教授4人，博士12人，专任教师博士比达100%。

2018年5月2日，习近平总书记在北京大学师生座谈会上强调，大学是立德树人、培养人才的地方，是青年学习知识、增长才干、放飞梦想的地方，要把立德树人融入思想道德教育、文化知识教育、社会实践教育各环节，教师要围绕这个目标来教，学生要围绕这个目标来学。习近平总书记的讲话深刻回答了高校"培养什么样的人、如何培养人以及为谁培养人"这一根本性问题，为做好新形势下高校思想政治工作、发展高等教育事业指明了行动方向。

将专业思政和专业教育有机结合，在专业建设过程中将德育思想拓展深化，将育人思想融入专业建设的各环节，是育人主体性更高程度的回归和实现。青年学生在本科教育阶段的成长，不仅需要全体教师持续的专业教导与人生指引，更需要全体教师的思想引领，应通过将习近平新时代中国特色社会主义思想、社会主义核心价值观等精神食粮融入教育教学的各环节，落实到课堂教学、实习实践和文化育人等活动中去，以此不断改进和完善思政教育方式方法。

材料科学与工程专业旨在为党和国家培养材料领域的优秀人才，为党和国家在国防、民生等领域输送后继力量。如何把材料科学与工程专业和思政教育有机结合，在专业建设过程中，把工程实践中的职业道德，中国文化，中国经济，材料与政治、经济、文化、哲学的关系等思政元素融入专业教育，对这一课题的研究是高校教育领域的新探索。本文根据临沂大学材料科学与工程学院材料科学与工程专业在专业思政建设方面的探索，浅谈一些经验。

二、专业思政建设主要方案及措施

材料科学与工程专业在专业思政建设过程中，在顶层设计、课程体系建设、强化师资、塑造学生优良的品格品行、发挥党支部的中流砥柱作用等方面多措并举，有力地强化了思政元素在提高育人质量方面的重要作用，把中国文化，可持续发展理念，以及材料与政治、经济、文化、哲学的关系等思政元素有机融入育人全过程中。其专业思政建设的具体方案及措施如下。

（一）以顶层设计为引领

在全国高校思想政治工作会议上，习近平总书记强调，高等教育发展水平是一个国家发展水平和发展潜力的重要标志。我们越是接近中华民族伟大复兴的目标，就越需要发挥高等教育的作用，越渴求科学知识和卓越人才。高校立身之本在于立德树人，只有培养出一流人才的高校，才能够成为世界一流大学。做好高校思想政治工作，高校才能牢牢抓住全面提高人才培养能力这个核心点，完成好培养德智体美全面发展的社会主义事业建设者和接班人的重大任务，才能更好地服务大局，不断增强国家核心竞争力。

这一系列重要论述深刻阐明了做好高校思想政治工作和推进高等教育事业发展的辩证关系。高等教育工作者要从历史方位的新阐释、价值定位的新导向、工作布局的新要求三个方面悟透该讲话的精髓所在，要善于把握形势，认清高校思想政治工作在党和国家事业全局中的地位作用、目标任务，要在总结反思中学习，坚持问题导向，找出差距不足，务实推动工作。

作为临沂大学材料科学与工程学院的主干专业之一，材料科学与工程专业深刻领会习近平总书记的讲话精神，严格按照习近平总书记的指示，深入研究材料科学与工程专业在专业思政方面的成效和不足，出台一系列举措，在课程体系建设、强化师资、建立科学合理考核制度等方面下功夫，将专业思政融入育人过程的各个环节，搭建全员、全程、全方位育人新格局。

（二）以课程体系建设为根本

专业课不仅要把专业知识传授好，同时要做到把专业课程所蕴含的思政教育元素、做人做事的基本道理、社会主义核心价值观的要求、实现民族复兴的理想和责任融入专业课程教学中。《中华人民共和国教育法》中规定：国家在受教育者中进行爱国主义、集体主义、社会主义的教育，进行理想、道德、纪律、法制、国防和民族团结的教育。教育应当继承和弘扬中华民族优秀的历史文化传统，吸收人类文明发展的一切优秀成果。由此可见，思政教育的内容应该包括：爱国主义、集体主义、社会主义的教育，理想教育、道德教育、国防教育、民族团结教育以及中华民族优秀的历史文化传统等方面的教育。材料科学与工程专业的学生，不仅要具备扎实的专业基础，同时，也应具备较高的思想道德和爱国主义水准。

材料专业课程中思政元素的育人作用的发挥，并不像思政课程那么直接，而是更加隐晦，是一种"润物细无声"的效果。专业课是专业知识的传授过程，同时也是思政育人的过程。非思政的专业课程经过知识点的梳理，总是会有各类思政元素可以进行融合的，因此，作为非思政类的专业课教师，在专业课教学设计时，应该积极去挖掘课程知识点与思政元素的切入点，真正地将专业课的教学做到"守好一段渠、种好责任田"。如在讲碳"纤维复合材料的基本概念、制备方法、性能指标"等主干知识时，穿插讲述我国在高强碳纤维领域的尴尬境地。高强碳纤维在航空航天、大型装备等领域内具有重要价值，我国一直以来都是碳纤维生产和消费大国，然而，由于我国碳纤维制备技术落后，生产和消费仍处于产业链的较低层次，以至于我国在高性能碳纤维领域一直受制于人，国产高性能材料的辉煌仍需要一代代人的共同努力。类似地，我国在高端芯片、航空发动机等方面的发展短板，都可以追溯到材料科技的落后现状，材料科学与工程专业的青年学子展示自己才能的空间十分广阔。

在每一门专业课程中有机融入思政教育元素，深入浅出地介绍学科前沿和国家发展战略的关系，结合新经济形态介绍互联网技术，用身边的事实为学生展现改革开放的新成就，不仅可以激发学生的爱国热情，同时，也使学生对专业课的兴趣更加浓厚，学习的积极性与主动性更高，知识消化吸收效果也更好。

（三）以强化师资为主线

本专业把思想政治工作贯穿于教育教学全过程，坚持精准施策、精准发力，持续深化课程思政和思政课程改革，不断完善"三全育人"格局，努力培养德智体美劳全面发展，具有家国情怀、创新精神、国际视野，担当民族复兴大任的材料科学与工程人才。实现这一目标，离不开青年学子的引路人——教师。为实现专业思政育人目标，材料科学与工程专业一方面强化师资队伍，提高专业教师的思政水平，挑选育人精兵强化课程思政建设（学业导师制）；另一方面深度挖掘教师的科研资源，让学生进入实验室积极参与科研项目，以提高学生的创新实践能力。

通过设立学业导师制度，在指导学生专业学习的基础上，进一步加强专业教师对本科生的学业指导与思想教育工作，严抓教师的教学过程与学生的学习过程管理，提升教师教学质量与学生学习效果，真正落实教师立德树人的根本任务，同时，将专业瞄准国际一流水准，推行国际化发展战略，加强与国内外知名大学和教授的合作交流和人才培养，将国际先进的教学理念融入特色本科教学，努力开拓学生的视野，提升学生的综合能力；本专业通过深挖教师的科研资源，高度重视学生专业技能和创新能力的培养，让学生深入教师科研项目，积极试验、敢于试错、努力创新，同时鼓励学生参与各项学科竞赛训练、暑期项目制专业实践、本科生进科研团队等活动，旨在增强学生表达沟通、团队合作、组织协调、研究实践等能力。

（四）以塑造学生优良的品格、品行、品位为导向

高校思政具有特定的教学目标，不仅要向大学生传授马克思主义理论知识，更重要的是要提高大学生的思想政治素质，对其进行价值观教育，为学生成长成才奠定科学的思想基础。在专业思政教学过程中，不仅要培养学生的专业素质，更要把培养学生的思想政治素质和道德素质，塑造学生优良的品格、品行、品位放在重要位置，这是事关学生成长成才的大事。培养人才是大学的重要使命，而培养人才的最高境界是心灵的塑造和灵魂的培养。青年的价值取向决定了未来整个社会的价值取向，而青年又处在价值观形成和确立的关键时期，抓好这一时期的价值观养成十分重要。从一定意义上说，价值观的培养和教育比专业知识的学习更为重要。专业思政中的思政元素同样可以涤荡学子心灵，激励同学们立鸿鹄志、做追梦人，教师应教育学生把握时代潮流，养成良好的道德品质和行为习惯，努力提升自身素质和专业技能，把个人发展与国家、社会需要密切结合，鼓励其坚定信心，勇敢挑战，迎难而上，不断尝试向更高目标发起冲击。

（五）发挥党支部在专业思政中的中流砥柱作用

将支部活动和专业思政有机结合，发挥党支部在专业思政中的中流砥柱作用，实现党组织建设和专业思政建设双效益。在高校，党建和教育是密切联系的有机体。"不忘初心，牢记使命"主题教育活动、做新时代"四有"好老师等一系列活动在高校中引起了强烈反响，各个党支部教师热情高涨。高校教师立足培养中国特色社会主义事业建设者和接班人的需要，立足国际视野、家国情怀、集体精神和创新思维的新时代人才基本需求，不断提升自己的学识、能力，既做好"大先生"，又做好"教书匠"。

支部活动为教师将热情投入到专业思政建设提供了动力和有力支撑。在支部活动中，教师进行热烈的教学研讨活动，相互学习借鉴，共同进步，使党支部发挥出更大的辐射作用。党员通过参加集体讨论、主题党日和专题学习等活动，剖析课程思政内涵，明确思政建设思路。支部会变成了备课会，教师党支部也成了专业思政教育的主阵地之一。

三、专业思政建设成效

1. 人才培养质量明显提升

通过专业思政教育方案的实施，材料科学与工程专业的人才培养质量均有明显提升。2020届材料科学与工程专业毕业生的考研录取率超过50%，较2019届增加两倍多，多名同学被南开大学、中国科学院大学等高校、研究所录取，多名同学获得国家、省级比赛（全国金相技能大赛、山东省大学生化学实验技能大赛等）特等奖、一等奖等奖项；各班级学风明显提升，上课缺勤率明显降低，同学们的听课注意力得到了有效提高。

2. 思政课程体系逐步完善

本专业全面实施了专业课课程思政工作，截至目前，已实施"高分子化学""高分子物理""高聚物合成工艺学"等多门课程的课程思政建设工作，不仅激发了学生的爱国热情，同时，也使学生对专业课的兴趣更加浓厚，其学习的积极性与主动性更高，知识消化吸收效果更好。

3. 教师队伍凝聚力和创造力不断加强

为服务专业思政建设，材料科学与工程学院不断强化师资队伍建设，一方面，推动教师打磨专业核心课，在提高课程含金量的同时，通过融入思政元素，不断提高专业教师的思政水平；另一方面，材料科学与工程专业瞄准国际一流水准，推行国际化发展战略，不断加强与国内外知名大学和教授的合作交流和人才培养。

结 语

材料科学与工程专业在顶层设计、课程体系建设、强化师资、塑造学生优良的品格品行、发挥党支部的中流砥柱作用等方面多措并举，有力地强化了思政元素在提高育人质量方面的重要作用，在人才培养质量、思政课程体系、教师队伍建设等方面取得了一定的成果。未来，本专业基于目前专业思政取得的成效，将进一步加强党支部建设、学生价值观引导等方面在专业思政中的重要作用，把中国文化，中国经济，可持续发展理念，材料与政治、经济、文化、哲学的关系等思政元素有机融入育人全过程中，做到真正的全员、全过程、全方位育人。

争创思政教育与专业教学深度融合的一流专业

——轨道交通信号与控制专业思政建设探讨

安霆　自动化与电气工程学院

一、专业简介

轨道交通信号与控制专业是在 2012 年由国家教育部设立的新的特设专业，是国家战略新兴产业发展和改善民生急需的应用性强、行业针对性强的"新工科"专业，是国家发展改革委、教育部、人力资源和社会保障部、工业和信息化部推进的制造业十大重点领域——先进轨道交通装备产业中的重要支持专业。临沂大学 2014 年成功申报轨道交通信号与控制专业，2015 年开始招生。

专业以控制科学与工程为依托，立足轨道交通及相关行业，旨在培养知识、能力和素质协调发展，适应经济、产业转型、调整和升级要求，能够系统掌握本领域的基本理论和应用技术，具备轨道交通信号与控制技术、轨道交通供变电技术、电力牵引与传动控制技术等方面的基础理论与基本技能，具有较强的创新精神、实践能力、创业能力和沟通交流能力的创造型、实用型人才。

本专业人才培养中的"协调发展"包含了素质教育的要素，体现了对于思政教育的要求，因此在当下开展专业思政建设，将思政教育深度融入专业教学就显得尤为重要。

二、专业思政建设举措

本专业在思政建设过程中，以轨道交通行业背景为特色，以学生的未来发展为导向，以"传承沂蒙精神、践行立德树人"和"弘扬社会主义核心价值观"为牵引，以"三全育人"为着力点，以"培养目标、课程体系、单门课程、师资队伍、评价体系、文化氛围"等方面的思政建设达成为目标。

（一）专业思政课程体系建设

1. 加强顶层设计

一方面，强化在"大思政"背景下，将思政教育纳入轨道交通信号与控制专业整体规划中,提高本专业所有课程教师思想政治理论素质,将思想政治教育融入每一门专业课堂的理念深入人心,以"列车运行控制技术""铁路调度指挥系统""车站信号自动控制"等具有专业代表性的专业核心课程作为突破口,大力推进教育教学改革,以典型课程思政课为基础,增强本专业全体教师课程思政的意识与能力。

另一方面,将思想政治要求融入专业人才培养目标。轨道交通信号与控制专业以培养高素质应用型轨道交通信号与控制工程技术人才为最终目标,在培养模式中强调对学生综合素养的要求,即具备较好的政治、思想道德和科学文化素养,有较饱满的敬业精神、较强的社会责任感以及较好的职业素养。

2. 聚焦专业特色谋改革

本专业具备知识前沿、教师专业、学生凝聚力强的特点,课程设置颇具职业特色。在课程改革中,充分发掘列车运行控制技术、铁路调度指挥系统、车站信号自动控制、电磁兼容等知识点中蕴含的课程思政元素,制订专业课教学目标,拓展教学内容深度和广度,在教学方式、教学内容、教学方案、教学理念上全方位实施课程思政改革。

3. 注重隐性教育协同育人

注重课堂中的隐性教育,将高铁、城市轨道交通中的最新技术进展与行业背景相关的智能自动驾驶、5G物联网技术、列车运行大数据等前沿科技发展融入课堂,增强学生的爱国主义情怀,在提升教学思政理念的同时,不断创新教学方式与方法。

4. 关注学生信息多元化渠道

现代社会信息技术高速发展,各种信息技术已渐渐融入教学中。专业思政建设要充分结合热点事件、时政要闻,主动拓展各种教学手段,积极引导学生树立正确的世界观、人生观和价值观,掌握社会发展变迁的基本规律,让学生能够正确地分辨社会中存在的各类现象,从而推动思政教育的有效开展。

5. 凝练专业思政教育核心要素

在进行专业教学时,将思政要素与专业课程教学有机融合,以形成协同教学模式,把细化后的教育目标融入课程单元的设计中,把思政教育贯穿于整个教学过程,将二者相互融合、逐步完善。

(1)爱国主义情操。爱国主义是需要结合教学各个环节的,而非仅仅空谈概念。在教学中,对于轨道专业的学生,从国家战略、科技发展等方面将该元素融入课程教学中。例如,在"列车运行控制"课程中,将国家在智能控制、物联网等技术领域高速发展的现状分享到课堂中,在拓宽学生知识面的同时,也提升了其民族自豪感,真正起到了培养学生正确的世界观、人生观、价值观的目的。

（2）集体主义精神。本专业的特色之一就是强调团队合作，而这恰恰是集体主义的体现。在"铁路调度指挥系统"等课程教学中，通过在实验课中进行分小组实验，在课堂中分组讨论、设计展示等方法，让学生充分进行团队合作。从团队合作的角度出发，让学生深刻领会到个人与集体、少数与多数之间的轻重关系，体会到成员间合作的重要性，等等。

（3）诚实守信。如，在"车站信号自动控制"课程中，强化学生"支持原创、杜绝抄袭、维护版权"的意识。又如，在"电磁兼容""轨道信号基础"等专业课程中，把该要素作为一项重要的对职业道德的要求，让学生建立起思维底线，既能真正领悟诚信做人的道理，又能更好地打牢专业基础。

（4）协作精神。对本专业学生的相互协作，无论是在实践操作中，还是在项目研发中均显得尤为重要。例如，对于"电磁兼容"课程中的"信号频率对电缆电流路径影响"这一实验，既有负责线缆屏蔽、搭接、芯线端部制作等硬件设计制作的同学，也有负责电路连接设计、线路位置摆放及固定等方案设计的同学，还有负责测试仪器调试的同学，他们必须通力合作才能给出准确的结论，哪一个环节都不可或缺。经过这种实践锻炼，同学们亲身体会到了协作的重要性，在后续的学习和生活中，协作精神也会被他们牢牢记住。

（5）工匠精神。工匠精神是精益求精的精神，是我国由制造大国向制造强国转变的重要元素，对于轨道专业的学生来说也是一种不可或缺的要素。例如，在"轨道信号基础"课程中，学生在学习继电器时间控制部分知识的过程中，会发现只有精心设计电路、继电器衔铁的结构、材质等，才能对继电器的开合时间进行精确控制，而轨道电路中有大量的继电器，如果在每一个当中都存在一定的误差，那整个系统就会由误差转变为错误，这样就会严重危害到整个系统的安全运行，甚至引发事故。通过类似的课程，在其中结合部分案例，深入阐述工匠精神的重要性，不仅会对学生在学习和生活中养成严谨、细致的习惯起到潜移默化的作用，同时也有利于学生更好地理解工匠精神的本质。

（6）改进教学方式方法。运用新媒体、新技术推动思想政治工作更好地开展下去。当下，互联网的各种资料、资源极其丰富，将专业核心课程结合轨道交通专业的特点，建立课程思政网上资源，例如可以运用雨课堂、钉钉课堂、腾讯课堂和相关网站等，采用网络教学等手段，使学生不仅在课堂中，而且在课下也可以查看、学习，还可以有效提高学习的针对性、有效性。此外，通过课件、案例和资源库等的网络分享和辐射，也可以增强教师间的互动交流。通过这些新媒体和新技术手段的运用，既能更加有效、无形地把思政教育融入课程中，也可以检验思政教学效果，同时还能将思政教育延伸到课堂之外。如，以与专业相关的社会志愿活动为媒介，教师带领学生走进轨道交通场站等现场，强化现场感悟，启发学生将理想抱负落实到实践探索中去。

（7）优化评价体系。在课程思政背景下，本专业教师面对的不仅仅是知识传授和能力培养的问题，而价值引领也将成为专业教师责无旁贷的使命。仅仅具有较高的专业水平是无法证明思政教育是成功的，这就给专业教学建设提出了新要求——除了对课程教育模式和教学方案有新的要求外，还应有对思政教学科学的评价体系。

传统的教学评价缺少对学生素质、思想、情感的评价，为了使学生的思政教育成效获得直观呈现，可以在平时成绩中融入思政教育评价，可参考元素有礼貌、行为等。在毕业设计评价中对学生的认知表达、思想状态等做出评价，在实训评价中对其规范、安全、合作、沟通的理解做出评价。在具体操作中，要将思政教育目标转化为爱党爱国、爱岗敬业、诚实守信等核心价值观，将自强不息、勇于攀登等的科学精神等指标点融入专业课程目标中。此外，为提高思政教育的有效性，在工程认证中的课程支撑指标点中也加入了思政考核指标。

（二）专业思政实践育人体系建设

明确思政课实践教学的重要地位，坚持因事而化、因时而进、因势而新，强化思政实践的时代价值，将社会主义核心价值观的各要素融入专业实践教学全过程，以走进高铁现场等为主题组织专业实践活动，构建"课堂实践、社会实践"相衔接的贯通式实践教学体系，通过课堂辩论赛、社会调研成果展示等形式，帮助学生深化学习效果。

本专业充分利用校外实习场所，将职业精神和轨道交通文化融入专业实践教学的各个环节，有意识地将职业素养内容渗透到教学内容中，多层面地提升学生从业技能，培养学生敬业精神，增强职业道德感，实现实践能力培养与全程育人的有效对接。

在每届学生的专业实习中，以铁路典型人物和先进事迹为榜样，以构建当代轨道交通精神为目的，在轨道交通车站、轨道电路、连锁系统等现场除了开展正常的实习学习外，争取开展一次思政教育主题活动，邀请专家做一次现场报告，进行一次思政主题大讨论，以此将专业思政实践教育落到实践现场。

此外，还引导学生积极参与"中国精神与中国梦学习宣讲""聚焦农村精准扶贫"等实践行动，并邀请校外轨道交通相关企事业单位参与指导学生创新创业实践，为学生提供专业导师和优质资源，共同培育精品项目；鼓励学生充分运用新媒体、新技术，开展思政教育实践"微直播""微话题"等线上活动，随时随地将创新实践的新鲜故事和生动画面进行线上分享，营造浓厚的思政实践教学文化氛围。

（三）专业思政师资队伍建设

教师是专业思政建设的关键所在，打造一支具有精深专业素养、精湛思政教育水平的教师团队，可以为专业思政教育提供优良的师资保证。教师既是课堂教学的第一责任人，也是思政教学实施的主体，建设一支大局意识强、德育水平高的教师队伍，是确保专业课程顺利开展思政教育的基础保证。为将教师的思政教学水平提升落实到实处，通过择时开展教师实习实践活动、课程思政教学沙龙活动（最好由思政课教师和专业课教师共同参与）、核心专业课程思政试点的老师所参与的专题培训，使得思政培训、师德师风建设系统化，与此同时也提高了教师队伍的责任感、使命感。

（四）专业思政育人环境建设

1. 党支部引领方面

本专业多名骨干教师均为党员，因此党支部在思政教育上的引领作用显得非常重要。为了更好地发挥党员的示范作用，支部发挥榜样力量，与电气工程党支部、学生党支部联系并建立了结对共建关系，通过学术科研、教学等方面的交流进行一对一联动；支部还通过广泛参与活动，增强支部的凝聚力，以评促建、以评促改。除此之外，党支部还积极利用QQ、微信、微博等沟通渠道，发挥新媒体便捷、快速、高效的优势，将理论学习开设在线上，定期转发前沿的党建理论和时政要闻。这种线上互动的模式得到了大家的广泛认可，大家积极踊跃地进行了参与。考虑到学生对创新创业的巨大热情，支部专门举办了创新创业主题党日和创业导师进支部等活动，围绕轨道交通信号与控制专业的发展历程、大学生创业现状、困境及机遇，展开了深入的交流；此外，支部还专门针对思政教学组织优秀思政教师现身说法等活动，有效地融入和引领了专业的思政教学工作。

2. 专业文化引领方面

高度认识和充分发挥专业文化作用，对于思想政治工作目标的实现至关重要。文化是行动的思想指南，是思政教学建设的重要组成部分，具有不可替代的核心作用。为此，本专业总结了多年来建设专业的经验，提出了以"勤奋、务实、诚信、创新"为核心的专业文化。为了让专业文化在学生心中生根发芽，本专业树立聂振、张豪等学生典型，通过典型带动形成了良好学风。此外，学生在学习、生活中难免会出现一些问题，教师以专业文化加以开导，取得了较好的效果。

三、专业思政建设成效

（一）教学内容、教学方法不断完善

传统专业课程的教学内容、方法均显得较为单调，而当前环境下对专业课程思政提出了知识要丰富、方法手段要多样化的要求，在课程思政教学环节中要将知识传授同价值引领相结合、专业知识同思政教育相结合、课堂教学与第二课堂教育相结合，这使得教学内容不断丰富、教学手段不断创新。

（二）教师育人意识由被动转化为主动

通过树立典型、课堂过程展示等手段，激发全专业教师积极投入思政教育活动中，形成了专业教师"三全育人"较为浓厚的氛围，从思想上转变了部分教师从事课程思政、专业思政建设的态度，行动上增强了教师做好课程思政"三项基本功"的自觉性，实践中提高了教师从事思政教学研究的积极性。

（三）育人效果显著提高

首先，增强了学生的社会责任感，学生越来越关注轨道交通信号与控制行业相关的公益事业；其次，提高了学生的综合素养以及创新创业能力；最后，企业对轨道专业毕业学生的满意度也获得了显著增加。

 结　语

本专业思政教育后续将进一步加强教师思政教育培训，组织教师进行校内交流学习，聘请思政教学专家来做专业讲座，适时组织教师外出参观、培训学习，同时开展专业内思政评教活动，积极开展学生反馈调查，推出典型课程思政示范课和优秀思政教师，以不断推进课程思政改革。此外，专业还将定期组织教师思政课集中研讨、思政案例设计，及时修改、完善专业培养方案和课程大纲、教案，并组织专业教师积极申报课程思政教育相关研究课题，以实现全程、全员、全方位育人。

如春在花、如盐在水——"闭环生态"专业思政建设探索与实践

——以新工科机器人工程专业为例

刘兆栋　自动化与电气工程学院

一、专业简介

机器人工程专业是顺应国家建设需求和国际发展趋势而设立的新工科专业,其集信息、电子、计算机、控制和机械以及认知生物等技术为一体,以研发模拟生物体的机电一体化智能系统为目标,以临沂市物流产业的发展与需求为导向,以复杂动态系统的理论为基础,以机器人、无人机等智能装备为支撑,以物流大数据的分析与处理、智能计算为手段,以物流信息安全技术为保障,形成了物流自动化(机器人)装置、建模、分析与控制以及产业化示范特色。

基于机器人工程专业涉及社会、健康、安全、法律、文化以及环境等与"器"相关的诸多元素,如何将专业体系与思政理念有机融合就显得尤为重要。"如春在花、如盐在水",将专业思政和专业课程相结合是专业理论、工程实践与弘扬真善美的有机结合,是将"干巴巴"的教学勘探、发掘、冶炼、加工,转变为"有情有义、有温度、有爱"的专业思政过程,同时也是全面提高人才培养质量的保障。

二、专业思政建设举措

新工科背景下,专业思政建设要因事而化、因时而进、因势而新,深度挖掘机器人工程专业中的思政元素,将之有机融合于专业课程知识教学中,把"大水漫灌"变成"精准滴灌",把家国情怀自然渗入课程的方方面面,构建随专业思政潜"入耳、入脑、入心"的专业思政教育格局。

(一)"一中心、两主体、三主线、四结合"的专业思政建设规划

机器人工程专业要以智能制造产业、智能服务对学生在思想政治素质、专业素养与专业实践创新创业能力等方面的需求为导向,以全面提升机器人工程专业高素质应

用型人才培养质量为目标，推进"坚持一个中心、激活两个主体、抓住三条主线、运用四个结合"的教育理念，来落实机器人工程专业思政的教学改革。

1. 坚持一个中心，激活两个主体

以机器人工程专业人才培养内涵建设和创新创业应用型人才思想政治素质培养为中心，以学生为主体、教师为主导，落实专业思政教学，全面推进机器人工程专业人才培养方案、专业思政、课程思政与课堂教学实践的改革。

2. 抓住三条主线

紧紧抓住"立德树人、专业课程思政建设和创新创业实践能力培养"三条主线，完善机器人工程领域人才培养范式，课程思政与工业机器人、服务机器人实践教学体系建设。

3. 运用四个结合

运用"过去、现在与将来相结合，理想与奋斗相结合，知识与技能相结合，合作与创新相结合"，切实加强"专业+思政、理论+实践"双师型师资队伍的课程思政思维建设，培养专业知识、专业思政、专业实践相结合的应用型卓越工程师。

（二）以服务地方产业为导向，推进课程思政体系重塑构建

机器人工程专业以工程应用型人才培养为目标，扎实推进专业知识、技能图谱与课程思政建设的规划与梳理，借助地方智慧物流产业特色与校企地优势资源，打造以智能制造、自动化、智能化为基础的"拟人化"专业培养特色，探索"课程群划分—思政要素分解—特色凝练—教学方法与改革"的课程思政体系范式。

着力将专业思政理念融入教学环节，规划"1+1+2+2"核心课程群，以构建知识结构重组的新课程思政体系。机器人工程专业以机器人（拟人化）为核心，以"工程与服务"为主线，以"一带一路、中国制造、生态文明、大国工匠"等思政典型案例为切入点，更新专业课程思政教学内容，将专业思政贯穿于整个人才培养的全过程。

构建"1+1+2+2"的核心课程思政群体系是指将机器人（拟人化）作为专业课程群的1个核心，将课程思政体系作为构建的1个主线，以理论课程思政体系、实践教学思政体系为2个模块化课程群，以工业机器人、服务机器人为2个方向模块（如图1、图2所示），突出机器人工程专业人才知识、技能培育与课程思政的有机结合，旨在培养"实基础、强实践、能创新、高素质"的应用型人才。

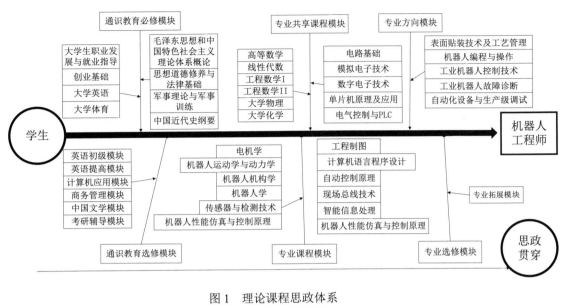

图 1　理论课程思政体系

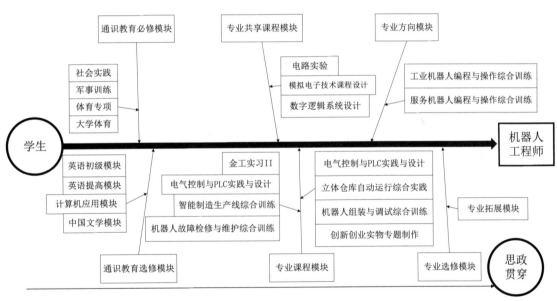

图 2　实践教学思政体系

专业思政是学生思想政治教育与价值引领的启明灯，将爱国主义、社会主义核心价值观、坚定的理想信念等思政元素与专业课程纵向衔接、横向贯穿，以筑牢专业思政基石。为了直观地展示，现举例来说明。

1. 爱国主义教育典型案例

以"机器人学"课程为例。在讲述工业机器人知识与实践时，引入周恩来总理"为中华之崛起而读书"的名言，激发学生奋发有为；引入钱学森"两弹一星"的先进事迹，激励学生树立远大理想，坚定其奉献祖国科研事业的决心。

2. 社会主义核心价值观教育典型案例

以"检测技术与仪表"课程为例，在讲述仪器仪表制造等相关知识与实践时，引入华为芯片事件，激励学生依靠团队合作的力量在技术创新中创造佳绩；引入"大国工匠"投身社会主义现代化建设的优秀事迹，激励学生爱岗敬业、孜孜以求，投身制造强国建设。

（三）以兴趣驱动与问题探索为载体，构建、实践思政教学体系

新工科背景下，"满堂灌""纯验证实验""被动式实验"的实践教学缺乏活力，难以调动学生的积极性和主动性，以"促进学习主动发生"为目的，引入课程思政元素，以机器人工程专业"层次化、模块化、多融合"的实践特征优化并重构课程实践实训教学。以"智能机器人技术综合实训"课程为例，以课程模块化衔接、实践思政阶梯设计、跨领域融合为思路，将典型思政案例有机渗透到专业课程中去，从课程微观角度阐释课程思政重构与优化，具体如表1所示。

表1 "智能机器人技术综合实训"思政案例

编号	实训项目	实训内容	课程融合	思政案例
1	系统基础	ROS控制嵌入式开发板	嵌入式系统、C语言、单片机原理及应用等	实训中软硬件环境的搭建，需要小组成员团结协作，引入2020年年初抗击新冠肺炎疫情期间，全国多省医护工作者联动支持湖北的事迹，以激发学生的团结协作意识
2	控制算法	ROS/OPenCV人脸检测和跟踪	嵌入式系统、C语言、数字信号处理、数据库技术等	实训中人脸检测与跟踪技术已广泛应用于生活、工作中，引入2008年奥运会期间推广使用中科院自动化研究所研发的人脸识别与跟踪装置的案例，激发学生的民族科技自信
3	智能交互	ROS中构建聊天机器人	机器人学、检测技术与仪表、编程语言等	实训中聊天机器人的构建涉及编程的鲁棒性问题，引入语音识别应用中关于电信诈骗、语音回复的可靠性等问题，激励学生的诚实守信意识
4	自动驾驶	ROS中构建自动驾驶汽车	检测技术与仪表、编程语言、路径规划与避障等	实训中自动驾驶汽车的构建涉及硬件设施的焊接、调试，软件驱动程序的编写，引入工匠精神的典型事迹，激励学生的中国制造信念

续表

编　号	实训项目	实训内容	课程融合	思政案例
5	导航规划	构建自主移动机器人	检测技术与仪表、编程语言、路径规划与避障模式识别原理等	实训中构建自主移动机器人,涉及控制芯片的研制,引入华为芯片事件,激发学生的爱国主义情怀

"课程"与"思政"的关系,并非"眼中金屑、米中掺沙",而是要将两者有机融合、相互促进、协调发展。在课程思政建设的源头动力"兴趣"的驱动下,问题探索导向的项目式实践教学由近及远、由表及里、引人入胜地引导学生理解社会制度的历史性变革和国家取得的历史性成就。以"检测技术与仪表"课程为例,以"一带一路"倡议生态文明等国家发展战略为契机,从课程宏观角度构建实践教学体系,具体如图3所示。

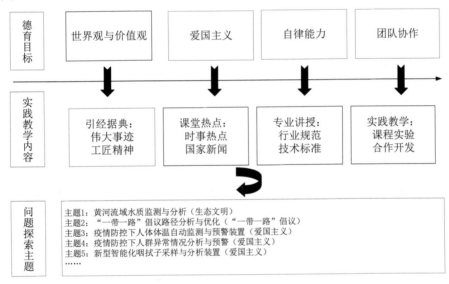

图3　"检测技术与仪表"课程思政实践

专业思政与专业课程的融通,不是堆砌,而是在以"高楼大厦"为目标的基础上,"水泥"与"砖块"的筑牢、筑实。实践思政教学体系,以践行立德树人为根本任务,以育人为着力点,以理论课程思政、实践课程思政为基础,以创新性实践、学科竞赛、大学生创新创业训练项目、互联网+大赛等为手段,以机器人工程师为目标,夯实、筑牢专业思政体系,具体如图4所示。

(四)"引、练"双管齐下的专业思政基层组织与师资队伍建设

专业思政是一种新的思政教育理念,要求将思政教育融入专业教学诸环节,在传播专业知识的同时强调价值引领。专业思政教育理念实现的关键是基层组织与师资队

伍的构建和提升。专业建设过程中，如何打造能理解并实践其教育理念的基层组织和师资队伍就成了关键环节。为了夯实机器人工程专业课程思政框架下的"房梁"，本专业从以下几个方面推进专业思政基层组织与师资队伍建设。

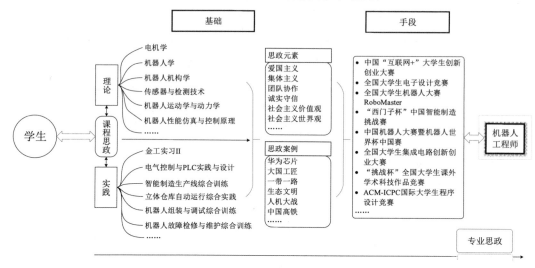

图4 专业思政教学体系

首先，以"课程群—课程组"为基层组织抓手。课程群负责人、课程组负责人为第一级组织者，专业负责人为第二级组织者，教学院长为第三级组织者，打造一条"思政教师、辅导员、专业课教师"贯通线，搭建全过程贯通育人流程，规划组建"工业机器人与服务机器人"两个课程群，组建机器人控制技术、机器人编程与操作等课程组，着力提升课程思政基层组织内涵建设与团体优势。

其次，坚持党建立德树人的引领作用，强化基层教学组织建设，协同党建、育人与教研互进。学院设有控制科学党支部，以立德树人为根本宗旨，以课程团队和负责人制度为抓手，构建人才培养、专业建设和课程建设教学研讨机制，激发自动化系教学组织的集体智慧与活力。

再次，引育并举，提升师资队伍教学水平。学院强基础、重实践，在引进师资队伍时以强化专业课程思政群为根本原则，强化工程技术实践能力，注重教学队伍整体素质；建立"双师双能型"教师培育通道，夯实"师德师风思想教育、思政科研创新能力、双师证书通过率、社会服务能力"四个板块融合，真正打造一支可信、可敬、可靠，乐为、敢为、有为的高素质专业课程思政教师队伍。

最后，遵循"专兼结合、柔性聘用、弹性管理"的思路，构建兼职专业思政教师队伍。深化校企合作机制，坚持"按需结合、结构多元、优势互补"的原则，构建外聘国内一流大学专业思政、课程思政名师和企业工程师为主的兼职教师队伍，知名教师以学术性讲座的形式为本科生开展专业前沿引育，一线工程师为学生搭建专业与行业同行的桥梁。

"古之学者必严其师，师严然后道尊。"培养担当民族复兴大任的时代新人，广大教师要以德立身、以德立学、以德施教。"亲其师，才能信其道。"教师要有堂堂正正的人格，用人格的力量成风化人，用真理的力量感召学生，自觉做为学为人的表率。"一年之计，莫如树谷；十年之计，莫如树木；终身之计，莫如树人。"探索专业思政一体化管理路径，就是要将专业课教师，思想政治教育教师、辅导员及社会资源打造成"育人共同体"，实现思政教师和专业教师职能互补、优势叠加，做到教育与教学的有机统一。

（五）突显专业特色与优势，构建专业思政"闭环生态评价体系"

机器人工程专业突出"器"的特色，具有"软硬结合、强弱并重、跨学科、重实践"的专业特色，涉及人工智能、互联网、大数据等新兴技术。因此，如何利用专业特色与优势，构建专业思政评价体系就显得尤为重要。故而运用人工智能、互联网、大数据等新兴技术，将涉及教学质量的诸多"课程+思政"因子引入质量监控体系，从以下两个方面着手构建基于专业思政的评价体系。

一方面，从教学方法的改进与调整的角度出发，剖析不同角色行为，搭建系统平台的整体设计，涵盖教师课程思政教学、学生专业思政学习、管理者评价、毕业生跟踪反馈、企业反馈、教学督导与知名专家评审等大数据信息，进而运用人工智能、互联网与大数据分析技术构建智能化教学数据分析平台，通过用户界面、App界面等实时反馈专业思政教学效果，将教学各个环节"闭环"。

另一方面，从影响教学质量的诸多"课程+思政"因子入手，借助有效的新兴技术手段，提取影响专业思政、课程思政教学质量的关键指标，合理判断教育的影响因素和教学效果，发现教学中的长处与存在的问题，优化教学质量评价与监控体系，完善教学质量的动态的、持续的过程评价（见图5）。

紧扣机器人工程专业特色与优势，围绕思政教育理念，运用专业软硬件环境搭建、数据采集、分析与处理等专业技术，全方位、多维度、多层次建设学生、教师、管理者及决策者大数据标签体系，将思政与课程、专业紧密渗透融合，形成"学生—教师—决策者""课程—思政—专业"的双闭环生态教育系统，以突显专业思政优势，全面提升人才培养质量。

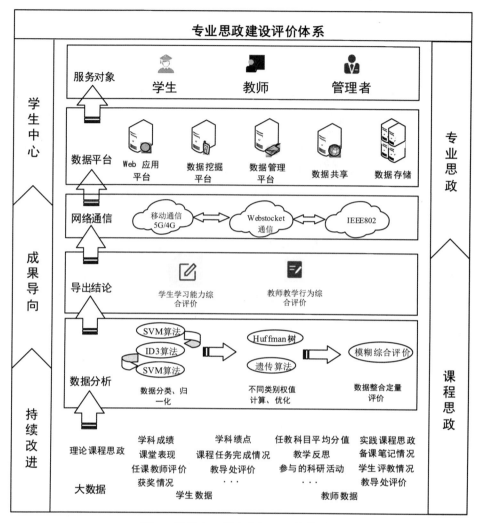

图 5 机器人工程专业闭环评价体系

三、专业思政建设成效

课程思政是实现各类课程与思想政治理论课同向同行、形成协同效应，最终落实立德树人根本任务的一种教育理念，是对习近平总书记在全国高校思想政治工作会议上强调的"用好课堂教学这个主渠道"要求的具体实践。机器人工程专业以"课程思政"改革项目为载体，通过"广泛动员—示范课堂展示—自主推进—典型案例征集评比—教学名师培育"的路径，精心打造课程思政平台，取得了以下育人成效。

第一，以专业思政建设为契机，打造机器人工程专业思政建设标杆样板，形成了一系列专业思政、课程思政建设方案，推进机器人工程专业申报省级以上一流专业。

第二，全面培养教师的"课程思政观"，发挥专业思政基层组织活力，紧紧抓住教师队伍"主力军"、课程建设"主战场"、课堂教学"主渠道",打造一支课程思政专业化梯度团队,力争实现省级教学名师"零"的突破。

第三,引导专业教师在课程思政上下气力、动脑筋。以价值引领、能力培养、知识传授"三位一体"的课程目标为统领,科学制定课程思政建设标准,打造两个以上课程思政高质量典型案例,申报两门以上省级线上线下一流课程思政课程。

第四,注重全过程督导,全力推进专业思政"闭环生态评价体系"平台建设,凝练专业特色,以此为契机,发表高水平教学改革论文10篇以上,申请并立项校级以上教学改革与评价项目10项以上等成果,并以专业思政、课程思政项目研究为基础,申报山东省教学成果奖。

结　语

机器人工程专业创新创业实践能力与思想政治素养的提升,离不开"践行社会主义核心价值观—提升机器人工程专业理论知识与实践能力—提高职业素养—养成团队协作意识"四位一体的教育模式,其专业思政的理念必须旗帜鲜明:专业思政、课程思政建设不仅要有"术",也要有"学",更要有"道",唯有"术""学""道"相互渗透、相互作用、有机统一,才能不断推动思政课理论和实践的创新发展,牢固奠定专业思政建设的基石。

以立德树人为中心的专业思政培养体系构建的探索

——以山东省一流本科专业建设点计算机科学与技术专业为例

刘鸣涛　信息科学与工程学院

一、专业简介

立德树人是高等教育的根本任务，贯彻落实立德树人是中国共产党领导下的中国特色社会主义高等教育的立身之本。党的十九大报告提出：建设教育强国是中华民族伟大复兴的基础工程，需要全面贯彻党的教育方针，落实立德树人根本任务，发展素质教育，培养德智体美全面发展的社会主义建设者和接班人。计算机科学与技术的发展是当前人类社会发展与进步不可替代的动力，对于国民经济发展具有重要支撑作用。国家对于计算机相关专业的人才需求量越来越大，对人才的要求也越来越高，当下专业教育更要思考清楚"培养什么人、怎样培养人、为谁培养人"这个核心问题。临沂大学计算机科学与技术专业依托省一流本科专业建设，进行了专业思政建设的探索与尝试，取得了较好的育人效果。

二、专业思政建设举措

实施专业思政，首先是针对计算机科学与技术专业培养方案进行优化，确立立德树人在人才培养中的核心地位；然后在课程体系上通过课内与课外、理论与实践相结合的方式将课程思政深入融合到计算机科学与技术专业教育体系，在教学过程中全方位实施课程思政，加强专业课程对学生的德育培养，同时发挥第二课堂对学生的培养作用，深入践行沂蒙精神，探索面向立德树人的专业教学多元评价体系，最终形成一套全面融入立德树人理念的专业人才培养模式。

（一）专业思政课程体系建设

首先，基于 OBE 的理念，将立德树人作为根本任务与目前的专业培养目标进行有机融合，明确专业人才培养方向。

其次，从培养目标这个根本点出发，对人才培养方案进行优化设计，有针对性地修订毕业要求，构建更加合理的课程体系，对毕业要求进行有效支撑，同时增加实习实践教学环节，加强创新创业教育与专业教育渗透融合，充分发挥校企合作优势，整体上提高学生综合素质和职业素养，从而初步解决目前大部分德育教育指标仅仅依靠"马克思主义基本原理""毛泽东思想概论"等政治理论课程支撑的局面。

再次，根据修订的人才培养方案，更新优化课程教学大纲。根据不同的课程特点，将课程思政任务显式或隐式地体现在课程目标中。目前选择"程序设计语言基础""计算机组成原理""面向对象程序设计""软件工程""Python程序设计"等专业课程，对于立德树人相关毕业要求进行明确支撑。在这些课程的教学大纲中，将课程思政任务明确加入课程目标中，通过课程的教学内容、评价标准、教学模式等方面综合实现对课程思政任务目标的达成。而对于没有支撑立德树人相关毕业要求的其他专业课程，也需要优化教学大纲，将课程思政任务隐式地融入教学内容中，从而做到"课程门门有思政，教师人人讲育人"。

最后，课程思政案例是专业教学过程中实现思政教育的重要载体。针对计算机课程特征深入挖掘思政元素，设计符合课程特点的思政案例，最终通过整个教学过程的实施实现对立德树人培养目标的支撑。为此，本专业组织了多次教研活动，在不同教学团队之间进行思政案例的交流和分析。例如，在"计算机组成原理"课程中，使用CPU架构不同部件分工协作的例子，对比社会分工从而引申出"甘愿做一颗螺丝钉"的奉献精神；再如，"Python程序设计"课程中使用开源软件的例子，强调软件版权意识，从而培养学生在软件开发中的职业道德和社会责任感。

（二）专业思政实践育人体系建设

学生培养不能仅重视课堂教学，"第二课堂"对于培养学生的综合能力往往具有特殊效果。计算机科学与技术专业的特点决定了培养体系中设有大量的实习实训环节，在这些环节中结合学校要求，大力弘扬沂蒙精神，通过开展红色文化活动、社会调查、志愿服务活动、企业实习实训等手段，着力培育学生"能吃苦、善创新、敢担当、乐奉献"的临大特质，课上课下相辅相成，保障立德树人全面覆盖教学全过程，从而提高学生综合素质。同时，为了更好地发挥校企合作优势，本专业每学年都邀请相关企业领导和工程师开展一次校企协同人才培养研讨会议，针对学生实习实践教学环节进行诊断，吸纳相关人员的建议和意见，从而落实课上课下一体化育人模式。

(三)专业思政师资队伍建设

教师是实现教育立德树人根本目标的主力军,是课程思政建设的关键所在。这就要求教师不仅要对专业知识有深刻的理解,还要承担思想政治教育的责任。计算机类专业是知识更新迭代速度最快的专业之一,这也造成了教师"重专业、轻思政"的局面。为了加强教师专业课程思政的主动性,本专业鼓励老师积极参加相关培训和学习,并经常组织关于思政的教学研讨活动,将立德树人与专业教学有机结合,提升师资队伍本身的思想政治素质和育人能力。同时充分发挥基层党支部的战斗堡垒作用,以主题党日活动的形式进行课程思政理论的学习和思政教学方法研讨,并扩大到本专业所有教师。

(四)专业思政育人环境建设

"身教胜于言传",作为专业课教师,育人责无旁贷,要把育人作为首要任务,这就要求教师要坚持正确的政治方向并不断提高自己的道德素养和文化素养。为此,计算机科学与技术专业党支部定期举行全体党员学习讨论活动,集中精力学习党的文件、认真读原著、读原文、学讲话,切实做到联系思想实际学、联系工作实际学;组织教师学习,营造"读书好、好读书、读好书""多读书、勤思考"的良好氛围;计算机教研室每周定期举行科研活动,教师之间互相交流科研和教学心得,并对自己科研和教学过程中的心得进行分享,大家一起对所遇到的问题进行探讨,找出问题出现的原因及解决的办法,教师长期坚持这种互相交流、互相学习、取长补短的互助模式,共同营造出良好的科研文化氛围。

(五)构建多元教学评价体系

为适应针对课程德育教育效果的评价,为课程的持续改进提供依据,本专业对多门课程进行了教学评价体系改革,结合学校"N+1+1"考试模式综合改革要求,将学生的学习态度、学习能力、基本知识的掌握情况、解决问题的能力、道德态度、道德行为、创新能力、实践能力等指标综合纳入学生的评价体系中,替代了传统仅仅依靠学生课程考试成绩的评价方法。在具体评价中,将课程思政和德育目标转化为遵纪守法、诚实守信、爱岗敬业、爱党爱国的核心价值观,将不怕困难、勇于攻关、自强不息的科学精神,热爱专业、良好的团队意识和创新意识的职业素质等课程思政指标点融入具体专业课程目标中,从而提高课程思政的针对性和有效性。目前,本专业的"软件工程""移动开发基础""程序语言设计基础"三门课程已获批校级学生学习评价改革项目。

三、专业思政建设成效

本专业通过课程思政的建设及实施,初步形成了一套以立德树人为中心的人才培养方案。该培养方案在 2019 级学生中实施,帮助学生深入理解了社会主义核心价值观的内涵和意义,继承和发扬了中华民族传统的优秀品质,帮助学生树立了正确的人生观和价值观,学生的学习积极性和主动性都比其他年级学生要高,而且老师普遍反映 2019 级学生比其他年级学生更有政治素养,这充分说明思政建设在培养学生品德修养、人文情怀方面取得了很好的效果。通过思政建设,教师育人意识更加自觉,对学习态度不好的学生能积极去帮扶。专业思政建设提高了教师从事教学科研活动的积极性,很大程度上改变了教师科研工作的态度,使教师从被动科研变为了主动科研。

结　语

计算机科学与技术专业在思政建设方面已经取得一定成效,为了达到更好的育人效果,本专业仍需继续加强专业思政建设,努力培育本专业 4~5 门思政示范课程,并设计优秀的专业思政教学案例;继续加强教师思政建设,让教师充分认识到思政育人的重要性,争取培育两个课程思政教学团队;根据实施思政过程中出现的问题,及时调整并优化培养方案、课程体系、教学大纲等多方面内容,努力构建一套全面融合立德树人理念的人才培养模式。

"二牵引、三育人、六达成"专业思政建设实践与探索

——以国家一流本科专业建设点软件工程专业为例

王振海　赵德玉　信息科学与工程学院

一、专业简介

本专业旨在培养德智体美劳全面发展，掌握数学与自然科学及软件工程专业知识，掌握复杂软件系统开发、管理相关知识，具备良好的人文素养、职业道德和团队合作精神，能综合运用所学知识分析和解决软件工程领域的复杂工程问题，能依据工程需要自发学习并优化自身理论知识体系，具有一定的创新创业能力，能够从事信息技术相关领域复杂软件系统分析、设计、开发、管理等工作的应用型软件工程技术人才。

2006年3月，临沂大学信息科学与工程学院软件工程专业正式由教育部批准招生，2006年8月开始招收第一届本科生，在校本科生564人。专任教师40人，其中教授6人，副教授13人、讲师21人。2009年企业合作共建专业，2013年本专业入选山东省省级卓越工程师教育培养计划，2014年获批山东省应用型特色名校重点建设专业，2016年获批山东省高水平应用型立项建设专业，2019年获批山东省一流专业并参加国家一流专业建设点评选，2019年开始招收计算机技术硕士研究生，2020年获批国家级一流专业建设点。

本专业紧紧围绕本科教学质量工程建设，积极推进本科教学质量与教学改革工程。2014年获批省级精品课程群1个（含5门课程），2016年、2018年分别获批山东省本科高校教学改革研究项目各1项，2018年与哈尔滨工业大学（威海校区）等高校联合获批国家级教学成果一等奖1项、山东省省级教学成果特等奖1项，近3年获批教育部产学合作协同育人项目20项，学生在ACM程序设计大赛亚洲区域赛以及省赛中多次获得银奖。

国家兴盛，人才为本。人才培养，教育为本。人才不仅是具有优秀才能的人，更是具有高尚品德的人。为加强高校人才的品德教育，应该加强专业思政建设，从单纯思政课程、思政教师的单一思政教育转变为覆盖专业教育全过程的大思政和大德育，促使思政教育和知识教育同向同行，将"思政课程育人"提升为"专业育人、全方位

育人、全过程育人"。为此,在我校国家一流本科专业建设点"软件工程"专业建设过程中,进行了专业思政建设的探索与尝试,取得了较好的效果。

二、专业思政课程体系建设

进行专业思政建设要立足具体专业,通过修改专业人才培养目标、更新专业课程体系、重构专业教学环节,将思政教育的内涵与要求渗透至专业人才培养方案中,纳入专业教育工作的总体部署,并体现在各门课程的内容里,在学生培养过程中,系统性、全方位、全过程地体现思政要求,彰显党性需求和育人价值。

软件工程专业在专业思政建设过程中,以"传承沂蒙精神、践行立德树人"和"弘扬社会主义核心价值观"为牵引,以"全员育人、全过程育人、全方位育人"为着力点,以"培养目标、课程体系、单门课程、师资队伍、评价体系、文化氛围"六个方面的思政建设达成为目标,主要做了以下工作:落实立德树人的人才培养总目标,强调"思政育人"的核心地位,将"思政课程"与"课程思政"融会贯通,强化授课教师的"思政育人主体"地位,挖掘专业思政教育的资源,体现了软件工程的专业特色。软件工程专业思政建设的总体规划如图1所示。

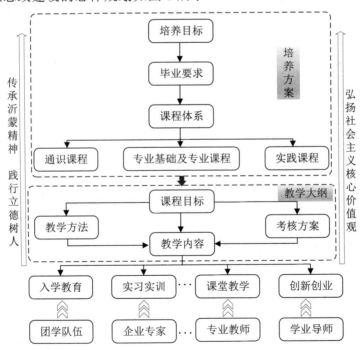

图1 软件工程专业"二牵引、三育人、六达成"的思政建设总体规划

(一)立足立德树人定目标

大学生在本科教育阶段,不但需要全体授课教师在专业知识上的教导,更需要教

师在思想上的持续引领。专业教育与思政教育同向同行，是落实教育部对高校思想政治工作要求的重要举措。在专业教育中践行思政教育，在思政教育中助推专业教育，这是实现高校全过程、全方位育人的重要途径。在设定人才培养目标时，为落实立德树人的根本任务，本专业立足于把学生培养成为软件领域德才兼备的专业人才，以培养高素质应用型软件技术人才为目标，不但要培养具有较高科学文化素养的人才，更要培养具有较高政治理论素养、思想道德品质、较强社会责任感及敬业精神的人才。

（二）围绕目标建成课程体系

理工学科的培养目标多数是培养应用型人才，强化学生知识与技能的同时常常对学生的品德教育重视得不够。针对这种情况，本专业在思政建设过程中，围绕培养目标达成，重新构建课程体系；结合新工科建设，重新修订人才培养方案；基于OBE的理念，优化毕业要求；根据学校人才培养定位和本专业培养目标，重新确定毕业要求的各项能力指标点，从毕业要求、培养方案、课程体系等的顶层设计到每门课程的具体实施，均贯穿思政教育主线，形成专业思政教育体系，借助思政教育提升专业内涵建设、专业培养质量、毕业生的知识技能和职业素养。

专业思政是实施课程思政建设的重要平台，课程体系是专业思政建设的有效载体。专业课程体系包含通识教育课、专业基础课、专业必修课和专业选修课等几大类，每一类课程都蕴含着不同的思政内涵，每一类课程都具有不同的思政教育着力点。例如，通识教育课以中国特色社会主义理论和沂蒙精神等为思政教育的着力点，突出马克思主义中国化和沂蒙精神研究的理论成果，引导学生树立正确的世界观，自觉弘扬和践行社会主义核心价值观，不断增强民族自豪感和民族自信心；专业基础课深入探索思政教育要素，在兼顾教学内容的同时，着力强化思政教育的内涵和方向；专业必修课和专业选修课则结合思政教育目标，根据课程特点挖掘思政元素，在教学中设计思政教育案例，将知识教育与思政教育融为一体，以提升学生的政治理论修养，使学生做到知行统一，在实践活动中加深对政治理论的体会和理解，增强感知，不断成长。

（三）提炼思政元素建课程

实施思政教育重点在于提炼思政元素，挖掘思政案例，将爱国主义、集体主义、诚实守信等思政元素与知识技能的培养有机结合起来，使思政要素与课程知识同向同行、融会贯通。因此，需要细化思政教育目标，将之融入具体的教学单元中，体现到每门课程的教学大纲中，使思政教学与知识教学协同进行、互相引导、逐步完善。

1. 爱国主义

爱国主义是人们对自己家园以及民族和文化的归属感、认同感、尊严感与荣誉感的统一，表现为民族自尊心和民族自信心。爱国主义在政治、法律、道德、艺术等各种意识形态和整个上层建筑中都有所体现，并渗透到社会生活的各个方面。对当代大学生而言，可以将国家战略、民族历史、优秀传统文化等爱国主义元素融入授课过程中。例如，在计算机网络课程中，将互联网的发展史以及我国网络技术的发展现状介绍给学生，在进行知识讲授的同时让学生了解我国科技发展的作用及现状，提升学生的使命感；在讲解"通信技术"或"移动应用开发"等课程时，引用美国打压华为、中兴的实际案例，讲解美国打压华为的目的、原因以及后果等，将爱国主义教育引入课程教学当中，让学生明白"落后就要挨打"的道理，使学生认识到个人、企业的发展与国家发展之间的关系，让少数学生从崇洋媚外的意识中清醒，培养学生正确的人生观和价值观。

2. 集体主义

在专业课教学的过程中培养学生集体主义。在"程序设计语言""软件测试与分析"等课程教学中，通过分组的方式使多名学生共同完成一个课题，并通过交流答辩，让学生在学习过程中了解团队合作的重要性，使学生明白个人服从集体、少数服从多数、团结合作、有效沟通的意义和作用。通过集体主义精神的培养使学生形成相互尊重、相互信任的意识，促使学生更好地将知识转化为能力。

3. 诚实守信

诚实守信是中华民族的传统美德，也是做人必须坚守的基本准则。在软件工程专业课程授课过程中，要强化学生"支持原创、杜绝抄袭、维护版权"的意识。同时，在"毕业论文（设计）""大学生职业素养"等课程中，把杜绝抄袭作为一项重要的考核指标，让学生理解诚实守信的道理，从而理解工作过程中与客户建立信任关系对个人事业发展的重要性。

4. 正确的伦理观

大数据、云计算、人工智能等信息技术的迅猛发展，带来了一系列的伦理问题和信息安全隐患。在"网络安全""人工智能"等课程实践案例中，通过给学生强调正确的法制、伦理观念，使学生正确地应用网络资源。在教学过程中，禁止学生做出以下行为：一是利用所学知识设计、传播计算机病毒，制造、发送垃圾邮件；二是非法入侵他人信息系统，获取不正当信息和利益；三是非法获取国家机密，嗅探他人隐私。通过对软件工程专业的学生进行伦理和职业道德教育，使学生树立正确的科学伦理观和价值观，杜绝不良现象的出现。

5. 团队协作

大型软件系统开发本身就是一项多任务、多部门协同的复杂的工作。教师需要在课程设计、实践环节，以项目的形式培养学生的团队协作能力。在课堂上，可以通过多人共同完成一个项目，激发学生的团队协作精神，让学生了解到技术好并不一定是解决问题的关键，也非个人发展的唯一目标，组织能力、团队协作、服务意识等也是决定一个人发展水平的重要因素。

6. 工匠精神

工匠精神是一种精益求精的精神，在学生的职业发展中起着非常重要的作用。在"数字电路"等硬件课程中，通过让学生了解芯片的相关知识，以及向学生讲解美国禁止华为应用芯片技术的案例，分析中国不能生产高端芯片的原因，讲述工匠精神的重要性，激发学生精益求精的精神；并让学生了解工匠精神的本质，克服其眼高手低、好高骛远等不良思想，明白工匠精神在自己的职业发展和人生价值体现中的意义，使学生在潜移默化中提升自己的职业素养。

（四）专业思政师资队伍建设

专业思政要求专业教师不仅要有专业授课的能力，还要有思政育人的能力，在讲授专业知识的同时，还要努力成为先进思想文化的传播者、学生正确思想形成的引导者、学生健康成长的指引者。"身教胜于言传"，授课教师必须具备正确的价值观和较高的政治素养，要坚持正确的政治方向，坚守"学术研究无禁区，课堂讲授有纪律"的规矩，不能在课堂上讲授违背党的路线、方针、政策的内容或言论，要使课堂成为弘扬主旋律、传播正能量的主阵地。

专业思政师资队伍的建设应从以下四方面进行。

1. 培养新教师的思政素养

在新教师入职培训中，加强其思想政治教育，培养其正确的价值观，使新进教师明白教师职业的特殊性和重要性，使其自觉遵守教师道德规范，快速成长为思想道德模范的努力践行者、社会主义核心价值观的坚定信仰者以及中华传统文化的积极传播者。

2. 提高老教师的思政教学能力

老教师具有较高的教学水平和教育能力，是专业教学的主力。结合专业特点，培养老教师思政教学方法，提高老教师思政教学能力，促进其思政知识与专业知识的融合，快速提升其专业思政教学水平。

3．完善监督评价体系

完善的监督评价体系能够激发教师的思政教学积极性。在评课评教、绩效考核、职称评定中纳入思政教学指标，引导教师向思政教学转变，增加教师对思政重要性的认识，从而稳步提高其思政教学质量。

4．拓展教师思政培训途径

只有专业课教师全面认识到思政教育的重要性和必要性，才能将专业课程育人和思想政治教育有机结合起来，并形成长久的思政教育与知识教育同向同行的局面。为此，鼓励教师参加思政专题培训、思政案例设计研讨会、思政教师与专业教师互助交流会，帮助专业课教师提高思想认识，使之理解思政教育对学生的知识获得、能力培养、价值观形成的重要作用。选送教师参加学校"课程思政"案例设计大赛，举办院级"课程思政"案例设计大赛，并奖励一批优秀教师。

（五）基于"三全育人"优化评价体系

软件工程专业要求学生在设计和解决工程问题时，不仅要考虑到方案对健康、安全、法律以及社会可持续发展的影响，而且也要尊重知识产权，具有良好的人文社会科学素养、职业道德、心理素质、社会责任感和团队意识。同时，学生的成才不仅需要通过课堂教学来培养，也需要在实习实训、创新创业竞赛、毕业设计（论文）、毕业实习等实践过程中培养，更需要团学管理队伍、学校管理人员的思想教育。这需要专业在思政教育建设方面落实"三全育人"政策，设计人才培养体系。

评价思政教育成效，是思政教学形成闭环的关键。为此，基于 OBE 理念以产出为导向设计了评价体系，直观呈现学生的思政教育效果。针对实习实训的特点，在考查实习作品时同时考查学生团队合作精神、集体主义以及沟通能力，通过实习答辩来考查学生的口语表达能力。而对于难以量化的主观性思想道德评价，则通过教师面对面谈话、课间交流等方式，或者通过邮件发放问卷、网络平台调研等方式进行评价。

评价实施过程中，将专业思政教育目标转化为爱国主义、集体主义、诚实守信、遵纪守法等具体的评价要素，并将团队意识和创新意识等融入具体课程的达成目标中，要求每门课程至少支撑 1~2 个思政指标点，以此来明确课程思政的培养目标和任务。

（六）专业思政育人环境建设

在专业思政建设过程中，注重文化氛围的营造，通过实际案例剖析、爱国主义故事展示、爱国优秀影片观赏、文化教育基地参观等方式，给学生营造一个思政学习的氛围，并在教学实践中开展沂蒙精神特色主题展、优秀传统文化讲座，来增强学生的价值认同感。

专业近年来积极拓宽校企合作领域，充分利用校外实践基地，借鉴学习优秀的企业文化，将之融入实习实训的各个环节。通过合作企业共同建设专业、共同建设课程、共同成立教学团队等产教融合的方式，有目的地将优秀企业的管理理念和企业文化渗透到知识技能教学过程中，形成校企协同发展的新格局，在提升学生从业技能的同时，培养学生的工匠精神，增强学生的职业素养。

专业通过"溯园"等具有沂蒙红色文化特色的校园文化景观、红色馆、沂蒙精神文化长廊、红色文献收藏中心，学习抗大精神和沂蒙精神，使广大师生潜移默化地受到红色文化的熏陶感染，并通过观看《沂蒙印象》等沂蒙精神乐舞剧三部曲、《红日》《沂蒙》《沂蒙六姐妹》等沂蒙革命题材影视作品，开展"重走抗大路，砥砺报国志"的社会实践活动，为学生营造特色文化育人氛围。

三、专业思政建设成效

（一）助推专业建设水平逐步提升

软件工程专业 2016 年获批山东省高水平应用型立项建设专业，2019 年 7 月获批山东省一流专业建设点，2019 年 8 月开始招收计算机技术硕士研究生，2020 年 2 月获批国家一流专业立项建设点。

（二）促使教师教学水平不断提高

转变了部分教师轻视专业思政、课程思政建设的态度，专业课教师养成了研究思政案例的良好习惯，思政教学水平不断提高；增强了教师做好课程思政"三项基本功"的自觉性，提高了教师从事教育教学研究的积极性。近几年，获国家一流本科课程 1 门、山东省一流本科课程 3 门、山东省教学技能大赛一等奖 1 项。

（三）促使专业育人效果不断提升

1. 学生的社会责任感不断增强

毕业论文选题越来越关注软件行业发展状况，学生越来越关注公益事业。

2. 学生的创新精神和创新意识不断增强

近几年，参与国家大学生创新创业计划的学生人数不断增多，学生获奖水平不断提高。

结　语

　　立德树人是专业思政建设的首要任务，下一步将立足"为谁培养人"这个主题，结合"传承红色基因，弘毅沂蒙精神"区域文化，进一步提炼培养目标，强化德育，以 OBE 教育理念为指导，细化非技术性毕业要求，把思想要求落实到培养质量标准中，并细化为可衡量、可评价的观测点，以方便课程去支撑。每门专业课都要确定思政教学目标，围绕思政教学目标设计教学内容、教学方法和考核方法，真正把专业思政落实到课程建设和课堂教学当中去。

"起于思,终于行"专业思政教育方法初探

——以建筑学专业为例

尹维玲　土木工程与建筑学院

一、专业简介

建筑学专业是一个跨学科、综合性强的专业,在人才培养中的知识涵盖范围横跨工程技术和人文艺术,主要为社会培养建筑设计师、城乡规划师和城乡管理者。学生毕业后大多会参与城市和乡村建设,因此,建筑学专业对人才的综合素质培养要求是很高的。作为传统型、实践性强的大工科类专业,建筑学专业教育一直重在开展专业知识和专业技能的传授,对专业思政教育的落实与实践关注不足,无法实现高等院校专业人才培养的宗旨和满足为我国培养合格社会主义接班人的人才要求,针对这种情况,积极探索本专业的思政教育方法具有重要的现实意义。

二、建筑学专业立德树人的基本思路

人才培养是育人和育才相统一的过程,其中,育人是本。根据建筑学专业的教育特点,本专业努力探索以"起于思、终于行"为目标的专业思政教育方法,积极思考专业培养方案目标中对人才思政的定位和对师资思政建设的重要作用,从建筑学专业思政建设总目标到专业思政教学评价体系,初步探索出了实施立德树人根本任务的基本思路如图1所示。

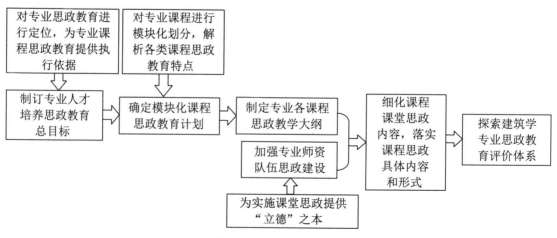

图1　建筑学专业立德树人基本思路

三、建筑学专业思政教育的具体方法

（一）专业师资队伍的思政建设

专业思政教育是一项系统化工程，课程是实施载体，教师是实施主体。"水之积也不厚，则其负大舟也无力。"专业思政教育建设首先需要提升专业教师的思政素质，增强专业教师的集体战斗力。教师的思政意识、德育观点和教学能力在实施课程思政教学过程中极大地影响着专业思政教育的效果。传道者首先自己要明道、信道，育人者要先受教育，做好自我思政学习。为此，建筑学教学党支部带领全系教师开展了一系列线上线下思政教育研讨活动。

1. 坚定专业教师共产主义理想信念

建筑学教学支部党员开展了重读入党申请书、重温入党誓词、重学共产党史等系列主题教育活动，引导党员回顾初心，坚定理想信念，并积极带领全系专业教师强化理想信念，共同学习时政，鼓励新教师积极向党组织靠拢。

2. 加强师德师风建设，培育教师师德情操

建筑系党支部定期组织党员教师学习习近平总书记教育工作系列重要讲话，结合新时期高校教育工作使命，探讨如何做好新时代的高校教师、人民教师。通过开展专业课程思政教育研讨，鼓励教师挖掘课程中蕴含的做人做事的基本道理、理解社会主义核心价值观（富强、民主、文明、和谐、自由、平等、公正、法制、爱国、敬业、诚信、友善）的内涵要求和民族复兴的责任与担当等育人要素，要求专业教师严于律己、为人师表，不断提高个人道德素养，协助学生"扣好人生的第一粒扣子"。

3. 做与时俱进的传道者

要教育好未来世界的建设者、肩负民族复兴大任的时代新人，教师首先要做一名视野广、有远见、辩证思维能力强的传道者。当前世界多元化发展程度更高、科学技术日新月异、信息更新更为及时，面对错综复杂的世界变化，教师首先要能正确认识和分析，要能客观理性地理解和认知，生活中要积极主动地关注社会时事和专业相关大事件，并能将之融入思政教育中，积极正面引导学生去辩证合理地认识这个世界，帮助学生树立正确的世界观。

通过师资队伍思政建设，建筑学专业教师统一了政治思想和思政育人理念，提升了立德树人意识，形成了教育者先受教育的良好氛围，为专业思政教育和专业人才培养打好了思政基础，备好了思政课。

(二) 专业人才培养方案的思政教育设计

习近平新时代中国特色社会主义思想是建筑学专业思政教育的源头活水。专业人才培养方案以课堂思政教育作为起点，与专业思政、课程思政进行一体化设计与实施。在设计方案时，从课程思政建设的深度与广度上下功夫，不断探索由专业负责人牵头、系党组织推动、专业教师全员参与，协同推进"专业思政"和"课程思政"的建设机制。如图2所示，首先从建筑学专业人才培养目标和规格上做出总体要求，把德育工作放在首位，再把对应的思政内容结合到各类专业课程建设中，并具体分解到各门课程的教学大纲上进行落实，从专业思政教育的总目标到课程课堂思政的实施，有计划地完成立德树人的根本任务，建立起"门门课程有思政、教师人人讲育人"的专业育人培养体系。

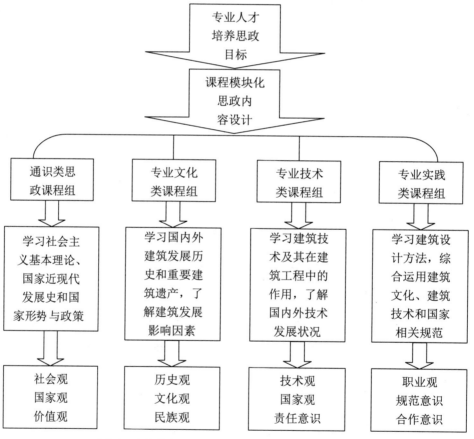

图2 建筑学专业人才培养方案的思政教育设计导图

(三) 专业课程思政教育的细化实践

课程思政作为专业思政教育的载体，具有显性教育和隐性教育相结合的课程特点,旨在实现全课程育人。建筑学专业思政教育贯穿于整个专业人才培养过程,需要通过具体的专业课程思政规划和课堂思政教学逐步实现。为落实专业思政的基础性工作,专业思政建设结合各门专业课性质和教学特点制定大纲并细致落实,以求做到"润物无声"的思政教育效果。

1. 通识类思政课程的教育

通识类思政课程根据学校统一安排,主要包括"思想道德修养与法律基础""中国近现代史纲要""马克思主义基本原理""毛泽东思想与中国特色社会主义理论体系概论""形势与政策"等课程。通过这些专门的思政课程,学生可以系统地学习社会主义基本理论知识、国家发展历史和时事政策等内容,教师能够引导学生建立最基本的共产主义理想信念和正确的世界观,建立国家意识和基本价值观。

2. 专业技术类课程的思政教育

建筑学专业作为大工科专业与科学技术发展密不可分。该类课程是专业基础性课程,主要包括"建筑力学""建筑结构""建筑材料""建筑物理""建筑设备""建筑构造"等专业必修课。该类课程的课堂中除了讲解基础性专业科学技术知识外,还要求授课教师结合国内外相关技术发展特点和我国当代科学技术发展现状,特别是国家大型工程和国之重器等内容,将专业理想信念教育、爱国主义教育、职业素质教育等思政元素融入课程教育中。其在培养学生一丝不苟的专业精神和素养的同时,也培养了学生的爱国情怀、社会责任感和职业自豪感,可有效激起学生的专业学习动力,坚定学生职业理想信念,有助于学生建立正确的人生观、价值观和职业观。

3. 专业文化类课程的思政教育

从宋代编写《营造法式》的李诫,到近代致力于我国古建筑调研与保护工作的建筑大师梁思成,从中国营造学社的民间创办到中国建筑学会的官方成立,每一代的建筑人都肩负着历史和时代的使命。对于建筑学专业的学生来说,这种历史使命感更多地来源于建筑学专业文化课教育。该类课程社会性强,不仅可以从历史发展的深度开拓学生的纵向思维,也能够从世界建筑历史发展的广度开阔学生的横向视野,进而引导学生展开对未来职业的向往与追求。

该类课程是建筑学专业人才培养中的专业基础课和核心课,包括"建筑学专业导论""中国建筑史""外国建筑史""现代建筑思潮""建筑师职业基础"等课程。通过这些课程内容的学习,学生能够了解中外建筑发展的历史和各个历史时期的建筑成就,能够了解建筑发展的社会与文化背景,理解社会历史发展的特点和规律,并能够辩证分析纷繁复杂的人类社会。其具体课程思政内容分解如表1所示。

表1 专业文化类课程思政内容分解表

课程名称	专业内容	思政内容	思政目的
建筑学专业导论	专业概述	学习目标、专业意识与热情	坚定专业学习信心
中国建筑史	中国建筑发展特点和发展成就	民族自豪感、专业自豪感、国家意识、历史发展规律认知	培养爱国主义、坚定职业信念、正确自我定位
外国建筑史	西方建筑发展历史背景与成就	打开视野，了解世界多样性，建立人类文明意识	正确认识世界多样性、开阔创新思维
现代建筑思潮	当前世界建筑发展的主流思想	重视本土文明发展的重要性、创新与创作的社会意义	理解文明互鉴与发展的影响力
建筑师职业基础	建筑师职业和行业知识	合作精神、倾听意识、规则意识、专业责任意识	培养责任感、团队意识，提升思维能力

文化不仅是一种精神、一种力量，也是一种信仰。当代建筑人的信仰就是建设好我们的祖国，发展好我们的建筑文化。把这种社会责任和使命意识贯穿到理论文化的课程教学中，就可以取得很好的专业课程思政教育效果，从而为培养新时期的建设者打好坚定的专业文化思想基础。

4．专业实践类课程的思政教育

建筑学专业实践类课程主要包括两个部分：一是实训类课程，贯穿于课堂教学过程；二是实习类课程，在实训基地或特定环境中完成。

实训类课程既是建筑学专业的特色课程，也是专业核心课程，具有小班化教学和师生一对一指导的专业教学特征。此类课程前后衔接贯穿于整个建筑学专业学习过程，从"建筑设计基础1-2""居住建筑设计"到"建筑设计1-4"，从"城市设计""室内设计"到"毕业设计"，课时总量在培养方案中占比最高。作为理论与实践密切结合的课程组，学生需要通过一个个不同类型的项目模拟实训来达到专业技能培养的目标。思政教育在该类课程中的实现优势是小班化教学和师生一对一的"教"与"学"的交流。学生通过创新设计完成课程任务，教师在教学过程中结合优秀案例激发学生的学习兴趣和创新意识，在建筑设计训练过程中培养学生的专业认知、合作意识、创新能力和自主学习的习惯，提升学生的专业素质和个人综合素质。一对一的教学形式给了学生更多与专业老师直接交流的机会，线上线下的无缝指导又让学生可以从更多方面了解老师，而且老师言传身教的表现更容易被学生接受和认同，"立德"效果更好，更能直接影响学生的审美观、职业观和价值观。

实习类课程是贯穿于建筑学专业教学计划的必修课程，是文化理论课和实训课的有效补充。建筑学思政教育不仅要走进专业课堂中，也要探索性地融入实践课程中。建筑师的培养目标要求建筑学专业的学生不仅要有扎实的专业基础理论知识、专业技能知识，还要有广阔的知识视野。实习类课程对应设置在建筑学专业培养方案中，比如，"建筑认识实习""美术实习""古建筑测绘实习""毕业实习"等。学生在专业实习的过程中去认识建筑、了解社会、扩展视野、积累知识、增加体验以提高"黑箱"思维能力。

此外，建筑学专业教师特别鼓励学生利用假期时间多出去调研和参与社会实践，提前了解社会生活、适应社会环境，为学生的专业学习和创作积攒素材，为其将来走入社会奠定基础。在这些实习类课程中，指导教师和学业导师对学生进行过程指导和监控，积极引导学生获取正面信息，汲取正能量，帮助学生正确认识社会，引导学生用辩证的思维去对待工作、对待职业和对待社会，以此帮助学生建立健康的世界观和人生观。

建筑学专业思政教育除了通过以上专业课程组来实现外，还采用了线上专业思政教育方式，比如通过专业公众号、优秀思政和专业文章推送等方式，潜移默化地引导学生的思想发展和培养学生的专业素养。

（四）探索专业思政教育的评价措施

对专业思政教育进行评价要落实到专业课程思政教学上。课程思政评价就是对教育活动的过程和结果进行现实或潜在的价值判断。综合建筑学专业培养目标和课程特点，初步探索了建筑学专业思政教育的四类主要评价措施。

1．教学过程评价

教学过程评价包括教育者素质和教学方法评价，如教育者自身的知识、能力和思想道德素质是否满足为人师表的要求；教学方法能否结合课程实际和专业特点，以有效传递专业思政教育信息；等等。

2．教学内容评价

教学内容评价针对教师能否将专业知识和思政内容有机结合，以专业知识教育为载体，将行业信息、职业道德和社会责任意识等思政内容融入日常教学中，做到"润物细无声"的思政引导。

3．身心健康培养评价

身心健康培养评价针对教师是否有效利用小班化实践教学和一对一指导的教学形式向学生传递积极的生活习惯、健康的价值取向和正确的职业观，是否有意识地帮助学生关注和维护身心健康，培育学生优良的人格品行。

4. 独立人格意识评价

独立人格意识评价针对教师有无在专业教学中引导学生独立自学的意识，有无培养学生的专业学习能力，有无培养学生形成良好的专业思维和创新意识。

专业思政教育评价是一个复杂的过程，涵盖但不限于以上几点评价措施，还需结合学情状况、学生接受课程思政教学的效果等要素综合给予评定。

四、专业思政建设成效

德育是一个内化的过程，需要践行到每一堂课中，有时过程漫长，效果未必立竿见影，评价周期也相对较长，甚至可延续至毕业后。自从加强建筑学专业思政教育以来，建筑学的班级学风有了明显好转，学生自主学习的积极性得到了很大提升，表现在以下几方面。

（1）沟通意识提升。学生有思想问题时能及时和学业导师或辅导员沟通。

（2）学习主动性加强。一、二年级学生能积极参与学生会工作和社会实践活动，三、四年级学生能积极参与各类建筑设计大赛、互联网+大赛和教师科研项目。

（3）自我学习能力提高。根据统计，近3年建筑学应届毕业生报考研究生和公务员的人数比例从30.3%上升到75.6%，且成功率稳步提高。

结　语

思政教育让每一个建筑学专业学生树立起了坚定的信念和良好的心态去面对当今复杂的社会。心有国家、有担当、有自信、有创新意识和能力，是我们的建筑学专业思政"终于行"的目标。但是，专业思政教育是一个长期的工作，每位专业教师都必须把立德树人的教育理念根植于心，牢记"培养什么样的人"的宗旨，不断思考课堂思政教学的方法和形式。基于当代大学生所面临的思政状态，我们意识到在人才培养和专业教学中融入思政教育的初步探索和实践还远远不够完善和成熟，专业思政教育的方式方法还需要持续不断地探索和改进，专业思政教学效果也需要长时间进行检验和评价。相信只要坚持崇高的理想信念，守住教育者立德树人的初心，一定能培养出更优秀的时代新人。

立德树人视域下的专业思政建设与实践

——以地理科学专业为例

赵兴云　资源环境学院

一、专业简介

地理科学专业是一门从各种角度对地球表面自然地理特征、人文地理特征以及大量地理应用方面进行研究的一门学问。本专业以国家基础教育改革发展和中学地理教育需求为导向，全面贯彻党的教育方针，以培养忠诚党的教育事业、师德高尚、掌握地理科学的基本理论、基础知识和基本方法，具有创新精神和沂蒙精神特质，具备地理科学核心素养和良好的人文素养，能够从事地理教学、地理研究、教育管理等相关工作的中学地理骨干教师为目标，以践行《专业标准》中"师德为先、学生为本、能力为重、终身学习"的专业培养基本理念为指导思想，将教育信念与责任、教育知识与能力、教育实践与体验等方面的要求落实到专业培养目标中，引领师范生成为履行中学教育教学工作职责的专业人员。

为此，在培养方案的制订中，应不断改进课程体系设置与课时分配，增加地理科学专业基础课程的教学课时数和地理实践环节，加强地理教学基本技能训练，增设选修课程以拓宽学生的知识领域；教学中，教师认真落实"专业理念与师德、专业知识、专业能力"三大基本内容的教学计划，学生学习专业的基本理论和方法，接受地理科学思维和地理科学技能训练，形成良好的教师素养，从而获得从事地理教学与研究、教育管理及环境教育等各种基本能力；毕业时，学生要具备坚定的政治方向和正确的价值取向、良好的职业道德修养和正确的教育情怀，具备较好的基本素养、专业素养、教学能力、管理能力、综合育人能力、教学反思能力、合作沟通能力等。

国务院下发的《关于进一步加强和改进大学生思想政治教育的意见》明确提出："高校要高度关注大学生思想政治教育，提升大学生的思想政治素养，以确保中国特色社会主义建设能够后继有人。"习近平总书记在 2016 年全国高校思想政治工作会议上提出："要坚持把立德树人作为中心环节，把思想政治工作贯穿教育教学全过程，实现全程育人、全方位育人。"近年来，高校多数思政课教学不断与时俱进，能够及时将对马克思主义大众化理论研究的最新成果应用于教学中，思政课教师在对

大学生的思想政治教育和促进大学生的全面发展方面发挥了重要作用。但目前高校的各专业教学主要发挥传授专业知识的基本功能,专业教学中思政教学功能却没有得到充分的发挥。因此,在目前立德树人的背景下,将思政课程教学和专业课程思政教学相结合,形成学校思政课程教育与专业思政教育有机融合的大思政体系,实现全校师生共同参与思政工作、各专业各有侧重的思政教育大格局,全面开展大学生思政教育显得非常必要。

高校地理科学专业各门课程中蕴含着丰富的思想政治教育素材,但在以往的地理教学中,地理专业思政教育相对薄弱,没有充分发挥地理思政素材全面育人的重要作用。基于此,本专业拟开展以对大学生的思政教育为目标,以高校地理课程内容为基本素材,对地理课程中的思政教育内容进行深入挖掘研究,遵循循序渐进原则,开展立德树人背景下高校地理专业思政建设与实践,对大学生进行全面系统的地理思政教育,培养大学生形成科学的社会主义核心价值观,以促进大学生的全面健康发展。

二、专业思政建设举措

专业思政是课程思政的一种延伸,是根据专业人才培养目标,从专业顶层设计出发,在梳理专业政治和职业素养的基础上,构建"同向同行"的专业教育课程体系。专业教师应树立"全员全课程育人"的新理念,形成育人合力,从而实现全程育人、全方位育人的目标。

(一)专业思政建设整体规划

在专业思政视域下,本专业以专业认证和国家级一流专业建设为导向,在人才培养方案的修订中渗透大学生思政教育目标,遵循"新时代高教 40 条",紧扣"专业"与"思政",使思政课程与课程思政相结合,应用专业思政理念,结合思政目标优化课程设置,深入挖掘思政课程与专业课程中的思政元素,努力提升大学生综合素质、实践能力、创新创业能力,提高人才培养的适应性;以专业内涵建设为主线,在专业特色方向、师资队伍建设、实习基地建设、教育手段与教学方法等方面进行建设和实践,将思政教育有机融入专业建设各环节中,稳步提高思政教育水平和育人效果。

(二)专业思政的设计与实施

实现专业思政目标,需要每门课程完成思政教学目标,每门课程都有育人功能,每位教师都担负起育人职责。为全面实施专业思政教学,本专业按学年度课程和学生认知水平提炼每门课程所蕴含的思政元素及其育人功能，创新课堂教学方式，把师德规范、教育情怀、学科素养、实践能力、创新能力、管理能力、反思与持续发展能力等融入所授课程的教学过程之中，将知识传授与思想教育融合渗透，在潜移默化中培育学生的综合素养和专业能力。

为全面系统地进行地理思政教育，本专业教师在实施专业课程思政目标的基础上，积极进行教学改革，立项建设新时代背景下高校地理思政课。为完成高校地理思政课程的建设与实践，各专业课教师以教研室和课程组为单位，深入挖掘所授课程每章节中渗透或隐含的思政内容，归纳总结后形成系统的思政教育素材；项目负责人在教师深入挖掘地理思政素材的基础上，遵循循序渐进原则，科学设计地理思政课程内容体系，并组织相关教师分工编写地理思政课程教材。在教材编写完成后，教师以教材讲授为契机，对大学生进行系统而全面的地理思政教育，培养大学生树立全球视野，认识中国、感受世界，形成崇高的爱国主义精神，最终实现地理综合思政教育的目标。

在地理思政课程的讲授中，思政课程教师通过制定教学大纲，明确本课程思政教学目标，通过教学实现对学生的科学素养、人文素养、专业素养、综合能力、教育情怀、科学精神等方面的综合培养。

（三）专业思政课程体系建设

专业课程体系是全面的、多维的课程组合，不同的专业课程其实施课程思政的价值导向、实现途径和方式方法都存在差异。在专业思政课程体系构建中，本专业结合生源及专业条件等具体情况，结合专业人才培养目标定位，构建起由"通识教育类+学科专业类+教师教育类+实践教学类"组成的模块化课程体系，将人才培养目标和毕业要求中的师德规范、教育情怀、基本素养、专业素养、管理素养、综合育人、学习反思、合作交流等素养的培养，渗透于具体的专业课程中，并在制定课程教学大纲时将思政教育落实到课程目标中，从而实现思政教育在专业人才培养中的全覆盖。

专业课程的教学实施多由课程任课教师组织实施，为避免出现课程间知识体系和素质能力培养重复、任课教师各自为政、思政教学相互脱节、全程协同育人难以实现等问题，本专业采取围绕综合素养、教学能力、综合育人能力、管理能力、合作与沟通能力及持续发展能力进行课程体系框架设计，依据课程教学内容、基本知识点及实施时段，将培养要求的指标点分解到具体的课程上，并在制定各课程教学大纲时将其落实到具体培养方案中。这种思政教育目标的分解，可以加强教师在教学过程中对学生能力和综合政治素养培养的意识，使得各门课程的教师在教学中有目的地培养学生的综合素质。

"地球概论"是地理专业最基础的专业基础课,本课程的教学对象是大一学生,课程培养目标是让学生认识地球整体及其宇宙环境,树立科学的辩证唯物主义世界观和方法论。教师以学生为中心,以问题为导向,引导学生树立观察物质世界的独特视角,提高对地理环境的整体性认识,煅练哲学的辩证思维,旨在帮助学生树立正确的宇宙观、物质观、世界观、人生观和价值观以及对地理环境认识的整体观、综合观,养成健全人格,树立远大理想。

"气象学与气候学"是一门基础课程,教师在讲授气象学、气候学等知识点以及气候变化对全球自然环境的影响时,结合全球灾害性天气,如雾霾、沙尘暴、干旱、洪涝等的频繁发生,对学生进行环境保护教育以及中国生态环境国情教育,让学生深刻了解保护生态环境的重要性以及保护自然资源的迫切性,从而产生环境保护的危机感。

"生物地理学"专业基础课教学中,教师结合当地生物资源,组织学生开展临沂市区滨河湿地资源及其生态效应的现状调查,让学生了解当前临沂市对滨河湿地资源的开发利用,以及滨河湿地对调节临沂市区生态环境、建设生态宜居型大美临沂所发挥的生态作用,从而让学生更加深刻地体会到保护生态环境的重要性,加深对学习"生物地理学"课程内容重要性的认识,并深刻理解保护生物多样性、保护生态环境,实现人与生物和谐共存的重要意义,进而认识到为保护生物与环境、维持人类的持续发展做出贡献是每位大学生义不容辞的责任与义务。

"中国地理"是一门专业课程,在讲授都江堰、三峡大坝及京杭大运河等水利工程时,通过对学生进行科学创造精神的培养教育,以增强学生的民族自豪感。

"自然资源学"课程是一门选修课程,其中蕴含着我国自然地理位置的优越性、矿产资源的丰富性、资源可再生性与不可再生性等内容,通过这些内容的学习,培育大学生的爱国之情;引导大学生从不同角度正确认识自然环境与人类活动之间的相互关系,培养大学生的可持续发展观;引导大学生以辩证唯物主义的视角及科学思想建立起保护地球资源的责任意识。

通过专业思政课程体系的建设与实施,本专业教师在充分挖掘课程思政素材对大学生进行专业思政教育的实践中,充分认识到全面实现习近平总书记提出的把立德树人作为中心环节,把思想政治工作贯穿于教育教学全过程,实现全程育人、全方位育人的要求,推动习近平新时代中国特色社会主义思想进教材、进课堂、进学生头脑,最重要的是教师要高度重视,要真正将专业思政教育深入头脑。在专业思政背景下进行专业思政课程体系设置,就是要探索如何坚持立德树人根本任务,把培育和践行社会主义核心价值观融入教书育人全过程，推进课程体系和教育教学创新，打造"全课程育人"。在专业思政课程体系下，课程设置在纵向上有严格的时序逻辑和知识层次递进，横向上考虑课程间的知识关联。

因此，在课程体系的实施过程中，教师根据教学对象和所授课程在课程体系中的地位与作用，合理设置教学内容和教学目标，兼顾本课程与其他课程之间的前后联系，探索教学方法，改革教学手段，挖掘各种地理思政教育素材，通过专业思政教学，实现每门课程对学生在德育素养、师德规范、教育情怀、专业素养、综合育人、反思能力、持续发展、班级管理、合作交流能力等方面培养的思政作用。

（四）专业思政实践育人体系建设

实践教学是地理专业教学的突出特色。本专业在人才培养方案的制订中，结合专业思政教育要求，构建起由通识教育类实践、学科专业类实践、教师教育类实践和综合类实践四部分构成的专业思政实践育人体系。其中，通识教育类实践、学科专业类实践和教师教育类实践分别由通识教育类课程、学科专业类课程和教师教育类课程中的实验实训构成，这三类课程的思政实践教学内容在相关课程的教学大纲中有明确规定并由任课教师组织实施。综合类实践包括由地质学综合实习、自然地理综合实习、人文地理综合实习和地理教学设计与技能训练构成的专业类综合实践、创新创业实践、教育见习实习实践和毕业论文（设计）实践四部分，其中，创新创业实践除入学教育外，主要由各类创新创业实践活动，如志愿者活动、社会实践、考取教师资格证书、参加师范生从业技能大赛、主持（参与）创新创业项目、参加"三字两话（画）"技能竞赛、说课竞赛等实践活动构成；教育见习实习除了教师教育类课程和学科教学类课程在学习过程中进行部分分散见习外，学校实施为期半年的集中教育见习实习或实习支教，集中教育见习实习包括教育见习、课堂教学实习、班主任实习、教育研习四大实践教学环节，该四大环节相互贯通，涵盖师德体验、教学实践、班级管理实践和教研实践等环节，并与其他教育实践环节有机衔接。地理科学在进行相关课程的实践教学时，从中提炼出各类实践思政素材，以培养学生不怕苦不怕累、勇于实践、勇于探索的创新精神和解决地理实际问题的能力。

上述各类课程通过实践与教育实践有机结合，打通了师范生专业学习与教育实践能力培养之间的壁垒，实现了师范生师德体验与素质养成、专业知识整合、教学技能训练等环节之间的有效融通，全面提升了师范生的综合素质。通过各类思政实践活动的实施，全面培养了学生的参与意识、责任意识及实践能力，学生"一践行三学会"的能力得到了全面提升。

（五）专业思政师资队伍建设

专业教师是实现专业思政教育的主体。本专业教师在实施专业思政课程体系的理论课程与实践课程的教学中，以融和性思政教育为理念，不断加强思政师资队伍的建设。各专业课教师通过对各门课程中思政要素的深入挖掘和相互渗透，发挥专业课程思政育人的协同效应，克服高校思政教育中思政课程教育的"孤岛现象"，形成了思政课程与专业思政有机融合的大思政格局。

本专业以融和性思政教育理念为指导，以专业教育为平台，以思政教育为红线，将思政课程与课程思政有效融合，形成了思政教育的有机整体。专业课教师与思政课教师以大学生思政教育为核心相互配合，形成了专业思政的"教师融和体"。"教师融和体"以专业教育与思政教育为紧密结合点，加强了师生之间以及教师之间的互动交流，构建起共同的话语体系，实现了专业思政教育的协调共振。

三、专业思政建设评价

为提高专业思政育人效果，本专业改革传统的考核评价制度，实施"教"与"学"的双向考核评价体系。

专业教师的评价采取自主和他评相结合的方式进行。教师自身从专业思政教学态度、课程思政内容、教学方法、教学效果等方面进行自我评价。他评包括教学督导评价、教师互评、学生网评等形式。学院设计评价内容标准，各评价方依据标准做出评价，各方评价占比分别为20%、20%和40%，教师自评占20%，他方评价占80%，最终计算后得到教师综评。

在学生的评价方面，除了课程考试、作业完成情况、课堂表现等方面外，增加过程性学习评价环节；学生平时学习表现、能力表现、综合素养表现、创新能力、实践能力等都作为指标纳入学生评价体系中。具体评价中，将学生专业思政和德育目标转化为遵纪守法、诚实守信、爱岗敬业、师德规范、家国情怀、地理核心素养、管理能力、综合育人能力、合作沟通能力、吃苦耐劳、勇于创新精神、团队合作意识等思政指标，将之融入思政课程教学目标中，每项指标分配一定分值占比，最终形成学生的综合评价成绩。

 结　语

专业思政是高校结合专业教育与专业特质所开展的贯穿教育教学活动始终的思想政治教育活动，具有坚实的思想政治教育学理论依据。针对当前高校专业思政教学功能相对较弱的实际情况，以地理科学专业为例，从专业思政视角，对地理科学专业思政建设整体规划、专业思政的设计与实施、专业思政课程体系与实践育人体系建设、专业思政师资队伍建设、寻求专业思政教育的融合点、专业思政建设评价等方面进行了阐述，提出将思政教育融入专业教育教学全过程，以实现知识传授、能力培养与价值引领的有机统一。

专业思政建设是一项复杂的工程，本专业的思政建设与实践仅处于起步与探索阶段，上述所做各方面思政工作的成效尚未充分显现。今后，有待于继续挖掘本专业各门课程中蕴含的丰富思政教育素材，在专业思政不断建设与实施过程中，完成新时代大思政背景下的高校地理思政课程建设，以此为平台对大学生进行系统而全面的地理思政教育，推动大学生全面健康发展。

思政教育融入专业教学的探索与实践

——以环境工程专业为例

卫 静 资源环境学院

一、专业简介

环境工程专业以落实立德树人为根本任务，将沂蒙精神融入专业课程思政，突出区域环境污染治理，以区域经济可持续发展和生态文明建设为导向，培养具有科学思维、创新能力和工程实践技能，能够胜任环境规划与设计、污染防控和治理等领域工作，能初步解决复杂环境问题的创新型工程技术人才。

环境工程专业于 2007 年获批招收本科生，2009 年获批山东省水土保持和环境保育重点实验室，2010 年与山东师范大学联合培养研究生，2016 年获批山东省高水平应用型重点立项建设专业群，2020 年获批山东省乡村生态规划与治理技术工程实验室。截至 2020 年，本专业已为社会培养了 300 多名工程技术人才，目前在校学生 146 人。

环境工程专业将绿色发展与污染防治相结合，凭借教学科研平台和工程实践特色优势，其人才培养质量逐年不断提高。在专业课程教学过程中，教师充分探求专业知识中的德育因子，将环境工程专业知识与思想政治教育有机结合起来，帮助学生树立了正确的世界观、人生观与价值观。

二、专业思政建设举措

结合党的十九大精神中所坚持的人与自然和谐共生理念，积极推动专业课程与思政教育融合体系的构建，开拓具有环境工程专业课程特点的思政资源，发掘教学内容中所蕴含的哲学思想元素。

（一）专业思政课程体系建设

随着环境污染形势的日益严峻，环境工程作为一门新兴的工科专业，如何将理论与实践相结合、德育与知识相统一，已经成为专业教学中亟待解决的问题。我们在加强实践教学的同时，注重将德育思想贯穿于专业教学过程中，做到德育—理论—实践的充分融合。新时代环境下，学生更要有过硬的德育品格、丰富的专业知识、扎实的工程实践能力。

1. 融入前瞻意识

目前我们大多依靠污染治理处理环境问题，属于事后修补的行为。因此，要在教学过程中融入前瞻意识，让学生充分认识到对于环境问题，只有防患于未然才能更有效地降低环境风险，缓解环境危机。

在专业思政建设中，我们将前瞻意识这一元素融入环境学科的许多方面，如"水污染控制工程""大气污染控制工程""固体废弃物控制工程""环境影响评价"等课程。例如，在讲授"燃烧污染物控制"这部分内容时，教师会重点讲解如何在"燃烧前—燃烧中—燃烧后"对污染物的产生进行控制。燃烧前控制是通过对燃料进行预处理，减少燃烧过程中产生硫氧化物和氮氧化物，省去了燃烧中及燃烧后的控制措施，这显然是最事半功倍的途径。在讲授"固体处理"的内容时，引入了垃圾分类的必要性，垃圾分类可以极大地减少垃圾量，同时能有效提高资源利用率。垃圾分类除了靠政府积极的政策引导，更需要依靠全民素质及意识的提高，才能成功推广全社会配合的垃圾分类行动。

2. 融入创新思想

创新是一个民族的灵魂，是引领发展的第一动力。在教学过程中，将科研融入教学，用科学研究的新成果和新技术为理论教学注入新鲜血液，进而激发学生的学习热情和主动性。在认识实习和毕业实习环节，通过组织参观生活污水处理厂、热力电厂、城市生活垃圾发电厂等活动，让学生做到理论联系实际，树立正确的价值观，增加学生对理论知识的感性认识和行业认知。此外，学院拥有相关省级科研教学平台1个、省级重点实验室1个、市级工程技术研究中心3个，为学生的创新创业思路提供了良好的平台和助力。

3. 融入法治思维

思维方式决定思想高度。法治思维是以法律为准绳，塑造合理的社会秩序，维护个人与集体利益的逻辑化理性思维方式。

党的十八大以来，以习近平同志为核心的党中央高度重视领导干部的法治思维能力建设，特别强调运用法治思维和法治方式深化改革、推动发展、化解矛盾、维护稳定。作为未来的环保执法者与践行者，环境工程专业的学生必须加强法治观念，培养法治思维。我们在专业课程体系中专门设立了一门环境法规课程，向学生系统介绍与环境相关的法律法规，并通过国内外典型案例的介绍，加深学生的理解与认知。此外，在其他专业课及实践教学的过程中融入法治意识，使学生在日常学习和生活中逐渐形成法治思维。

（二）专业思政实践育人体系建设

1. 发挥红色基因优势，完善立德树人培养机制

环境工程专业立足临沂大学独特的红色基因优势，以培养德才兼备的合格人才为目标，深入实施"红色传人培育工程"。2020年立项校级课程思政教改项目7项，学生思想道德水平得到显著提升。环境工程专业2017级学生崔景文在2018年团中央主办的升旗手评选活动中获得"全国高校十佳升旗手"荣誉称号。

2. 构建平台支撑培养机制，促进拔尖学生培养

建立基于科研平台、专业建设平台、合作育人平台和学生管理平台的高素质应用型人才培养机制，2020年环境工程专业第一志愿报考率和报到率均为100%。此外，环境工程专业每年遴选20%的拔尖学生，采用"准研究生"模式单独培养，优秀学生在本科阶段即开展科研训练。

3. 加强"双师型"师资队伍建设，提升教师工程创新实践能力

建立"双师型"教师培养机制。我系现有教师16名，其中"双师型"教师人数达11人，占比达到70%。学院每年选派2名教师到企业进行挂职锻炼，每学期邀请4名行业专家来校对教师进行培训，采用"请进来、走出去"的方式来提高教师的工程创新实践能力。

4. 强化专业产业对接，推进校政企协同育人

学院先后与山东省临沂生态环境监测中心、山东标致信集团等单位建立合作关系，共建立8处实习实训基地，实现了师资共享、课程共建、资源共有。本专业聘任12名行业、企业专家作为兼职教师，选聘2名"产业教授"，并聘请兼职教师和产业教授参与培养方案修订，指导学生实习实训。

5. 推进创新创业教育，提高学生创新实践能力

学校开设"创新创业教育"课程，对学生进行创新创业方面的指导。为提高学生的创新实践能力，建立学生申报科技创新和竞赛项目激励机制。近3年来，本专业学生获批45项大学生创新创业训练计划项目，其中国家级14项、省级5项。

（三）专业思政师资队伍建设

1. 坚持引育并举，提升教师工程教育能力

2015年学院出台《关于大力实施"筑巢引凤"建设工程的意见》，近5年来，环境工程专业引进 6 名高水平博士,全部来自双一流高校或中科院;1 名青年教师全脱产攻读博士学位,4 名教师参加骨干教师培训班,教师学术背景涵盖环境工程领域三大重点发展方向,教师的科研能力和教学水平显著提升。

2. 实施挂职锻炼制度,增强社会服务能力

选派 3 名具有博士学位的教师到临沂市生态环境局挂职锻炼,针对临沂市面临的严峻生态环境问题,开展大气污染防治、土壤污染状况调查、沂沭河流域水环境综合整治等科研工作,显著提升了教师的社会服务能力。近年来,专业教师主持的社会服务项目共计 36 项,到位经费 1 000 余万元。

3. 健全基层教学组织,提高青年教师教学水平

为适应新工科背景下的教学要求,根据专业教师学科背景,建立水污染防治、土壤污染防治和大气污染治理三个基层教学小组,定期举办教学学术讲座,课堂教学改革、示范观摩课,青年教师教学竞赛,多层次教学培训等教学交流与研讨活动,帮助教师更新教学理念,加强业务交流,推动教学"传帮带"。

(四)专业思政育人环境建设

育人先立德,教师自身的思想水平和专业素养是思政教学质量的基本保障。学院在日常工作中加强教师思想政治理论学习,不断提升其政治思想水平,精进其教学科研业务能力,严格按照"四有好教师"的标准对教师提出要求。

依托党支部会议,教师集体学习思政理论,开展环境工程系教师交流会,讨论思政元素资源及思政教育和专业教育的融入途径等。党支部在转变教师育德意识和提升教师育德能力中发挥指导作用,团结凝聚广大教师把思想引领和价值塑造融入教育教学过程中。

三、专业思政建设成效

以落实立德树人为根本任务,以工科认证为专业建设抓手,以促进地方经济社会可持续发展、服务建设生态文明先行示范区为动力,专业培养出了科学素养高、专业能力强的环保型人才,力争未来 3~5 年,将本专业建成地方特色鲜明、区域优势明显、全省一流水平的环境工程专业。

1. 持续增强环境学科建设的地方特色

临沂市生态环境脆弱,在水土保持、面源污染治理、移动源空气污染治理以及 VOCs(挥发性有机物)治理等方面面临很多挑战和机遇。环境工程专业以地方"环境规划"和"污染防治"为核心，强化沂沭河流域水污染防治，以净土保卫战、大气污染防治攻坚战为战略发展方向，形成了具有鲜明地方和行业特色的学科建设方向。

2. 进一步强化师资队伍建设

"引育并举，筑巢引凤"，学院制定出台《资源环境学院青年教师教学能力提升"蓝青工程"实施方案》（2019—2025）和《资源环境学院关于进一步加大高层次人才成果奖励办法》（2019—2025），每年派遣 2～4 名中青年骨干教师到企业进行脱产实习锻炼，使其参与到企业的生产管理环节中去，丰富其实践经历和工程技术经验，提高其实践教学能力。通过 3 年的努力，将环境工程专业教学团队建设成为省级优秀教学团队，引进和培育 1 名省级以上教学名师，"双师型"教师比例达到 90%以上。

3. 进一步创新协同育人机制

利用学院理事会、山东高校环境学科战略联盟等协同育人平台，继续强化"平台+基地+X"的协同育人机制，继续深化与山东大学的合作，联合培养研究生，并加强与国外大学合作，力争出国交流访学学生比例达到 10%以上。学院承办了 2019 年山东省环境科学学会年会暨泰山科技论坛，并举办了 2020 年山东省高校环境学科建设发展研讨会。

4. 加强教学模式改革

通过加强实践教学体系建设，重点强化了能培养学生工程专业技能的环节，让学生参与到工程实践活动的各个过程；毕业论文增加了科研项目及工程项目选题来源的比例，在实际项目中培养了学生的创新思维和工程实践能力；教学和实践过程的评价指标增加校外导师评价的环节，对学生在校外实习工作期间的工作态度、工作能力、组织能力、解决实际问题的能力等进行了全面综合的评价。

结　语

总之，环境工程专业课程的思政改革要从挖掘各课程专业知识中的德育元素入手，同时强化教师队伍建设、创新协同育人机制、加强教学模式改革，实现专业课程与思政教育的全面融合，不断培养出德才兼备、具有核心竞争力的创新创业型工程技术人才。

"一核心、二基本点、三育人、四保障"专业思政探索与实践

——以食品科学与工程专业为例

魏 东 彭善丽 生命科学学院

一、专业简介

食品科学与工程专业设立于2004年,2005年开始面向山东省内招生,2007年开始面向全国招生,2012年被授予校级特色专业,2014年被列为临沂大学校企共建工科专业。该专业既是我校第一个特色专业,又是校企共建工科专业,也是我校首批工科特色专业之一。

目前食品行业发展迅速,对食品专业人才的需求不断增加,而社会对食品人才的要求不仅仅是高技能,还有较高的思想素质和职业素养。在专业教育中推行课程思政,有助于帮助学生树立社会主义核心价值观,培育出思想进步、专业技能扎实的高素质应用型人才,以满足社会主义现代化建设的需求。与此同时,工程教育专业认证的推进也对工科人才综合素质的培养提出了更新、更高的要求。此外,食品行业的不断规范和发展对食品人才的职业素养也提出了更高的要求,而充分发挥高校专业课程思政作用则是提升大学生职业素养的重要手段之一。在食品科学与工程专业建设中,我院提炼出"一核心、二基本点、三育人、四保障"的专业思政建设思路,对此进行了初步的探索与实践。

二、专业思政建设举措

食品科学与工程专业在专业思政建设过程中,以立德树人为中心,以"传承沂蒙精神、红色文化"和"弘扬社会主义核心价值观"为基本点,以"全员育人、全过程育人、全方位育人"为着力点,以学院、系部、专业负责人、专业教师四个层面为具体保障,全面而深入地进行了专业思政建设探索与实践。

(一)专业思政课程体系建设

为将思想政治教育贯通专业建设各要素全过程,首先,在专业人才培养目标中,

体现出食品科学与工程专业对人才的核心素养要求,体现出德育目标;其次,在人才培养全过程和各环节当中,以各种专业课程为载体,有机融入本专业所蕴含的思想政治教育元素和所承载的思想政治教育功能。

1. 立足立德树人定目标

在专业教育中探索思政之路,在思政教育中提升专业水平,是实现我国高等教育全程育人、全方位育人的有效途径。在人才培养目标的设定过程中,落实立德树人的根本任务,培养德智体美全面发展,基础理论扎实,富有创新精神和创业能力,具有沂蒙精神特质和国际视野,系统掌握食品科学的相关知识和专业技能,获得工程师的基本训练,适应现代食品科学与工程的发展需要,能够在相关科研机构,或在食品流通、加工、进出口、卫生监督、食品安全管理、检验检疫等部门从事食品生产技术管理、质量控制、产品研发与销售、科学研究以及与食品质量与安全有关的技术、管理和策划等工作,适应区域经济社会发展需求的高素质应用型人才。思政育人机制与人才培养目标的素质要求在价值上是统一的。

2. 提炼思政元素建课程

在依托专业课程进行专业思政教育时,要深度挖掘、提炼思政元素,将思政元素与传统课程教学有机结合,细化思政教育目标,将之融入每个单元设计中,将"传承沂蒙精神、红色文化"和"弘扬社会主义核心价值观"渗透并贯穿到整个教学大纲中,形成思政教育与课程教学的协同教学模式。

建设专业思政课程体系,一方面,要加强课堂理论知识与思想政治教育的结合,以传统的课堂教学作为专业思政的主阵地,通过思政教育与课程教学的协同教学,"润物细无声"地对学生进行思想和价值观的引导;另一方面,要注重实践类课程与思政教育内容的融合,在实践类教学过程中既要对学生不断加强思想政治教育,又要有针对性地对其进行思想政治教育。

目前食品专业广泛开展了课程思政建设,如专业课中的"食品微生物学""食品生物化学"等课程,结合具有教育意义的名人事迹,如将微生物学家巴斯德、爱国科学家钱学森的事迹等引入教学过程中,将爱国主义精神、不断探索的科研精神渗透到课堂教学中;"食品分析与检测""现代仪器分析"等课程所采用的案例多是社会热点和有关国计民生的问题,通过案例分析将工匠精神、食安精神等自然渗透到专业课堂的每个方面。专业课程中蕴含着丰富的思政元素,通过将思政教育与课程相融合,来培养学生的科学精神和爱国主义精神,有利于学生形成辩证思维,坚定学生自主创新、科技强国的信念。

3. 围绕思政融合创新课堂教育模式

课程思政模式的改革对教师的要求很高，专业教师必须与时俱进，以专业人才培养目标为根本，基于 OBE 人才培养理念，促进教学方法多元化。在充分挖掘和提炼课程中的思政元素的基础上，促进学生的课堂参与度，通过让学生积极思考和踊跃参与，既加强了学生知识获取能力的提升，又培养了学生对岗位的认同感，同时也加强了其道德素养的提升，从而在潜移默化中渗透思政教育。

（二）专业思政实践育人体系建设

食品科学与工程专业是一门实践性很强的工科专业，学生不仅需要学习食品化学、食品微生物学、食品工程原理、食品标准与法规以及各类食品加工的基本原理内容，还需要掌握食品分析检测技术、食品加工方法，具备建立食品质量控制体系和食品企业安全管理的能力。除了课堂理论学习外，学生还要参加课程实验、综合实训、见习、实习等不同层次的实践课程的学习，因此可以依托实践类课程建立实践育人体系。

具体而言，一方面，要加强传统课堂理论知识传授与思想政治教育的有机结合，深入挖掘并提炼课程思政元素，重构教学设计；另一方面，要注重实训实习类课程与思政教育内容的融合，在教学过程中既要不断加强思想政治教育，又要有针对性地进行思想政治教育，以校内课程实验和综合实训为主，以校外实习实践为辅，通过实践教学着重培养学生的工匠精神、社会责任感和职业认同感。

（三）专业思政师资队伍建设

专业思政建设要求专业教师不仅要有专业授课的能力，还要有思政育人的能力，在进行专业教育的同时，要努力成为先进思想文化的传播者、学生价值观形成的引导者、学生健康成长的指引者。食品科学与工程系目前拥有专业教师 14 名，从年龄结构上来看，35 岁以下教师 5 名、36～45 岁教师 6 名、46 岁以上教师 3 名；从学位结构上来看，硕士 3 名、博士 11 名；从职称结构上看，教授 3 名、副教授 4 名。目前专业已经形成了一支职称结构合理、年富力强的专业教师队伍。在专业思政师资队伍建设上，学院通过开展一系列教研活动，如将专业思政建设与教师党支部建设相结合，将党支部日常学习与教研活动相结合，转变了部分教师对课程思政、专业思政建设的态度，增强了教师做好课程思政"三项基本功"的自觉性，提高了教师思政教学的能力和水平。

（四）专业思政育人环境建设

食品科学与工程专业建设中将专业思政建设与教师党支部建设相结合，将党支部日常学习与教研活动相结合,既能为课程思政建设提供坚强的组织保证,也能使课程思政建设成为加强教师党支部建设的新载体、新途径,为教师党支部发挥战斗堡垒作用拓展了新平台,注入了新活力。党支部运用"三会一课"、主题党日、组织生活会等日常载体开展课程思政建设研讨与学习。如2020年9月初,党支部集中学习了省教育厅关于山东师范大学和烟台大学专业思政建设的文章,引发了热烈讨论,并以此为契机尝试建立教师党支部推进课程思政建设工作机制,实现课程思政建设常态化。

同时,建议学校开展教师党支部推进课程思政建设研讨会,邀请优秀教师党支部书记和支委以介绍经验或现场访谈的形式,介绍和展示党支部推进课程思政的经验和做法,促进各支部对专业思政建设引领作用的发挥。

(五)基于"三全育人"探索优化评价体系

课程思政给高校专业课任课教师带来了巨大的挑战,如何创新性地实现"知识传授+能力培养+价值引领"三方面同时提升,是专业教师所要面对的问题。传统的学习评价仅通过学生的考试成绩、课程平时成绩(作业完成、课堂表现等)方面完成对所传授知识和能力的考查,却缺少对学生思想素质的评价。将课程思政指标点融入具体专业课程目标中,有助于提高课程思政的针对性和有效性。在具体评价中,思想素质的综合评价即为课程思政和德育目标,可以将之转化为诚实守信、爱岗敬业、爱国爱党的核心价值观,精益求精、勇于攻关的工匠精神,热爱专业、自强不息的科学精神以及良好的团队意识等。

如在"现代仪器分析"课堂教学改革中,改变传统的理论知识考试和实验考查的方式,加强教学过程中的过程性考试考核力度,多方面、多角度检验学生课程的学习情况。考核内容包括纪律考勤、课前预习、课堂提问、仪器操作技能、处理实验数据的能力和安全卫生等,同时将职业道德规范纳入考核各个环节,并在期末知识考核中加入隐含德育的相关食品安全案例分析等内容。

三、专业思政建设成效

1. 专业思政建设更为规范

专业在进行思政建设过程中,以立德树人为中心,以"传承沂蒙精神、红色文化"和"弘扬社会主义核心价值观"为基本点,以"全员育人、全过程育人、全方位育人"为着力点,以学院、系部、专业负责人、专业教师四个层面为具体保障,课程建设上,将专业思政培养目标融合进各门专业课程教学当中,通过一体化推进,实现专业课程对专业思政的有力支撑。

2．教师育人意识更加自觉

转变了部分教师从事课程思政、专业思政建设的态度，增强了教师做好课程思政"三项基本功"的自觉性，提高了教师从事教育教学研究的积极性。

3．专业育人效果更加凸显

增强了学生的社会责任感和职业认同感，培养了学生的创新精神和创新意识，提高了企业对专业人才培养的满意度。

结　语

专业思政教育工作任重而道远，一方面，教师需要转变旧观念，打破专业课程与思政教育分离的传统模式，提高专业课教师自身的思想道德及文化素养水平；另一方面，要把思政教育融入专业课中，通过多元化全方位融入，促进学生主动摄取思政营养，帮助学生培养思政意识。此外，学校层面的课程思政顶层设计尤为重要，出台适合本校的专业思政细则，引导鼓励教师用心应对课程思政的实施。尽管现阶段的课程思政改革方兴未艾，各高校都在大力推行，但目前专业思政还没有一个成型的理论体系，专业思政建设还有很长的路要走。

"新农科"背景下的专业思政建设探索

——以园艺专业为例

李 强 农林科学学院

一、专业简介

园艺专业的人才培养目标是培养德、智、体、美、劳全面发展，基本理论扎实，具有创新精神和创业能力，具有沂蒙精神特质和国际视野，具有宽厚的园艺科学基本知识体系和基本理论，掌握扎实而熟练的基本技能，能在果树、蔬菜、观赏园艺、园艺设施、植物保护及其他相关专业领域从事现代园艺技术推广与应用、产业开发、经营管理及教学科研等业务工作，适应区域经济社会发展需求的现代农业复合型应用人才。教育部于2020年发布的《高等学校课程思政建设指导纲要》对我们的人才培养工作提出了更高的要求，因此，我们要在夯实专业知识与技能的同时，使思想政治教育与专业教育无缝衔接。

为落实好"卓越农林人才教育培养计划2.0"，需要积极推进"新农科"建设，这也是振兴农林类高等教育的重大战略。而如何在"新农科"背景下开展思政教育，成了摆在农林学科教育工作者面前的一道难题。目前，国内课程思政的探索和研究较多，但涉农专业思政建设还处于起步阶段。为此，农林科学学院园艺专业教师团队做了有益的探索和尝试，并总结成文。

二、专业思政建设举措

（一）专业思政课程体系建设

立德树人是教育的中心环节和根本任务。园艺专业在修订人才培养方案的过程中，将立德树人思想贯穿始终，在确保"思想道德修养与法律基础""中国近现代史纲要""马克思主义基本原理概论""毛泽东思想与中国特色社会主义理论体系概论""沂蒙文化与沂蒙精神""形势与政策"等课程在专业思政教育体系中的核心地位的同时，整合现有专业必修课与专业专修课，形成多个课程群。各课程群团队采用"以老带新"的模式，由经验丰富的老教师领衔，新教师则充分发挥思维活跃的特点，群策群力，着力提炼和挖掘专业课中的思想内涵和精神价值，在授课过程中将思政要素融入专业知识体系中，使学生在潜移默化中更易于接受与掌握。同时，为避免出现思政教育模式的重复化与形式化、教学效果不明显、甚至学生产生疲倦感等问题，专业定期召开任课教师研讨会，分享成功经验，相互启发、相互促进，总结出了一系列"新农科"思政教育的巧思妙招。

例如，"有机农业"这门课程在授课过程中，引入食品安全事故频发、环境污染物侵害农业生态系统及在食物链中的富集、假冒伪劣种苗和假农资事件、农业废弃物的资源化利用等案例，引导学生体会"绿水青山就是金山银山"的思想理念，与学生共同探讨生态文明建设与可持续发展及绿色发展观；又如，"农业气象学"讲授中国古代农业发展历史，以古人的二十四节气为切入点，介绍古人的智慧，坚定学生"四个自信"中的文化自信；在讲授大气中水分的形式时，通过举例对比我国不同地区水资源的分布情况，让学生看到国内水资源的紧缺现状，了解农业耕作现状，培养学生节约用水意识，并结合袁隆平院士沙漠栽种水稻事例，通过榜样力量，激发学生爱农情怀；在讲授大气温度时，布置作业任务让学生课下观看电影《中国机长》，让学生推导计算飞机在迫降的过程中的温度变化，来揣摩机长的体验，以激发学生的爱国热情。

（二）专业思政实践育人体系建设

园艺专业作为应用型专业，其实习实训类课程是人才培养过程中的重要环节。"新农科"建设更要求涉农专业瞄准区域经济发展需求，密切联系相关企业，在共建产学研基地和开展实习实训课的过程中推进专业思政实践育人体系建设。

园艺专业依托校内的"国家级生物学虚拟仿真实验教学中心"、植物生理实验室、植物组织培养实验室、土壤肥料实验室和教师科研团队实验室，与校外产学研实践基地形成联动机制，建立"教室—实验室—校内实践基地—校外实践基地"的"四点一线"的协同育人平台，让学生的思政学习过程能够"从理论到实践再到理论提升"，使学生能真正实现"知行合一"，让学生"学中思、思中做"，培养学生扎根农村、奉献农村的艰苦奋斗精神。

创新创业作为重要的思政教育资源，具有鲜明的思政教育属性。本专业在第二课堂领域十分注重对学生创新创业能力的培养，多次组织在校生参加国内多项创新创业类大赛，先后在中华职教创新创业大赛、山东省"互联网+"大学生创新创业大赛中获奖。

（三）专业思政师资队伍建设

推进专业思政建设，内因是关键，"打铁还需自身硬"。将思政教育融入日常教学的各个环节中，需要任课教师不断强化思想意识和提升思政业务素质。作为应用型学科，园艺专业任课教师以科研促教学，在科研实践中不断总结，在承担教育部农校对接研究基地建设的过程中，将学科平台建设任务、企业委托项目与学生培养计划紧密结合，探索出"实践－实训－实习－实签"的"订制式"人才培养模式，使本科生在4年的求学期间从观摩到参与再到顶岗实习，最后实现部分同学与企业签订劳动合同。在这一过程中，培养学生勇于创新、精益求精的工匠精神。

同时，在专业建设过程中，充分利用社会资源提升教师思政能力。近年来，学院先后从中国农科院、山东省农科院及相关企业研发部门聘请多位具有长年一线经验的骨干专家担任行业导师，不断加强教师队伍的思政水平，实现"不为我所有、但为我所用"。

另外，学院还将辅导员的工作纳入专业思政建设体系中。辅导员作为学生朝夕相处的朋友，更容易掌握学生的思想动向。在"新农科"背景下，思政教育不仅仅是对课堂上思政内容的理解与吸收，涉农专业的学生日常应该受到更多乡村振兴文化的启发和熏陶。为此，农林科学学院安排新进博士担任班主任，与辅导员积极配合，优势互补，共同将农学思政教育从第一课堂、第二课堂延伸到学生的日常生活中。

（四）专业思政育人环境建设

各单位党委及基层党总支应当作为思政教育的主要推动力量。园艺专业教师党支部和学生党支部坚持思想明确、统筹安排，在党员学习过程中始终将立德树人作为最重要的课题之一，并借主题党日等机会深入附近社区，利用所知所学为居民服务，同时向大众宣传科技兴农、生态文明等理念，在服务社会的过程中继续反思理论学习和思政建设中的不足。

为了培养学生知农、惜农、爱农的农业情怀，需要完善学生的专业认知度，使其增加专业自信心和自豪感。因此，园艺专业启动"专业认知提升计划"，本着"请进来、走出去"的思路，定期邀请行业顶尖企业和区域特色鲜明的龙头企业负责人为学生做报告，同时组织学生外出观摩企业，学习企业的先进经验。

三、专业思政建设成效

综上所述，园艺专业从课程体系、实践育人体系、师资队伍、育人环境等方面进行了"新农科"背景下涉农专业思政建设的探索。经过一段时间的实践，初步形成了一套兼顾专业性、实用性、前沿性、思想性的课程体系，为师资队伍补充了新鲜血液，任课教师的业务素质和课程思政能力得到了明显提升，同时增强了学生的家国情怀、思辨能力、实践能力、双创能力、专业自信心和自豪感，使其逐步成长为适应新旧动能转换需求的现代农业复合型应用人才。

结 语

"路漫漫其修远兮",在"新农科"背景下,园艺专业将继续在学生的第一课堂、第二课堂、日常生活等培养过程中推进专业思政建设工作,注重培养学生的"大国三农"情怀,引导学生以强农兴农为己任,"懂农业、爱农村、爱农民",树立"把论文写在祖国大地上"的意识和信念,增强学生服务农业农村现代化、服务乡村全面振兴的使命感和责任感,着力培养知农、惜农、爱农的创新型人才。